國際組織 與 全球治理概論

江啟臣 ◆ 著

序言

　　聯合國（UN）、世界貿易組織（WTO）、亞太經濟合作（APEC）會議、世界衛生組織（WHO）、東南亞國協（ASEAN）等「國際組織」已非僅是華麗的國際社團組織名稱，尤其隨著全球化與國際互賴程度的深化，國際組織的言動已與人們的生活緊密地結合在一起，不僅反映國家、人民的需求，同時也加深民眾與國家對國際組織的依賴，甚至是國家與國家、政府與市場、官方與民間，交流、對話、折衝與合作的重要管道與平台。如果說 19 世紀是國際組織萌芽的年代，20 世紀就是國際組織崛起的時代，而 21 世紀則將是國際組織轉型的關鍵時刻。身為國際社會的一員，吾人不得不重視此一國際交流管道與平台之發展與影響。

　　特別是對本人而言，「國際組織」是個人自 2002 年回國從事教學工作以來即未間斷開設的課程，加上在任教之餘也有幸參與不少國際組織之相關會議與政策研討、推動工作，個人從中更是獲益良多。只是，至今仍難在台灣市面上找到一本適合做為個人教授國際組織相關課程之中文大學教科書。為此，本專書主要目的之一就是將個人所學、教學內容與實務經驗，撰寫為一本適合大學生閱讀之教科書。

　　傳統上，研究國際組織的途徑相當多元，亦各有其優劣，而事實上由於每個國際組織的形成背景不同，其所適合的研究途徑也會有所差異。大體上，若能從法制、組織角色、決策程序與建制安排等角度切入，應可掌握國際組織或者治理體系的實態。不過，目前全世界重要之國際組織實在太多，非單一專書能全面有系統的加以介紹探討，同時為避免淪為僅是介紹特定國際組織之專書，本書之安排除前面三章有關國際組織與全球治理概念之基本介紹探討外，第四、五章先對當代國際組織變遷與研究過程中最關鍵的「國際聯盟」與「聯合國體系」做一通盤之介紹與探討，也藉此

鋪陳後續章節之內容。

　　第六章至第九章則採「議題領域」(issue area) 分類的方式，選擇「經貿與發展」、「安全」、「人權與人道」、「衛生、環境與資源」等為主要議題領域，以專章方式介紹各議題領域國際合作與國際組織之源起、發展與前瞻，並在內容中帶入該領域中重要國際組織之介紹及探討，讓讀者從議題之國際合作發展過程中有脈絡地了解國際組織之功能與發展，當然也包含這些主要國際組織在當今全球化過程中所面臨之問題與挑戰，以期使讀者更能了解全球化下國際組織的重要性。

　　此外，隨著全球化的發展帶來了「全球治理」的需要性，因而國際組織、國家、市場、非政府組織、公民社會這些行為者，也就是「政治力」、「經濟力」與「社會力」這三股力量，如何連結成緊密的網絡來落實全球治理便成為當今重要的課題。因此，本書第十章特別針對國際組織與全球化、全球治理之間的關聯性進行深入剖析，並探討全球治理所面臨的挑戰等問題，也以此做為本書之結尾。

　　最後，光靠一己之力絕無法順利完成本書，在此特別感謝本人 97 年度國科會研究計畫的四名研究助理，分別是東吳大學政治研究所的黃詩珺、葉俊廷、林奕廷，及日本大阪市立大學法學研究科的范凱云，四位在國內外資料的蒐集與整理上戮力協助，並積極提供建議，讓本人最後得以順利完成該書之撰寫。當然，在此也要感謝五南圖書龐君豪總編輯的力推與編輯諸君的細心校對編排，本書才得以順利出版。縱使有各位的大力相助，礙於個人才疏學淺、能力有限，本書錯誤疏漏之處在所難免，祈望先進俊彥能予體諒，並不吝指正。

江啟臣　謹識
2009 年 9 月 9 日

國際組織與專有名詞一覽表

英文簡稱	英文全稱	中文全稱
AU	African Union	非洲國家聯盟
AI	Amnesty International	國際特赦組織
ABAC	APEC Business Advisory Council	APEC 企業諮詢委員會
ARF	ASEAN Regional Forum	東協區域論壇
ADB	Asian Development Bank	亞洲開發銀行
APEC	Asia-Pacific Economic Cooperation	亞太經濟合作
ASEAN	Association of Southeast Asian Nations	東南亞國家協會
BWS	Bretton Woods System	布列敦森林體系
	Community of Andean	安地斯共同體
CTBT	Comprehensive Test Ban Treaty	核子禁試條約
	Concert of Europe	歐洲協調
CSCE	Conference on Security and Cooperation in Europe	歐洲安全暨合作會議
CBMs	Confidence-Building Measures	信心建立措施
COE	Council of Europe	歐洲理事會
	Court of Justice of the European Community	歐洲法院
	Doha Round	杜哈回合
ECOSOC	Economic and Social Council	聯合國經濟暨社會理事會
EURATOM	European Atomic Energy Community	歐洲原子能共同體
ECSC	European Coal and Steel Community	歐洲煤鋼共同體
	European Commission	歐盟執委會
EC	European Community	歐洲共同體
EEC	European Economic Community	歐洲經濟共同體
	European Parliament	歐洲議會
GATT	General Agreement on Tariffs and Trade	關稅暨貿易總協定
	Green Peace	綠色和平組織
OHCHR	High Commissioner for Human Rights	人權事務高級專員
HRW	Human Rights Watch	人權觀察組織

英文簡稱	英文全稱	中文全稱
IBRD	International Bank of Reconstruction and Development	國際復興與開發銀行
ICANN	Internet Corporation for Assigned Nemes and Numbers	網際網路指定名稱與號碼組織
ICC	International Chamber of Commerce	國際商會
ICSID	International Centre for Settlement of Investment Disputes	國際投資爭端解決中心
ICRC	International Committee of the Red Cross	紅十字國際委員會
IDA	International Development Association	國際開發協會
IEA	International Energy Agency	國際能源總署
IFC	International Finance Cooperation	國際金融公司
ILO	International Labor Organization	國際勞工組織
IMFC	International Monetary and Financial Committee	國際貨幣金融委員會
IMF	International Monetary Fund	國際貨幣基金
ITU	International Telecommunication Union	國際電信聯盟
ITO	International Trade Organization	國際貿易組織
	Kyoto Protocol	京都議定書
	League of Nations	國際聯盟
	League of Arab States	阿拉伯國家聯盟
MIGA	Multilateral Investment Guarantee Agency	多邊投資擔保機構
MAD	Mutually Assured Destruction	相互保證毀滅
NATO	North Atlantic Treaty Organization	北大西洋公約組織
OECD	Organisation for Economic Co-operation and Development	經濟合作與發展組織
OSCE	Organization for Security and Cooperation in Europe	歐洲安全暨合作組織
	Organization of African Unity	非洲團結組織
OAS	Organization of American States	美洲國家組織
OPEC	Organization of the Petroleum Exporting Countries	石油輸出國家組織
PBEC	Pacific Basin Economic Council	太平洋盆地經濟理事會
PECC	Pacific Economic Cooperation Council	太平洋經濟合作理事會
PAFTA	Pacific Free Trade Area	太平洋自由貿易區
PIF	Pacific Islands Forum	太平洋島嶼論壇
PAHO	Pan American Health Organization	泛美衛生組織
SCO	Shanghai Cooperation Organization	上海合作組織
MERCOSUR	South American Common Market	南錐共同市場
	South American Community of Nations	南美國家共同體

英文簡稱	英文全稱	中文全稱
SDRs	Special Drawing Rights	特別提款權
CSCAP	The Council for Security Cooperation in the Asia Pacific	亞太安全合作理事會
	The Human Rights Council	人權理事會
OPCW	The Organization for the Prohibition of Chemical Weapons	限制化學武器組織
OIC	The Organization of the Islamic Conference	伊斯蘭會議組織
	The UN Commission on Human Right	聯合國人權委員會
	The Warsaw Treaty Organization	華沙公約組織
TIHAA	Tzu Chi International Humanitarian Aid Association	慈濟國際人道援助會
UNHCR	UN High Commissioner for Refugees	聯合國難民總署
UIA	Union of International Associations	國際協會聯盟
	Union of South American Nations	南美國家聯盟
UN	United Nations	聯合國
UNICEF	United Nations Children's Fund	聯合國兒童基金會
UNDP	United Nations Development Programme	聯合國開發計劃署
ESCAP	United Nations Economic and Social Commission for Asia and the Pacific	聯合國亞太經社委員會
UNESCO	United Nations Educational, Scientific, Cultural Organization	聯合國教育科學文化組織
UNEP	United Nations Environmental Programme	聯合國環境規劃署
UNFCCC	United Nations Framework Convention on Climate Change	聯合國氣候變化綱要公約
UNHCR	United Nations High Commissioner for Refugees	聯合國難民事務總署
	Universal Postal Union	萬國郵政聯盟
	World Bank	世界銀行
WEC	World Energy Council	世界能源理事會
WHA	World Health Assembly	世界衛生大會
WHO	World Health Organization	世界衛生組織
WMO	World Meteorological Organization	世界氣象組織
WTO	World Trade Organization	世界貿易組織

目錄

第一章　導論

　　隨著國家與國家之間各方面往來的日益密切，以及國際問題的增加與擴大，對今日一般大眾而言，「國際組織」像是聯合國（United Nations, UN）、世界貿易組織（World Trade Organization, WTO）、世界衛生組織（World Health Organization, WHO）、亞太經濟合作（Asia-Pacific Economic Cooperation, APEC）會議、歐洲聯盟（European Union, EU）、東南亞國家協會（Association of Southeast Asian Nations, ASEAN）等想必並不陌生。這些國際組織不僅是出現在報章媒體上的名詞，事實上，國際組織的各項運作早已與人們的生活緊密地結合在一起。不僅反映了國家、社會的需求，同時也加深個人、社會團體與國家對國際組織功能的依賴，甚至受制於國際組織的規範。

　　舉例而言，WTO 致力於實現自由貿易的理想與目標，加入 WTO 的會員因為關稅與非關稅障礙的消弭，降低了交易成本，進而提高國際貿易的密度與廣度。具體而言，近年來世界各地隨處都可見 "made in China" 的玩具、"made in Japan" 的汽車、"made in Taiwan" 的資訊科技產品即是相當有力的證據。而研發機構在美國、區域總部在新加坡、工廠在越南這類多據點的產業分工模式也變得更為普遍。相對地，也因為 WTO 致力於貿易自由化與市場開放，使得多國政府面臨農工產品保護政策鬆綁與市場開放的壓力，台灣在加入 WTO 的過程中即面臨產業調整與市場開放上不小的壓力。再以 WHO 為例，2003 年急性嚴重呼吸道症候群（Severe Acute Respiratory Syndrome，簡稱 SARS）大流行、2006 年的禽流感、2009 年新型流感（H1N1）的爆發，皆在 WHO 掀起不小的風波，各國在 WHO 架構之下針對疫情進行情報交換，再根據科學的證據商討適當的因應對策，

並決定疫情危險性的層級。這些 WHO 架構下的作為一方面有助於抑制傳染病的國際蔓延，另一方面 WHO 所傳遞出的訊息也對於疫區的觀光以及產業有不小的影響。

　　縱使是區域性的國際組織亦有類似之作用及影響，歐盟（EU）的成立加速了歐洲域內市場整合的深度及廣度，也提高了人員流動的頻率，更帶動了經濟的發展；APEC 的成立促進了亞太地區多元的對話，其推動的自由化、便捷化，與經濟暨技術合作計畫，協助增加區域內的貿易與投資、降低交易成本，同時也加速域內的經濟整合；東協（ASEAN）的整合以及東協對外合作機制的成形，則不只改變了東亞區域的政治經濟版圖，也改變了大眾對於區域的認知與期待。

　　此外，功能性的國際組織與個人生活、社會運作更是息息相關，例如，如果國際社會沒有「國際電信聯盟」（International Telecommunication Union, ITU），國與國間的長途電話將無法交換，無線電資源也不可能合理分配，各國電話的國際碼分配將大亂，全球通信將陷入混亂的局面。而對今日的網路世界而言，1998 年成立的「網際網路指定名稱與號碼組織」（Internet Corporation for Assigned Names and Numbers, ICANN）對於當今世界資訊的流通、生意的往來與個人的生活更有其不可或缺的重要性，因為 ICANN 負責協調每一台連上網路電腦的名稱、管理這些特定化的辨識名稱（identifier），確保每一台電腦在網際網路上的唯一性，ICANN 也處理根伺服器（root server）系統相關事宜，以維持網際網路運作上的穩定性。再從國際交通觀之，如無國際民用航空組織（International Civil Aviation Organization, ICAO）協調世界各國在民用航空領域內各種經濟和法律事務、制定航空技術與安全的國際標準等，國際航空運輸勢必雜亂無章、充滿危險，更無法真正發揮跨國運輸的功能。

　　以上諸多的例證皆說明，國際組織在現今的國際社會中已與現實社會、民眾生活緊密地結合在一起。因此，身為地球村的一份子，吾人有必要對國際組織有進一步的認識與了解。做為國際關係的學生，更必須將國際組織的運作、功能與角色視為觀察分析當今全球政治經濟的重要變數。

第一節　國際組織發展的歷史變遷

在我們探究國際組織的發展與諸多面向之前，我們必須先釐清何謂國際組織。就國際法的角度而言，「國際組織是國家間根據條約所組成的團體，以追求共同目標，並且該團體有特別的機關來執行該組織的任務」。（丘宏達，2008：859）但若以國際關係的角度來看，國際組織是國際關係下的產物，是基於國際間行為者或國家需求所構成的治理安排，目的在調節或管理複雜的國際關係。但不論何種定義，國際組織的內涵、功能與目的基本上與國家脫離不了關係。

早在 1648 年《西伐利亞條約》（Treaty of Westphalia）簽訂之前的多元主權時代，希臘城邦之間的軍事合作、中世紀封建領主之間的「跨域」合作機制便已存在。然而，此時國家主權的概念尚不明確，簽署條約的風氣也並不發達，故雖有跨域合作或安排，但尚稱不上「國際」組織。直到 1648 年「西伐利亞體系」正式確立，國家的地位獲得承認，才邁入主權國家時代。主權國家時代的歐洲，透過歐洲協調及大國操縱的方式維持了國際體系的和平與穩定，同盟協定多所存在。而 19 世紀中葉起國際電報聯盟（International Telegraph Union）、萬國郵政聯盟（Universal Postal Union）等國際性行政組織的建立也開啟了國際組織發展史的新頁。然

《西伐利亞條約》（Treaty of Westphalia）

西元 17 世紀，歐洲地區展開一波宗教革命，隨著天主教徒與新教徒之間的武裝衝突，逐漸演變為歐洲地區政治實體之間的權力鬥爭，使得宗教革命進而成為 1618 至 1648 年爆發「三十年戰爭」的重要導火線。1648 年戰爭結束後，歐洲地區的交戰各國決定簽署《西伐利亞條約》，規定神聖羅馬帝國境內各公侯領地享有彼此結盟與宣戰的權力，也賦予各國自由信仰宗教的權利。《西伐利亞條約》因此奠定了近代主權國家體系的基礎，主權國家之間的國際關係互動，則被後人稱為「西伐利亞體系」（Westphalia System）。

而，這些國際組織尚止於行政事務合作層次，由於國家主權的意識強烈，較難以觸及主權讓渡或者敏感性的政治經濟議題。

第一次世界大戰後，各國採納美國威爾遜（Thomas Woodrow Wilson）總統的意見，建立「國際聯盟」（League of Nations），旨在透過「集體安全」（collective security）的概念，處理政治糾紛、裁軍及集體安全事務，是為第一個世界性國際組織，其所處理的議題也較為廣泛，自此，國際組織的發展正式邁入「全方位階段」。

第二次世界大戰後「聯合國」成立，基於集體安全、大國權力平衡的概念，以維護世界和平及人類安全為職志。在某個程度上，聯合國也因此被賦予世界政府的期待。由於聯合國功能的多元性、成員的普及性以及代表性，使得國際組織發展進入了高峰期。然而囿於冷戰、缺乏常備武力，冷戰時期的聯合國在國際安全事務上只淪為國際論壇，並無法有效運作。

不過，整體而言，1950 年代後，隨著國際關係中行為者的改變（尤其是非國家行為者的興起），國際組織的發展邁入「多元化階段」，全球性、區域性、非營利性國際組織陸續出爐。區域性組織隨區域整合的發展如雨後春筍般出現，非政府組織（諸如：慈濟、國際紅十字會、綠色和平組織等），在國際社會則日漸活躍、嶄露頭角。就議題面而言，除了過去的安全與政治議題外，經濟、人權、社會、環境議題也迅速崛起。不僅國際組織的「質」產生變化，「量」也以驚人的速度增加。光就非政府國際組織的數量來看，2008 年就已高達三千多個，若將政府間國際組織納入

集體安全（collective security）

所謂「集體安全」即國際體系中的所有國家加入一個國際組織或條約，其目的是要結合體系內全體成員的力量，以共同的行動來對破壞和平的國家進行制裁，以確保體系內的穩定。而如此精神，若套用國際政治學者摩根索（Hans Joachim Morgenthau）所言，即是「我為人人，人人為我」（one for all, all for one）的概念。

計算，其數量更是可觀 [1]。然而，在此國際組織的發展背景之下，我們不禁要問為何國際社會需要國際組織？

第二節　國際組織的需求與供給

一、國際組織為何存在

　　20 世紀起國際組織的數量幾乎以倍數成長，國際聯盟、聯合國、歐洲聯盟、亞太經濟合作會議、伊斯蘭會議組織、美洲國家組織等大大小小的「政府間國際組織」（inter-governmental organization, IGO）陸續登上國際舞台。不僅如此，無疆界醫師聯盟（Doctors Without Borders）、樂施會（Oxfam International）、綠色和平組織（Green Peace）、國際紅十字會（International Committee of the Red Cross, ICRC）等「國際非政府組織」（international non-governmental organization, INGO）也紛紛粉墨登場。上述國際組織的成立，就某方面而言，反映了國際社會的「需求」（demand）。

　　然而，隨著時空背景、成員互動以及成員國內部環境的變遷，「需求」也會跟著改變。舉例而言，歐盟最早以歐洲煤鋼共同體、歐洲原子能共同體的型態出現，其原始的目的在於透過共同管理德法間的戰略物資，避免因德法世仇讓戰爭再起，並維持歐洲的秩序，所以政治目的可說是當時主要考量；然而，現在的歐盟卻已發展成以經濟整合為主要考量的國際組織。而東協於 1967 年成立初期，同樣是以政治目的為主要考量，其目的在於使成員國不參與冷戰時期的東西方結盟運動，並協調成員國之間的政治問題。直到 1990 年代簽訂東協自由貿易區（AFTA）協定，2003 年宣布將以「東協共同體」（ASEAN Community）為發展目標，東協逐漸將運作領域擴及到區域經濟整合範疇。又如 APEC 之發展，自 2001 年 APEC 領袖宣布反恐宣言起，APEC 開始關注人類安全議題、展開合作，

---

[1] 詳細數據請參閱 United Nations Economic and Social Council 網站。（http://www.un.org/ecosoc）

也將 APEC 成員之間的合作領域帶向經貿合作以外的其他層面。

　　除此之外，近年來各國際組織，諸如聯合國、北大西洋公約組織（NATO）、亞太經濟合作會議，紛紛高唱組織改革論，這也都是因應需求結構的改變所衍生出的產物。故欲了解國際組織，我們不能忽視國際組織的「需求面」。這些需求有內生性與外生性的層面與理由，大至民族大義、秩序、經濟、安全，小至情報交換、業務規劃、人才交流等。這些多元的需求也賦予國際組織不同的生命發展，也是各國際組織運作模式各有千秋的重要原因。職是之故，本書其餘各章對重要國際組織的介紹與探討內容，幾乎都無法忽略國際「需求」面之解釋與分析。藉由對需求面之了解，吾人將更能掌握國際組織未來發展之動向。

二、國際組織如何存在

　　因應國際社會成員的「需求」，國際組織扮演供給者的角色，負責提供、創造公共財的功能，以滿足成員國不同的需求。然而即便如此，國際組織「如何」存在也是國際組織研究中無法迴避的議題。了解國際組織如何存在、運作不僅可以釐清需求與供給之間的互動關係，更有利於掌握該國際組織未來的發展與國際關係的變化。

　　「如何存在」的問題，包括：以何種制度存在，是拘束性的組織還是非拘束性的組織，以締結條約為核心任務，或是以會議外交為核心；存在於何種層次，是全球性國際組織還是區域性國際組織，是議題中心的國際組織亦或者是廣域議題的國際組織，他們所關心的議題是高階政治（high politics）還是低階政治（low politics）；在哪些層級存在，最高層級的會議是領袖會議、部長級會議、商業鉅子或者純粹行政性質的會議；以何種頻率存在，組織的主要會議是定期召開，還是依照情勢的需求不定期召開，一年召開幾次等。

　　釐清這些問題不僅有助於為國際組織進行定位，也有助於我們掌握國際組織的運作實態。與上述問題息息相關的要素包括，國際組織的類型、功能、行為者與角色，這些不但是決定國際組織如何存在的關鍵因素，

也是了解任何國際組織發展的基本面向，本書第二章即針對國際組織的發展、類型、功能、行為者與角色等諸多問題進行進一步之探討，第四章至第九章的內容也都涉及特定國際組織如何存在的問題。

第三節　認識國際組織與全球治理

一、國際關係的制度化

長久以來在「無政府狀態」（anarchy）下，國家之間的互動關係如何，以及國際社會如何維持國際秩序，向來是國際政治學所關心的議題，而「制度」（institution）的角色更是在國際關係中不可忽視的傳統。就國際關係的理論而言，現實主義者（realists）認為，國際社會並不存在支配性的制度與規範，相信國際社會的本質便是無政府狀態與權力競逐。所謂的制度，不過就是權力的依變數（dependent variable），因此現實主義者相對而言較不重視制度的研究。自由主義者（liberals）則認為國家或其他行為者彼此是可以合作的，而合作的過程有制度化的作用，制度更具有促進合作的功能。至於建構主義者（constructivists）則承認無政府狀態的事實，但相信無政府狀態並非不能改變，制度則在此建構過程之中扮演重要的角色。

雖然不同國際關係理論對國際間制度的角色抱持不同之觀點，但無可否認的是國際關係的不同領域中的確存在各式不同之制度。大體上，國際關係中的制度可以分為三種類型：第一種類型的制度，是自生性的、非人為設計的傳統與習慣。此類制度在無形之中束縛了國家與各行為者的行動，諸如國際道德、宗教等文化性的規範；第二種類型的制度，是尚未明文化，但經理性判斷，廣為行為者所接受的遊戲規則，此類的制度包括主權國家、國際慣例、默契等抽象的規範；第三種類型的制度則是明文化的制度，具體的制度包括我們所能看見的國際組織、憲章規範、秘書處、條約協定等具象的制度。若單看國際組織本身，多屬於第三種類型的制度，而若要談到更廣泛的「全球治理」，則不能不將前三種類型的制度一併列

入探討。

　　然而，國際關係如何制度化或演變成制度？國際關係制度化的議論大致可以分為兩派觀點：首先是「理性主義途徑」（rational approach）的觀點，此學派認為各行為者不會去關心其他行為者的利益，而是在追求自我利益的前提之下，透過理性判斷建構國際共通的規範，以求國家利益的實現。雖然這些制度在某些層面也拘束了國家的行為，但是卻也將國家利益在可能的範圍內極大化，國際制度便在此互動過程之中建立。

　　其次為「反思學派途徑」（reflective approach），此種途徑認為制度的形成主要歸因於特定的歷史、文化的脈絡，在此脈絡之下各成員採取對自己有利的行動，但真正的制度形成是在一定時間的互動、廣受接納後，才能形成慣例，進而制度化。（田所昌幸，2003：1-14）

　　顯然，除了對國際關係中的制度角色有不同之觀點外，對於如何制度化的過程與理由其實也有不同認知。正因為如此，究竟國際組織是否就是國際關係中制度的具體呈現或是制度化過程的產物，以及全球治理是否也是國際關係制度化過程的新內容或產物等問題，其答案或解釋可能就必須看是從何種途徑分析、研究這些問題。不同之分析途徑（包括理論與實質層次）對國際組織與全球治理之理解、看法與期待不見相同，著重分析之內容與方向亦不同。

二、認識與研究之途徑

（一）理論層次

　　欲掌握國際組織與全球治理的發展，從理論面向而言，可以從現實主義、自由主義、馬克思主義與建構主義等國際關係主流思潮的見解著手。現實主義者主張國際社會存在於無政府狀態，國際組織的形成不過就是權力競逐之下的產物，因此並不穩定；自由主義者認為國際組織及制度的建立有利於情報透明化與互信的建立，也可以改變行為者對於未來的期待及國家利益的認知，而由於國際組織是基於國家有合作的需求此一前提而產生的，因此自由主義者認為國際組織具有能夠永續發展的特質；馬克思主

義則是主張當代國際關係其實就是資本主義的擴張，在資本主義國家的控制之下，國際組織也具有使國際社會階級定型化的特質，而邊陲國家會對於核心國家產生高度的依賴關係；建構主義雖然承認無政府狀態的現狀，但並不認為無政府狀態是國際社會的前提，也不認為無政府狀態不能被改變，主張透過信仰、觀念、文化以及其他抽象價值趨同化的建構過程，能建立國際社會的秩序，而國際組織便在其中扮演重要的角色。

　　由於國際組織眾多，互動關係複雜，透過上述這些較為宏觀的途徑理解國際組織，有助於我們掌握複雜互動關係下的國際組織本質與全貌，也較有利於對國際組織未來發展之評估。本書第三章將會針對上述各宏觀國際政治理論的內涵與國際組織所扮演的角色進行更詳細的探討。

（二）實質層次

　　就微觀層面而言，我們至少可以從法制、決策過程、組織角色、國際建制（international regimes）等四個實際運作層面切入理解特定國際組織的發展與特性（Kratochwil and Ruggie, 1986）。

　　「法制研究途徑」較著重於實體制度研究，具體的關注內容包括憲章及條約的內容與精神、組織的法人人格、各機構職權、組織內部投票程序的相關規定、爭端解決機制以及制裁手段的強制性等。

　　而「決策過程研究途徑」則是著重於了解、分析組織決策的政治過程，包括決策過程中強權的互動或南北關係、合意模式、政治折衝與妥協、投票過程等面向。其研究焦點介於「憲政設計」與「組織實踐」之間。相對於法制研究途徑，具有較高度的政治性。

　　「組織角色研究途徑」則是著重國際組織在國際社會中的定位，包括其實際扮演的角色，以及其未來可能扮演的角色。此途徑的主要研究內容包括：國際組織在解決國際問題中所扮演的角色（例如：國際原子能總署在預防外交、維和過程中的重要性）、國際組織如何運用有限的資源解決問題、國際組織如何重新塑造國際體系的特性等面向的問題，屬於較為動態性的研究途徑。

「國際建制研究途徑」與前三者不同之處在於，其將關心的層次拉高到體系，著重於議題領域中各項原則、規範、規則與決策程序所建構出來的國際治理（International governance）體系。

四種途徑各有其優劣，而事實上由於每個國際組織的形成背景不同，其所適合的研究途徑也會有所差異。但大致上若能從法制、決策過程、組織角色與建制等四個角度切入，應可有效掌握國際組織或者治理體系的實態。

故以下本書第四章至第九章之內容，以經貿與發展、安全、人權與人道救援、環境與資源等當今國際社會熱門議題為主題，運用上述實際運作層面的四種主要研究途徑切入，介紹各議題領域的主要發展背景及趨勢，進而探究該議題領域中代表性國際組織的源起、組織運作架構、發展過程與所面臨的挑戰等問題。以期使讀者更能了解當今全球化下國際組織的重要性以及面臨的問題與挑戰。

三、全球治理之概念與實踐

在認識與探討國際組織與全球治理的過程中，「全球治理」可說是一新興的思潮，亦是必須進一步釐清、檢視的重要概念與實踐。簡言之，「全球治理」是針對全球性議題，個人與組織、公私部門透過官方或非官方、合作或協調的方式一同管理共同事務的一種過程（process）。然而，「全球治理」本身也是一種以良善治理為前提的目標，故將全球治理視為一種結果（result）也不為過。是以，全球治理不僅是一種概念，也是一種實踐結果。

更重要的是，全球治理的興起與全球化潮流的發展密切相關。科技的發達、經濟型態的改變、議題的增加、國家能力的衰退，與非國家行為者的崛起等全球化的動力，一方面改變了國際社會的結構，及國與國、國家與非國家行為者的互動關係；另一方面全球化下全球性議題的大量興起，更對國際社會的「治理」帶來影響與挑戰。過去國際治理議題主要集中在安全與經貿議題，而當今臭氧層破洞、全球暖化、跨國難民移動、流感防

治、緊急應變措施、跨國犯罪、資源開發等問題，也都成為了國際社會不得不共同面對處理的重要議題。

換言之，全球化的發展帶來了全球治理的需要性。然而，究竟何謂「全球治理」？如何落實？國家該扮演何種角色？至今國際社會中包括國家、非國家行為者、個人等不同層次，對於這些問題其實仍未有共識與共同之答案。難道國際組織能因此成為全球治理的主角嗎？還是國際組織其實就是全球治理過程中的關鍵平台？在目前國際社會並不具有最高權威的中央政府情況下，這些問題的答案恐怕都將似是而非。

不過，可以確定的是在無政府的國際狀態下，欲達成全球治理只憑國家及國際組織是不夠的。在此背景之下，國際組織、國家、市場、非政府組織、公民社會等行為者，所代表的「政治力」、「經濟力」與「社會力」三股力量如何連結成緊密的網絡來落實全球治理便成為當今重要的課題。其中，尤其國家與非國家行為者之間的互動與平衡關係將是關鍵，而全球治理的未來發展也勢必有賴國際組織的能力強化與功能調整。

為了確實掌握全球化浪潮與全球治理概念興起的諸多問題。本書於第三章內容中也特別將全球治理理論放在國際政治理論的脈絡中加以探討，並說明全球治理的理論內涵，以及國際組織在全球治理中所扮演的角色。第十章則以「國際組織與全球治理」為主題，深入剖析全球化與國際組織及全球治理之間的關聯性，也對「公民社會」的意義，乃至「全球公民社會」在全球治理中所扮演的角色加以剖析，並在最後探討全球治理的未來。

第二章　國際組織概述

第一節　國際組織的起源

　　近代國際社會（international society）的起源，可以追溯到 18 世紀的歐洲，當時主權國家被視為國際社會唯一的行為者，而 1648 年簽訂的《西伐利亞條約》（Treaty of Westphalia）更確立了民族國家（nation-state）在國際社會行使權利與權力的正當性與合法性。雖說國際社會已然成形，但當時世界各國人民主要的活動範圍依舊是在國家的領域之內，跨界活動仍相當鮮少。

　　不過，受到以英國與法國為中心的公民革命與產業革命的影響，國家體系在 18、19 世紀逐漸向外擴散。公民革命促進了以公民為主體的政治制度發展，使各國人民的遷徙自由、職業選擇自由、信仰自由、言論學術自由逐漸受到保障。在此背景之下，歐洲民眾逐漸從封建制度中解放，跨國界活動亦逐漸普及。再加上產業革命造成了生產規模擴大的現象，為尋找原料及市場，各國逐漸開始向海外擴張，藉由通商、殖民等手段，國際間的往來也愈趨頻繁，伴隨而來的是跨國衝突與跨國治理的問題。19 世紀初期歐洲就已經成立了萊茵河、[1] 易北河等國際河流管理委員會，用以管理河流資源的運用，屬於行政性的國際組織。到了 19 世紀後期，1865 年成立的「國際電報聯盟」（International Telegraph Union，現改為國際電信聯盟），以及 1874 年組成的「萬國郵政聯盟」（Universal Postal Union）

---

[1] 萊茵河航行中央委員會（The Central Commission for Navigation on the Rhine, CCNR）成立於 1815 年，為世界上現存最老的政府間國際組織。

等專業與行政性的國際合作組織，可以說是當代國際組織的雛形。然而此類行政性的國際組織，通常僅設立秘書處，被授予的權限也相當有限，因此尚無法成為國際社會的行為主體。

1920 年，世界第一個政治與安全為中心的綜合性國際組織——「國際聯盟」（League of Nations）成立。第一次世界大戰結束後，美國總統威爾遜（Thomas Woodrow Wilson）所提出之十四點和平計畫的提案受到各國採納，於 1919 年簽訂《凡爾賽條約》（Treaty of Versailles）並成立國際聯盟，主要目的是希望透過集體安全（collective security）機制的建立，避免戰爭再度爆發。不過由於提案的威爾遜總統無法獲得美國參議院的有效認可，因此美國最後並未能加入國際聯盟。國際聯盟雖然是第一個世界性的國際組織，但由於缺乏自己的軍隊與美國的加入，再加上所有決議均需要一致決方能通過，也缺乏制裁工具，因此效率低落的國際聯盟最後沒有能夠阻止第二次世界大戰的爆發，並正式於 1946 年宣布解散。

國際電信聯盟（International Telecommunication Union, ITU）

國際電信聯盟前身為 1865 年於巴黎成立的「國際電報聯盟」，其主要功能在於確立國際電信與無線電相關事務之管理制度與標準。國際電信聯盟為聯合國轄下的一個專門機構，總部同樣也設立於瑞士日內瓦。

萬國郵政聯盟（Universal Postal Union）

萬國郵政聯盟主要目的在於協調成員國之間的郵務政策，使全體成員國都能在相同條件下處理國際間的郵政事務。在該組織成立以前，各國必須逐一向其他國家簽訂雙邊的郵務往來協定，不僅曠日費時且缺乏效率。為了改善如此情況，美國遂於 1863 年提出召開國際郵政大會的建議，也間接促成萬國郵政聯盟的建立。1874 年成立初期名為「郵政總聯盟」（General Postal Union），於 1878 年改名「萬國郵政聯盟」並沿用至今。

繼國際聯盟之後，「聯合國」（United Nation, UN）於 1945 年正式成立。1943 年 10 月，就在第二次世界大戰即將告終之際，中、美、英、蘇四國共同發表莫斯科宣言，表示「四國承認有必要在最短的時間內，基於愛好和平、國家主權平等之原則，成立一普遍性國際組織。無論國家大小皆可成為會員，以維持國際和平與安全」。各國遂於 1944 年著手進行籌備事宜，1945 年 6 月舊金山會議通過《聯合國憲章》（Charter of the United Nations），並於 1946 年生效，當今國際社會舉足輕重的全球性國際組織—聯合國，因而誕生。早期聯合國也是以政治、安全為核心所成立的國際組織，然而隨著時代的演變，聯合國的內涵與議題也逐漸擴充，舉凡經濟發展、疾病、衛生、社會、文化、環境、能源、人道、人權等，都成為聯合國關切、處理的議題。

在區域性國際組織方面，為了有效管理戰略物資以達事前預防戰爭的效果，在法國外長舒曼（Robert Schuman）的提議之下，1951 年法國、西德、荷蘭、比利時、盧森堡、義大利等國簽定《巴黎條約》（Treaty of Paris）成立「歐洲煤鋼共同體」（European Coal and Steel Community, ECSC），將煤鋼之主權交給超國家組織來進行管理，也是第一個真正進行部分主權讓渡的國際組織。1957 年，六國簽訂《羅馬條約》（Treaty of Rome）成立「歐洲原子能共同體」（European Atomic Energy Community, EURATOM）及「歐洲經濟共同體」（European Economic Community, EEC）。1987 年《單一歐洲法》（Single European Act）將煤鋼共同體、原子能共同體與經濟共同體的行政機構加以合併，成為「歐洲共同體」（European Community, EC）。1992 年《馬斯垂克條約》（Treaty of Maastricht）正式將歐洲共同體轉化為「歐洲聯盟」（European Union, EU），並包含歐洲共同體、共同外交暨安全政策、內政與司法合作等三大支柱。現除了區域內自由貿易之外，並訂有共同對外關稅與單一貨幣——歐元，可說是最受到矚目的區域性國際組織。

此外，隨著聯合國的成立與國際社會的跨界交流日增，加上第二次大戰後國際經濟的活絡，在國際社會的需求下，國際組織的發展開始進入多元化的時代，除了傳統上以國家、政府為主體所組建的國際組織外，非國

家行為者所成立的非政府國際組織也愈來愈多，諸如綠色和平組織、國際特赦組織、國際青商會、國際獅子會、人權觀察、國際反地雷組織等。

　　綜言之，國際組織可說是西伐利亞體系下的產物，亦即主權國家為解決相互接觸所產生的問題所衍生的制度化與組織化行為。從國際關係的角度觀之，國際組織其實就是國際關係環境下的產物，是基於國際間行為者或國家的需求而構成的治理安排（包括訂定程序、設立機構、制定規範等），目的在調節或管理複雜的國際關係。如從國際法的角度來看，國際組織則是「指國家間根據條約所組成的團體以追求共同目標，並且該團體有特別機關來執行該組織的任務」。（丘宏達，2006：859）第二次世界大戰前的 1939 年，政府間國際組織只有 80 個，據國際協會聯盟（Union of International Associations, UIA）的統計，到 2005 年已達 7,350 個；非政府國際組織為更是不計其數，其中絕大多數是 1950 年代以後建立的。因此有人稱 19 世紀是國際會議的世紀，20 世紀是國際組織的世紀。

第二節　國際組織的類型

一、以行為者區分

　　國際組織的分類中，最傳統與通用的標準是依行為者的屬性進行分類。因此，一般而言，國際組織可以分為「政府間國際組織」（inter-governmental organization, IGO）與「國際非政府組織」（international non-governmental organization, INGO）。政府間國際組織多數是經多邊政府間協定而建立之組織，其主要成員為傳統國際關係中相當關注的「國家」，一般如聯合國、北大西洋公約組織（NATO）、歐洲共同體或者其他國際條約的簽署，多半仍以國家為主角。部分國際組織，例如亞太經濟合作（APEC）會議或者世界貿易組織（WTO），雖然成員以「經濟體」（economy）或「關稅領域」（custom territory）的身分加入，但仍然屬於政府間國際組織。政府間國際組織由於是由政府直接進行交涉，擁有公權力背書，因此，此類國際組織所做出的決議一般較可能演變成為國際規

範，也較受到國際社會的關注。

　　國際非政府組織則是由來自至少三國的個人或團體，經非政府協定成立者（民間性國際團體）。一般而言，國際非政府組織多半是非營利性質，且隨著聯合國的成立，國際非政府組織逐步透過界定目標（defining goals）、提供資訊或者專業諮詢參與國際事務與活動。但隨著國際事務的複雜化，國際非政府組織也逐漸開始進行國際結盟或自行結成國際論壇，甚至發展成政府間國際組織。舉例而言，國際紅十字會、國際特赦組織、國際透明組織、綠色和平組織、人權觀察組織等國際非政府組織，除了透過界定目標、提供資訊、專業諮詢等管道影響政府及國際組織之政策之外，也透過自有的國際網絡，在世界各國進行實質的活動、調查與研究。國際非政府組織與政府間國際組織相較，雖然沒有公權力，但由於本身具有強大的民間網絡與動員力，因此在國際事務中的角色已逐漸不亞於政府間國際組織，而政府間國際組織也難以忽略非政府國際組織的意見。

　　依據聯合國經濟暨社會理事會（Economic and Social Council, ECOSOC，簡稱經社理事會）第1296號決議之規範，非政府國際組織與聯合國經社理事會之間的諮詢關係可以分為以下幾類：

（一）第一類（Category I）組織為「普遍諮詢地位組織」（organization in general consultative status）。要申請成為第一類組織並不容易，其須要與經社理事會議程中所列的議題相關，且能持續協助經社理事會達成目標。同時須要與登錄在該類非政府國際組織下的成員有密切的互動，也要在多數國家中，能代表主要團體。

（二）第二類（Category II）組織為「特殊諮詢地位組織」（organization in specific consultative status）。此類組織所處理的事務僅與經社理事會所處理的少數領域活動相關，若欲申請經社理事會特殊諮詢地位時，須要在其所申請的領域具有一定的國際知名度。例如：世界回教大會、國際航空運輸協會、國際法學會、國際佛光會等皆為第二類組織。多半是一些規模相對較小，或者是新設立的組織。

（三）申請前兩項諮詢地位但卻不符合資格的組織，多半規模較小、關注議題較為狹隘，抑或是處理較技術性之議題，這些組織通常會被列

為「名冊諮詢組織」（roster）。另外，只要在聯合國相關機構或者是專門性組織中享有正式地位的非政府組織，皆可列入名冊當中。

近年來，國際非政府國際組織對於國際事務的參與有愈來愈積極的趨勢，以經社理事會登錄的國際非政府國際組織數目來看，1998 年具有諮詢地位的國際非政府國際組織共有 1,505 個，2010 年則達到 3,382 個，成長超過一倍。就諮詢地位別來看，截至 2010 年為止，第一類諮詢地位的非政府國際組織共有 139 個，通過審核成為第二類者共 2,218 個，名冊諮詢組織共 1,025 個。其中成長最快速的為第二類組織，1998 至 2008 年間增加了約 1,500 多個組織，也就是說後來申請諮詢地位的組織，幾乎都只能獲得第二類諮詢地位，由此也可以看出第一類諮詢地位的特殊性。

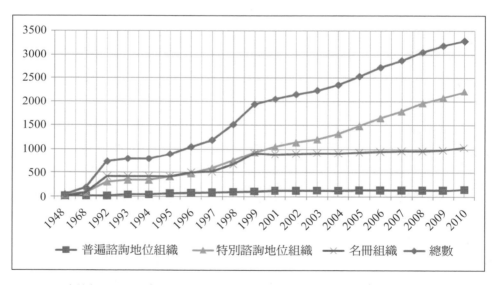

資料來源：United Nations Economic and Social Council, http://www.un.org/ecosoc.

圖 2-1　聯合國經濟暨社會理事會中 INGO 諮詢地位演進

二、依成員的普遍性區分

若依據成員的普遍性而分，我們可將國際組織分為普遍性國際組織（universal international organization）與區域性國際組織（regional international organization）。所謂的普遍性國際組織，指的是如聯合國一般，幾乎大多數世界各國都參加的國際組織。聯合國體系下的國際勞工組織（International Labour Organization, ILO）、世界衛生組織（World Health Organization, WHO）、國際貨幣基金（International Monetary Fund, IMF）、世界銀行（World Bank）等專門機構，由於經常涉及聯合國的相關業務，因此多數聯合國的成員國也都參與其中。此外，眾所周知的世界貿易組織與國際原子能總署（IAEA）也都屬於普遍性國際組織。

區域性國際組織則是以「地緣範圍」為基礎，接受成員加入的國際組織。例如：歐洲聯盟、亞太經濟合作會議、南錐共同市場

國際勞工組織（ILO）

國際勞工組織的功能在於尋求強化勞工權利，改善工作與生活狀況，製造就業，提供資訊與培訓機會。國際勞工組織成立於 1919 年，是透過《凡爾賽條約》的談判而創立，屬於國際聯盟的管轄部門。然而，隨著國際聯盟在二戰之後的瓦解，以及 1945 年聯合國的成立，國際勞工組織遂轉變為聯合國轄下的專門機構。

東南亞國家協會（ASEAN）

東南亞國家協會（簡稱東協）成立於 1967 年，是一個以東南亞國家為主體的國際組織，目前成員國包括馬來西亞、泰國、菲律賓、新加坡、印尼、汶萊、越南、緬甸、寮國、柬埔寨。東協成立的主要目的在於加強區域內各領域的互助與合作。2007 年東協成員國簽署《東協憲章》，2008 年 12 月憲章生效，也期望效法歐盟整合模式在 2015 年進一步成立「東協共同體」（ASEAN Community）。

（MERCOSUR）、美洲國家組織（Organization of American States, OAS）、非洲國家聯盟（African Union, AU）、東南亞國家協會（ASEAN）等，皆屬於區域性國際組織。

三、依目的別區分

　　若依照國際組織之目的區分，國際組織可以分為「多重目的（multi-purpose or general-purpose）國際組織」與「狹隘授權（narrow mandates）國際組織」。多重目的國際組織在議題討論的侷限性上較低，可以選取任何國際議題做為討論的標的。舉例而言，聯合國、歐洲聯盟、非洲團結組織（Organization of African Unity）等都屬於此類的組織。

　　多數國際組織屬於狹隘授權型的國際組織，亦即該國際組織成立之時即以特定議題做為其討論的標的，比較常見的領域包括經濟、金融、安全、衛生、環境、資源、人權、勞工、交通、科技等。國際勞工組織、世界衛生組織、世界貿易組織、石油輸出國組織（OPEC）等都屬於此類。雖然此類組織所討論的議題受到限制，但由於其在專業領域的影響力強，再加上議題領域之間的界線愈發模糊，因而此類組織在國際社會的影響力並不亞於多重目的國際組織，且有逐漸提升的趨勢。

四、以加入條件區分

　　成員身分（membership）也是常用的國際組織分類條件之一，大致上可分為「普遍會員」與「限定會員」兩類型國際組織。採取「普遍會員」的國際組織中，最有代表性的即為聯合國、世界貿易組織，以及聯合國相關專門機構。幾乎所有的國家或地域只要能通過入會審查，即可入會。以聯合國為例，依照《聯合國憲章》第 4 條第 1 款規定「凡其他愛好和平之國家，接受本憲章所載之義務，經本組織認為確能並願意履行該項義務

者，得為聯合國會員國」。[2] 欲加入聯合國的國家，須要先向聯合國安理會提交入會申請書，然後由安理會向大會進行推薦，再由大會做出最後的決議。不過值得注意的是，雖然是「普遍會員」之國際組織，但由於國際組織本身就具有高度的政治性，因此有許多入會條件符合與否仍然涉及客觀條件與政治判斷，也就是說普遍會員的國際組織仍然存在一定的入會門檻。

目前國際間多數的國際組織屬於「限定會員」的組織。此類組織在規章中即設有一定的客觀條件做為入會門檻，這些門檻可能包括地理區域限制或部門（sector）限制。地理區域限制的國際組織在目前國際社會中不在少數，例如 EU、APEC、MERCOSUR、OAS、ASEAN 等區域性國際組織都屬於此類。部門限制別的國際組織中最具代表性的即為 OPEC，僅有被認定為石油輸出國的國家方有加入的資格。

五、以組織拘束力區分

我們也可以從組織拘束力的角度來區分不同國際組織。一般而言，政府間國際組織多屬於拘束性的國際組織，即國際組織做成決議，且該國亦加入該協議之後，成員國若不遵守，將會受到國際組織的制裁，或者其他成員國可以利用爭端解決機制要求給予違約國制裁。例如：聯合國及北大西洋公約組織皆屬於集體安全機制，若成員國違反規定對其他成員國發動戰爭，皆會受到制裁。又以 WTO 為例，加入 WTO 的各會員原則上都須要依規定消除關稅及非關稅之障礙，若會員不遵守規定而造成其他會員受到損失時，WTO 會員亦可依法提出訴訟，確認違反 WTO 規範後，給予其經濟之制裁，或要求其立即取消違法之規定。

部分的政府間國際組織以及國際非政府組織僅為「論壇」性質，即提供重要議題發展、問題解決之道及未來趨勢討論之場域。因此，此類國際

---

[2] Membership in the United Nations is open to all peace-loving states which accept the obligations of the Charter and, in the judgment of the Organization, are willing and able to carry out these obligations.

組織在會中達成的共識，僅做為會員之參考。該國際組織會員若沒有遵守會議所達成的共識，僅能利用國際輿論促使其回歸正軌，無法如聯合國一般可施予軍事或經濟制裁，也不如 WTO 一般可以訴諸爭端解決。此類非拘束性政府間國際組織的代表為 APEC，因採取自願性原則，APEC 所做出之決議與建議僅供各會員經濟體參考，在會員經濟體自願的前提之下予以採納或執行，無法強制要求會員經濟體執行。然而，非拘束性國際組織的優點在於，會議決議之遵守與否，有賴於會員自行決斷，因此在責任負擔較低的情況之下，各式各樣的議題與方案都可以無後顧之憂地提出，並進行較為廣泛的討論。

第三節　國際組織的功能與角色

一、國際組織的功能

（一）　資訊交換與傳播

　　國際組織的主要功能之一即為資訊交換與傳播。在傳統的國際關係中，國家與國家之間的資訊交流與傳播，往往都是透過各國政府正式的外交文書往來，或是在某些國家向其他國家尋求協助時，相關資訊才會隨著散播出去（孫國祥、黃奎博，2007：257）。在這種情況下，唯有透過政府的文書往來才能做為資訊交流的渠道，導致國際間的資訊交流速度相當緩慢，有時不僅會喪失資訊本身所具有的時效性，甚至可能發生資訊傳達不完全，或是根本無法將特定訊息傳達至其他國家的問題。正因為如此，過去的國際關係互動就時常出現由於彼此所獲得的資訊不對稱，造成國際間不必要的摩擦或齟齬，甚至爆發嚴重的國際衝突或戰爭。

　　隨著科技的發展與國際局勢的轉變，透過正式外交文書往來做為國際間資訊交流與傳播的主要途徑，已逐漸開始失去其原有的重要性，單一國家政府在資訊交流過程中所能發揮的功能也愈趨薄弱，而國際組織的出現就大幅改善資訊交流與傳播緩慢的情況。由於國際組織往往具有常設性的

秘書處，並且通常能夠定期召開成員國間的相關會議，許多重要且具時效性的資訊就能夠透過國際組織做為互動平台，讓成員國之間能夠彼此相互交流，促進國際間資訊傳播與溝通的暢通性。就以當前的國際組織來看，聯合國擁有 192 個成員國，全世界大部分的國家都是聯合國的成員國，使其成為目前國際間最重要的國際組織。在聯合國體系下，除了其本身的主要機構外，其他相關國際組織也同樣具有重要的資訊交流功能，例如世界銀行、國際貨幣基金、世界衛生組織等。

（二）利益及意見的匯集與表達

由於各國所追求之利益各不相同，再加上各方利益多半彼此糾結，因此各國期待透過國際組織做為對話的平台，釐清哪些部分屬於應該實現的共同利益，並在各國的利益衝突間取得平衡、達成協議（孫國祥、黃奎博，2007：257）。總體來看，貧富差距、永續發展、種族衝突等議題，向來是國際社會所必須處理的難題。在這類議題當中所產生的對立關係，往往非一朝一夕得以解決，不僅如此，各國間由於資源、產業發展等議題所發生的摩擦，也在各國之間不斷積累。因此，聯合國此類，基於主權平等概念而成立之國際組織中，原則上不論大國小國、貧國富國皆能擁有相同的發言權，因此各國得利用國際組織做為一論壇，提出自身的理念，或者宣洩本身的苦痛或憤怒。在實質上未必能使問題根本解決，但對各國而言，對外得以表明立場，對內得以向國民交代，因此亦可說是國際組織的重要功能之一。

在單一組織之內得以做自我立場表述僅為其中一面。另外也有志向、立場相同之國家彼此集結、成立國際組織，與其他立場相對之國家或國際組織抗衡的案例，例如：2004 年 12 月所成立之南美國家共同體（South American Community of Nations），[3] 其成立的原因和與美國之對峙有相當的關連性，一方面是對美國在美洲自由貿易區談判中態度的不滿，另一方

3　「南美國家共同體」成員國於 2008 年 5 月 23 日簽署《憲法條約》(Constitutive Treaty)，並已正式轉型為「南美國家聯盟」(Union of South American Nations)。

面則是希望向美國宣示，即便沒有美國，南美國家彼此也能走出一條自己
的路，要美國不要太有自信。在如此背景之下，南美國家共同體因而誕
生。因此藉由國際組織的設立進行立場相同國家之立場表述，也可以說是
國際組織重要的功能之一。北約與華沙公約組織的成立，就某方面而言，
也可以說是此項功能的展現。

（三）立法功能——規範建立與規則制定

　　為落實協議的內容，各國首先利用國際組織做為介面，針對能有效
落實協議的可行方案進行討論。正如同近年全球暖化問題日益嚴重，各
界對於應該有效降低碳排放、提升能源效率並減少其汙染等議題已達成
共識，然而對於如何有效達成上述目標，各國持有不同之見解，因此透
過 APEC、G8、聯合國等國際組織做為介面，不斷持續提出新的倡議與聲
明，呼籲各國能有效地設定相關配套措施。事實上，由 156 個國家於 1997
年所簽訂的《京都議定書》（Kyoto Protocol），就是透過「聯合國氣候變
化綱要公約」（United Nations Framework Convention on Climate Change,
UNFCCC）做為成員國之間的交流平台，針對氣候變遷議題建立起具有約
束力的國際性規範。此外，為確認方案的可行性或社會觀感，部分國際組
織亦透過組織內部機關或者委外進行調查。

　　總體而言，傳統國際組織的立法行為存在下列特點：第一，國際組織
法規通常是經由全體共識或接近全體共識的情況下所頒布；第二，成員國
對於國際組織法規有時得選擇性遵守，或是能夠對於既存法規表示反對意
見；第三，儘管身為國際組織的成員國，各國仍然能夠對於國際組織法規
進行單方面的解釋；第四，國際組織的行政機構通常只擁有極為薄弱的立
法權力；第五，國際組織立法機構之代表必須聽命於成員國，無法獨立行
使立法職權；第六，國際組織與成員國人民之間並沒有直接的互動關係存
在。（Tharp, 1971: 5）然而，從歐盟近年的發展來看，可以觀察到國際組
織的立法行為已不再是由成員國把持一切權力，國際組織本身在立法過程
中所扮演的角色亦有所提升。

（四）執法功能——規則的落實（警告、仲裁、調停、制裁等）

為避免協議的內容遭到破壞，以確保各國利益不至於受到侵害，國際組織的成員國會視情況設定懲罰、制裁條款，其處理過程可能包括採取警告、仲裁、調停、制裁等措施。舉例而言，WTO 之基本理念為建立非歧視之貿易環境、促進市場的開放性與公平競爭，若成員國任意提高關稅、針對國內產業施行不法補貼政策，其他 WTO 會員在利益損失之虞下，可向 WTO 爭端解決機構提起告訴，而 WTO 最終有可能因此對違反 WTO 規範之會員提起貿易制裁。過去巴西即認為，美國針對國內棉花、鋼鐵產業進行補貼之行為，已足以構成貿易壁壘，因此提請 WTO 針對美國之補貼政策是否違反公平貿易原則進行裁定，並希望美國能限期改善。再者，2002 年，美國懷疑伊拉克藏有大規模毀滅性武器，因而向聯合國聲請對伊拉克進行武檢，聯合國安理會於 2002 年 11 月 8 日無異議通過 1441 號決議案，要求伊拉克必須在七天內全面解除武裝、開放武檢，並指出伊拉克必須立即合作，否則將面臨「嚴重後果」。亦即，為確保國際安全與落實聯合國宗旨，聯合國其實也為國際社會扮演執法的角色，對威脅國際和平的國家、行為提出警告，甚至制裁。

（五）行政功能——掌理國際組織行政事務，管理公共財

協調當前國際間重要的國際事務，以及提供並管理各成員國乃至於整個國際社會所共同使用的公共財，亦為國際組織相當重要的主要功能之一。從提供並管理公共財的觀點來看，國際組織在某種程度上扮演了類似國家政府的功能與角色，就如同主權國家的中央政府一般，不同性質的國際組織可能就會針對不同的議題領域提供公共財，並對於這些公共財具有管理上的責任與義務。以 IMF 為例，為維持國際貨幣與金融秩序的穩定，IMF 的主要功能在籌措基金，為國際社會提供資金借貸的服務與援助，扮演類似世界中央銀行的角色，並追蹤、輔導借貸國國內相關制度之重建。此外，目前國際社會中有許多不同領域的國際組織，提供了多樣化的國際公共財並負責這些不同國際合作、協調的行政工作，包括世界銀

行能夠向貧窮國家提供發展方面的資金與技術援助、聯合國維和部隊負責在全球主要衝突熱點進行維和任務，以及聯合國難民事務總署（United Nations High Commissioner for Refugees, UNHCR）提供各種災難發生時的國際人道援助等。

（六）降低交易成本

所謂的「交易成本」（transaction cost）在此並非指實際事物買賣的交易價值，而是指因跨國交往、交流所致的各式問題進而衍生的處理成本。幾乎各方面的跨國往來，包括經濟、金融、交通、電信、郵政、環境、衛生、教育、文化、政治、安全、外交等，都涉及不同程度的往來及合作、協調問題，而處理這些問題可以透過各式雙邊的安排，一一處理，也可以經由多邊的平台一併處理，只是耗費的交易成本將不同。一般而言，能以多邊機制一次處理原本須要多組雙邊安排才能解決的問題，將大幅降低國際社會成員的交易成本。而國際組織即是多邊平台的典型代表，特別是透過國際組織來處理交通、電信、經貿、衛生等全球性的功能合作問題，大大降低原本所需的交易成本，這也是為何大部分國家願意透過國際組織進行合作、協調的重要因素。

（七）社會化與國際化的功能──培養共同價值

個人在成長過程以及生活中其實常會受到來自社會不同領域的影響，進而可能改變個人的價值觀與行為，透過此影響過程，個人的行為也可能因此更加符合整個社會的期待或規範，進而融入社會體系的運作，如此的過程即所謂「社會化」（socialization）。事實上，在國際社會中也存在著讓不同國家與非國家行為者的價值觀逐漸趨同的社會化過程。而國際組織的功能之一就是提供社會化的平台，因為不同的國際組織往往有其特有的宗旨，而這些宗旨即代表了各個成員所信仰與尊崇的共同價值，舉凡集體安全、民主、自由、人權、平等、市場經濟等，都是當前大部分國際組織所擁有的共同價值，而成員之間往往也能夠藉由在國際組織的互動來培養共

同價值（孫國祥、黃奎博，2007：258-259）。舉例而言，WTO 的貿易談判與爭端解決過程就是藉由貿易治理的過程培養會員彼此對自由貿易與市場經濟價值的認同；而歐盟則是在區域整合過程中，強化彼此對民主、自由、人權，與市場經濟的價值認同。

　　此外，對許多國家與非國家行為者而言，國際組織其實是他們進行國際化的絕佳場域。因為國際組織運作過程產生的社會化作用也同時具有國際化的效果，許多行為者藉由國際組織的平台展開與其他行為者的接觸、交流，不少國家更因為參與國際組織及接受國際組織規範，將國際標準、措施、法律等引進國內，讓國內有國際接軌的機會。換言之，國際組織也時常扮演國家與非國家行為者國際化的介面，讓行為者更加國際化。這也是為何台灣及許多其他國家須要在推動國際化過程中，積極爭取參與各式國際組織的原因。

二、國際組織之角色

　　國際組織除在事實上提供上述不同之功能之外，國際組織其實也在複雜的國際關係與全球政治經濟安排中扮演不同之角色。但是，國際組織到底扮演何種角色或者該扮演何種角色，則未必是一具體事證的問題，而是見仁見智的問題。因為不同的思維或意識型態對國際組織有不同的角色期待與解讀，而傳統上一般認為國際組織扮演下列不同之角色。

（一）獨立自主的行為者

　　首先，國際組織可以被視為是國際社會中獨立自主的行為者。傳統上相較於主權國家，國際組織因不具一般民族國家所擁有的「主權」，儘管設立分工精細的幕僚或行政單位，影響國際組織政策走向的決定權仍然是在成員國政府手中。然事實上，隨著近年來國際局勢的變遷，當前部分國際組織所扮演的角色亦有所轉變，國際組織本身所擁有的自主性（autonomy）已經逐漸開始提升。這些較具自主性的國際組織除了能主動夠透過各項決議案（resolutions）、建議案（recommendations）、制定組織

內部法規等途徑，以表達國際組織各機構對於特定議題的政策傾向之外，也能夠與其他國家簽署國際條約或協定，或是針對特定事件做出仲裁或制裁，藉此宣達國際組織本身所代表的權威性。

是以，部分國際組織在國際事務上的確扮演相對自主獨立之角色，也被視為是國際關係中具有自主性的行為者。歐盟就是目前相當具獨立自主特性的國際組織之一，包括歐盟執委會（European Commission）、歐洲議會（European Parliament）與歐洲法院（Court of Justice of the European Community）等主要機構，都能夠對第三國進行主動性的接觸，也能夠針對這些國家發布制裁案、決議案、政策文件等。

（二）開放自由的論壇

除有獨立自主的角色外，國際組織也常被視為是開放自由的論壇。在傳統的國際關係中，國家之間的互動往來大多是透過外交文書做為媒介，彼此之間的政策立場或相關訊息也都只能藉由雙邊途徑做為溝通管道，再由這些雙邊途徑向其他國家逐一擴散。國際間資訊的往來因而缺乏足夠的溝通管道，以致無法讓主權國家擁有充裕的相互交流機會。

國際組織的出現正好回應此一需求，由於國際組織大多是由三個以上的國家或非國家行為者所組成，規模較大的國際組織甚至能夠擁有全世界大部分的國家。國際組織因此提供了良好的互動平台，一方面可以透過定期召開的會員體大會或各項會議，讓會員體暢所欲言、發表高論，溝通立場；另一方面，也可以藉由組織本身所發布的通訊刊物，將一些重要的資訊或調查研究發現發表於刊物上，讓各成員都能夠快速地獲得這些資訊。因此，對許多國家或行為者而言，國際組織就如同一開放自由的論壇，成員可以藉此管道發表意見、陳述立場，甚至進行遊說等。以擁有 193 個會員國的聯合國為例 [4]，包括聯合國大會（General Assembly）、聯合國附屬機構之成員國大會，或是聯合國出版社（UN Publications）的各項出版刊物，都提供成員國間絕佳的論壇空間與溝通管道。

---

[4] 2011 年 7 月 14 日聯合國安理會，承認於同年 1 月進行公民投票，確定脫離蘇丹獨立的南蘇丹為聯合國第 193 個會員國。

（三）行為修正者

再者，國際組織也常扮演行為修正者的角色。延續前文對於國際組織功能之論述，由於國際組織所具有的立法與執法功能，使國際組織逐漸成為擁有權威性的政府間合作機構，能夠擔負起維護成員國利益的行為修正者角色（孫國祥、黃奎博，2007：260-261）。尤其在具有國際法人地位的國際組織原則及規範約束下，各成員之行為、措施皆必須符合國際組織的規範或成員所簽訂的條約，並且遵守國際組織的宗旨與目的，一旦發生成員違反國際組織法規之情況，其他成員就可以透過國際組織本身的制裁機制或爭端解決機制，對於違反規範的成員進行懲罰。是以，具有約束力或以規範為基礎（rule-based）的國際組織往往能對於違反規範的成員進行懲處，在國際社會上扮演行為修正者的角色。聯合國、世界貿易組織、歐盟其實都是國際法人，具有法律能力（legal capacity），得以對成員的違法行為進行糾正、制裁，扮演行為修正者的角色。

（四）霸權或強權的工具

對於國際社會上的部分行為者而言，某些國際組織的角色其實是國際上霸權或強權國家的工具。由於霸權或強權國家通常擁有相當積極的政策走向，對於國際關係之運作也往往展現出較具侵略性的政策作為，為了避免帶給國際社會中的其他國家過於強勢的形象，霸權或強權國家可能就會透過國際組織做為落實國家政策的重要途徑。從這樣的觀點來看，一旦國際組織的運作走向是由較為強勢的成員國所掌握，則該組織就很有可能成為霸權或強權國家的工具，以此做為向國際社會施展抱負的管道，並且維持強權國家的國際地位、形象與影響力。當然，從廣義的工具角度來看，國際組織也可以被視為是霸權、強權國家提供公共財的途徑。但不論如何，對許多弱勢國家而言，國際組織的確是霸權、強權國家掌握世界、影響國際關係的工具及途徑。

例如，對許多國家來說，聯合國安理會最為人所詬病之處在於常任理事國的權力與地域席次分配不均，以致於缺乏足夠的代表性。然而，儘管

聯合國的改革聲浪不斷,安理會常任理事國的席次分配方式至今仍不為所動,加上聯合國安理會在國際集體安全維護上有舉足輕重的地位,聯合國因而幾乎就是這些強權國家所掌控的政策工具,透過安理會常任理事國所具有的強大權力(尤其是否決權),維護其國家利益。

(五)資本主義擴張的工具與途徑

冷戰時代起,西方國家為主的國際組織即被視為是資本主義擴張的工具與途徑之一。隨著冷戰結束,資本主義與共產主義之間的對峙情勢不再,以資本主義國家為主要成員的國際組織就藉由協助前蘇聯陣營國家重建國內經濟制度的機會,將資本主義的各項制度特性植入前共產主義國家之中,使其完全成為資本主義社會所能夠接受的一份子。國際貨幣基金、世界銀行、經濟合作與發展組織(OECD)即常被認為是資本主義擴張與發揮影響力的重要途徑。此外,儘管目前大多數國家已接受資本主義的各項制度,但資本主義強權國家掌握的國際組織仍然透過其日常運作,漸進式地改變成員國之中不符合期待的國內經濟制度。特別是國際貨幣基金與世界銀行長期做為提供國際社會資金借貸與發展能力建構的國際組織,因為美、英、法、德、日等資本主義強權國家是其中最主要的資金捐助者,在組織決策過程中具有舉足輕重的地位,因此無可避免地國際貨幣基金或世界銀行的許多資金借貸案或技術援助計畫常融入許多與資本主義相關的政策改革內涵,例如,市場開放、民營化、自由化、透明化等。

第四節　國際組織的行為者

從主權國家體系確立至 20 世紀,國際秩序主要是透過國家之間合縱連橫,以建立均勢來維持體系的穩定。自然而然,傳統的國際關係理論將國家視為國際政治中唯一的行為主體。尤其在第一次世界大戰所建立之國際聯盟失敗之後,現實主義者更是認為國際組織不過是國家所創造出來的工具,稱不上是獨立的行為者。新現實主義學者華茲(Kenneth N. Waltz)

在其理論假設中，更明白地指出國家是國際政治中唯一的行為者，國家基於國家利益而採取行動，藉此追求利益的極大化。因此在其理論假設中，國際政治理論中似乎容不下非國家行為者的存在。

然而，如此觀點在第二次世界大戰後所建立的聯合國體系以及歐洲共同體逐漸步上軌道之後，開始有所轉變。國際組織所扮演的角色愈來愈多元，尤其像聯合國此類具有強制力、制裁能力的國際組織也陸續誕生，因此國際組織在國際社會中的地位也逐漸受到關注。而利用國際組織進行交涉、締結條約等行為，也讓國際組織的法人人格受到承認。更重要的是，涉及到國際組織運作的行為者，更非僅限於「國家」，「非國家行為者」也開始在國際組織中扮演日益重要之角色。

一、國家

傳統上國際組織（尤其是所謂政府間國際組織），基本上都涉及政府參與、協商談判、官方合作、締結條約等，因此國家自然是這些國際組織內最重要的行為者。然而，雖說國家是國際組織最重要的行為者，但國際組織與國家兩者之間所存在的主客體關係卻向來是國際關係中爭辯的議題。在現實主義與新現實主義者的眼中，國際組織不過是國家為了實現自身國家利益、追求權力或者權力平衡的工具，因此國家方是主體，國際組織一旦不能實現國家的利益，國際組織本身的意義便不大。新自由制度主義者基歐漢（Robert Keohane）則肯定國際組織的動態性以及其對國家的影響，他認為國際組織是國家的「代理人」（agent），各國在參與國際組織時，即已將一部分的權力讓渡給國際組織，之後再由國際組織經過自身的判斷來行使這些權力、做出決策。國際組織因而如同國家一樣是國際關係中的行為主體。

若從現實面來看，國際組織其實就是國家之間所組織而成的制度，國家首先必須制訂彼此所能接受的遊戲規則，若沒有辦法訂出各國能接受的遊戲規則，該國際組織的運作將會相當脆弱。此外，雖然國際組織已訂有許多規範、通過許多決議與聲明，然而國家是否願意遵守國際組織的規

範、落實決議、恪守聲明，對於國際組織的威信有相當的影響力。是以，縱然許多國際組織明訂有經濟制裁或軍事制裁的相關規範，但制裁機制的啟動相對也意味著該國際組織的約束能力受到挑戰或已然不足。

除了訂定規範與遵守規範之外，「執行」也是國家在國際組織中扮演的重要角色。舉例而言，由於聯合國並沒有屬於自己的軍隊，因此維和部隊也多半是由各國派員所組成，缺乏國家的支援，聯合國的維持和平行動勢必遭遇瓶頸。又好比歐盟通過單一貨幣之決議，正式發行歐元，但是要放棄馬克、比索、法郎等各國貨幣在市場流通，都有賴歐盟各國政府在國內政策方面的配合。

當然，國家此一主要行為者對國際組織也有需求。最基本的需求在於國際政治、經濟、金融等各方面秩序的維持，透過穩定體系的建立，各國的國家利益方能得到保障。此外，較細瑣的需求則因組織與國家而異，例如申請融資、請求仲裁、國際援助、能力建構等，皆為國家時常向國際組織所提出的需求。

而「加盟」（accession）可說是國家行為者與國際組織互動的開始，不論是在普遍性國際組織或區域性國際組織，國家都必須要先經過「加盟」的程序取得於該組織中的地位。新加入的會員國須要透過該國際組織既定的程序，通過後方能享受該國際組織中的各項權利，同時也被課予相對的義務。若國際組織內的會員國，因為政變、戰爭等因素產生分裂，該新成立之國家欲取得該國際組織身分之前，國際組織與國家之間又會產生「複數承認」以及「代表權」之爭議。聯合國下的「中國代表權」問題即是代表性的案例，最後聯合國第 26 屆大會於 1971 年 10 月 25 日通過 2758 號決議案，決定「恢復中華人民共和國的一切權利，承認其政府的代表為中國在聯合國組織的唯一合法代表，並立即把蔣介石的代表從它在聯合國組織及其所屬一切機構中所非法佔據的席位上驅逐出去。」[5]

除加盟關係外，一旦加入國際組織後，會員國一般享有出席大會、投

5　參見聯合國大會 2758 號決議案："RESTORATION OF THE LAWFUL RIGHTS OF THE PEOPLE'S REPUBLIC OF CHINA IN THE UNITED NATIONS"

票、理事會成員國之選舉權與被選舉權，同時也會被課予協助國際組織活動、宣傳、經費負擔、遵守條約規範之義務。而違反組織規約的國家，有可能受到暫時罰款、軍事或經濟制裁、停權或者除籍的處分。但會員國亦有可能選擇退出某一國際組織做為對該國際組織之嚴正抗議。例如：中華民國於 1971 年宣布退出聯合國，以表示對聯合國處理中國代表權問題之態度的不滿；以及委內瑞拉查維茲（Hugo Chávez）總統 2005 年宣布退出安地斯共同體（Community of Andean）轉加入南錐共同市場，以表達對安地斯共同體過度向美國傾斜的失望。

二、非國家行為者

　　除了國家以外，國際組織內的行為者還包括非國家行為者，尤其是非政府組織（NGO）以及個人。事實上，NGO 早在國際聯盟時代就已經取得非正式的協議關係，在聯合國憲章起草階段，也對聯合國的組織與功能提出了諸多建言。如前所述，NGO 在符合特定條件之下，可以取得普遍諮詢地位或特殊諮詢地位，進而參與聯合國的會議，並提出建言。例如：在人權領域方面，國際特赦組織與國際人權聯盟皆取得特殊諮詢地位，得以派員參加聯合國會議、提出建言；在安全領域，世界宗教和平會議（World Conference on Religion and Peace）具備聯合國的普遍諮詢地位；在環境領域，綠色和平組織與世界自然基金也都取得普遍諮詢地位，得以與聯合國有直接的互動。

　　然而，國際組織與 NGO 之間的諮詢關係並不僅只存在於聯合國。以亞洲開發銀行（Asian Development Bank, ADB）為例，亞銀不定期會舉行 NGO 會議，透國研討會的形式與 NGO 進行政策對話。此外，亞銀也讓 NGO 參與計畫的開發、設計、評估、審核等事項，在推動計畫時，有時也會邀請 NGO 扮演仲介者角色或代為執行。另外，國際貨幣基金與世界銀行的年會期間，已將 NGO 會議常態化，每年定期舉辦 NGO 大會即公民社會政策論壇（Civil Society Policy Forum），世界銀行與 NGO 之間的合作關係大致上與亞銀相同，不過世界銀行更透過「公民社會規劃小

組」（Civil Society Planning Group）會議確保 NGO 參與世界銀行的計畫
規劃、執行與評估。1973 至 1988 年間，NGO 參與世界銀行計畫的案件
僅占 6%，然而 1998 年世界銀行有 50% 以上的計畫都有 NGO 的參與，
在參與的深度上也有很大的差異。（橫田洋三，2005：223）根據世界銀行
的統計，至 2006 年 72% 的世界銀行計畫有公民社會組織（Civil Society
Organization, CSO）的參與。

除了計畫之規劃、執行、評估與審核之外，部分國際組織也仰賴
NGO 進行資訊提供。以聯合國人權委員會的案例來看，[6] 1970 年聯合國經
濟社會理事會通過《人權與基本自由侵害通報處理手續》，表示希望 NGO
能針對人權侵害的案件進行通報；又聯合國教育科學文化委員會（United
Nations Educational, Scientific, Cultural Organization, UNESCO）也通過了
類似的通報手續，希望 NGO 針對教育、文化、資訊相關領域中，涉及歧
視的案件進行通報。在接到案件之後，再針對案件的真偽與處理方式進
行調查與評估。事實上，單就聯合國內人權侵害通報機制的案件來看，
有約略九成都是由 NGO 所通報的案件。（橫田洋三，2005：223）上述顯
見 NGO 行為者在國際組織環境中的角色與地位。另外，企業的角色也不
可忽視。例如，由 APEC 各經濟體企業家代表所組成的 APEC 企業諮詢
委員會（APEC Business Advisory Council, ABAC），透過參與 APEC 會議
反應企業界對區域經濟合作的見解；國際商會（International Chamber of
Commerce, ICC）則是在聯合國當中，代表企業界取得普遍諮詢地位。

「個人」在國際組織中所扮演的角色也不能小覷。大體上，個人與國
際組織之間的關係包括「參與國際組織事項審議」、「參與國際組織實務」
以及「與一般公民互動」等層面。在參與國際組織審議方面，通常是會員
國政府的代表，然而部分國際組織中，會遴選不代表國家或政府的個人來
參與審議。例如：國際貨幣基金及亞洲開發銀行等金融機構的理事會以及
歐洲理事會皆屬此類。這些理事或委員以個人的資格被遴選出來，不接受
母國的指示而獨立運作，並獨立行使發言、投票的權力。以歐盟經濟社會

---

6 聯合國人權委員會已在聯合國改革後被廢除，現成立人權理事會。

評議會為例，該評議會屬於諮詢機關，由生產者、農民、勞動者、自營業者等代表共計 344 名組成。這些代表的任期皆為四年，這些個人皆是各自部門的代表，獨立行使職權，給予國際組織建言。

在個人參與國際組織實務方面，大都屬於國際公務員，多半屬於各國政治任命，或者由秘書處招募之長期幕僚。然而，國際組織為了完成特定的任務，會臨時性地從外部邀請具有專業、技術的專家參與國際組織之實務運作，諸如爭端調查、對特定國家的開發援助諮詢等事項。另外，像是美洲人權法庭、聯合國海洋法法庭、國際司法法庭、歐洲人權法庭等此類強調超然客觀的國際司法機構的法官，也往往都是以個人身分另外招聘進入國際組織，使其參與國際組織實務的案例。

而一般公民與國際組織直接互動的機會雖然不多，但涉及權利義務主張時，依然有訴諸國際組織的能力。舉例而言，依照聯合國「涉及人權與基本自由侵害通報手續」的規定，個人或 NGO 可以直接對於人權侵害事件進行通報。而聯合國所受理的通報案件，會交由人權機構處理。在歐盟，歐洲人權條約所保障的權益受到侵害時，個人可以直接向國家或者歐洲人權法庭提起訴訟。

第五節　國際組織間之互動

國際組織之間的互動，大致也與國際組織與國家之間的互動模式相近。然而，國際組織之間的互動更重視談判與締結條約、情報交換、相互建言、人才交流、業務規劃，以及專業協作等功能。

（一）談判與締結條約

以往條約締結之主體多為國家，然而隨著國際組織的日益增加，以及國際組織所扮演之角色日益提升，因此以國際組織為單位彼此締結條約或進行談判的事例也逐漸增加。舉例而言，南錐共同市場與安地斯共同體皆已與歐盟展開組織對組織之自由貿易談判，主要原因是以組織做為單位談

判相對於個別雙邊談判總成本較低，且由於個別國際組織內已有屬於自己的自由貿易規範，將兩國際組織的規範進行整合，相較於多個國家彼此簽署雙邊協定，較不容易產生複雜重疊之現象。

（二）情報交換與相互建言

在情報交換方面，國際組織間經常彼此檢送報告書，藉由此種方式將兩國際組織皆關心的事項，在業務面能進行連結。舉例而言，根據聯合國憲章第 64 條規定，聯合國經濟暨社會理事會被賦予彙集各專門機構報告之職責。除金融型的專門機構無向聯合國經社理事會提供報告之義務，其他的聯合國專門機構則有許多必須向經社理事會提供報告、資訊。而隨著網際網路的普及化，國際組織之間也常藉由網路平台，包括聯結、共同營運網站、建置資料庫等方式，蒐集並交換資訊、情報。更積極地，國際組織之間也會彼此針對需要強化的部分或注意事項提出建言，例如 APEC 經濟領袖會議近年來持續針對 WTO 的發展提出建言，呼籲 WTO 盡快完成杜哈回合（Doha Round）談判。另外核子禁試條約（Comprehensive Test Ban Treaty, CTBT）以及限制化學武器組織（The Organization for the Prohibition of Chemical Weapons, OPCW），在其條約及規章內皆訂有向聯合國通報並提請注意之相關條款（CTBT 第 5 條第 4 款；CWC 第 12 條第 4 款）。

（三）人才交流與業務協調

為進行業務觀摩與協調，人才交流也是國際組織之間互動的重要一環。觀察員之派遣即為其中的作法之一，例如美洲國家組織、歐盟等區域性國際組織皆會派遣專門之觀察員前往聯合國大會參與會議，以掌握聯合國大會中的討論與動態。其他作法還包括國際組織之間職員之輪調或兼任，以及透過專家諮詢的方式進行交流。舉例而言，世界銀行與國際開發協會（International Development Association, IDA）透過彼此交流之機制，許多職員都在兩國際組織兼任職務，而通常議題性質相近的國際組織，透

過此類人員之交流，可讓政策方面有較高的協調性與一致性。另外，阿拉伯國家聯盟（League of Arab States）與伊斯蘭會議組織（The Organization of the Islamic Conference, OIC）則透過非正式的秘書處協定，將彼此的國際公務員制度與秘書處的體制進行調整，以使兩國際組織之間專業人才之任用與調派的障礙降到最低。除了人才交流，為了避免過度的重複投資，國際組織在進行短中長程計畫設定與預算編列時，有時也會與其他組織進行業務協調。聯合國下相關聯之專門機關之間，即對於業務會不定期進行協調，並對於業務之規劃進行意見交換。

（四）專業協作

　　國際組織中有許多機能相近的組織，例如在金融方面，世界銀行、亞洲開發銀行、國際貨幣基金、美洲開發銀行等組織皆具有透過融資協助域內國家發展之功能；在安全領域方面，聯合國安全理事會、北大西洋公約組織皆具有維護集體安全的功能；在衛生方面，世界衛生組織與泛美衛生組織（Pan American Health Organization, PAHO）也扮演著類似的角色。由於議題相同，因此時常會涉及政策協調性的問題，或者在條約規章中亦可能有相互衝突的部分。因此國際組織有時亦會針對上述議題進行專業協作或者權限協調。舉例而言，亞洲開發銀行與聯合國亞太經社委員會（United Nations Economic and Social Commission for Asia and the Pacific, ESCAP）之間有相當緊密之合作關係，因此舉凡遇到針對亞洲的開發援助時，聯合國的相關機構往往會委託亞洲開發銀行進行。此外，1999 年科索沃戰爭時，北約在未獲得聯合國安理會之同意之下就已進行空襲，在紛爭結束的 6 月 10 日，聯合國安理會透過追認決議案肯認北約空襲的合理性，此也可視為兩國際組織之間的專業協作。

第三章　國際組織與全球治理之理論探討

第一節　國際組織之理論緣起

　　隨著西伐利亞體系正式確立主權國家的地位，國家身為國際社會主要行為者的地位也日漸穩固。也因為各國同意依照「主權平等」以及「政治獨立」的原則來解決問題、進行互動，歐洲國家體系，或者說歐洲國際關係的體系也隨之成形。在早期歐洲國家體系下，19 世紀中葉開始陸續有萬國郵政聯盟、國際電報聯盟等行政性或功能性國際組織的出現，1919年第一個政治安全為中心的全球性國際組織國際聯盟成立、為避免重蹈第二次世界大戰覆轍而成立的聯合國、從 1951 年歐洲煤鋼共同體條約開始進化成為現在廣受注目的歐洲聯盟、為了推動全球自由貿易而成立的世界貿易組織，以及統籌管理國際衛生議題的世界衛生組織，一個個國際組織的成立都使得國際合作變得更為緊密、更為建制化，也讓國際關係當中國際組織的研究更加盛行且多元。

　　1930 年代國際組織的研究重點放在國際社會如何管理自己，但到了第二次世界大戰之後，國際組織的法制研究途徑、決策過程研究途徑、國際建制（international regime）研究也開始蔚為風潮，而對於國際組織的「角色」、「功能」的研究更成為主流。當然，現實主義（realism）、自由主義（liberalism）、馬克思主義（Marxism）與建構主義（constructivism）等各家國際關係理論也從不同的角度，試圖解釋國際組織構成的原因、運作的方式、永續發展的可能性等命題。

　　國際關係理論的角色，在於輔助我們有系統地掌握過去以及現在所發

生的種種國際政治現象，將複雜的現象以予以系統化、模型化，並賦予認識論的意義，也有助於建構理想的國際政治圖像，而國際組織研究亦是如此。由於國際組織的成立或運作往往涉及複雜的政治過程，透過國際關係理論來掌握國際組織的源起與動向，將有助於加速對於國際組織本質的了解。

循著國際關係理論對於國際組織討論的歷史脈絡，主張權力中心論及國家利益中心論的現實主義、主張多元互賴與國際建制論的自由主義、主張階級與經濟決定論的馬克思主義，都對於國際組織的源起、發展與本質提出不同的見解。除此之外，將整合與外溢效益（spill-over effect）視為重點的功能主義（functionalism），與強調認知與信仰建構的建構主義也都對於國際組織的應然面做出了詮釋。在全球化迅速發展的情勢下，全球治理（global governance）概念逐漸發芽，也成為研究國際組織發展的新途徑。

簡言之，國際組織與國家不同，國際組織是國際關係環境下的產物，是基於國際間行為者或國家的需求而構成的治理安排，目的在調節或管理複雜的國際關係。由於國際組織在 19 世紀中葉以後才逐漸興起，早期的國際關係研究或理論對國際組織的著墨並不多，而偏重於國家對外政策及國與國之間關係的探討。不過，隨著國際組織在 20 世紀後量的增加，及其在國際關係中影響力的提升，國際關係的理論與研究開始對國際組織的制度、內涵、特性、角色及影響等有各式的解釋、看法與期待。以下本章將逐一介紹上述主流國際關係理論之基本概念，以及對國際組織性質的闡釋與角色的期待，以期讓吾人更有系統地掌握國際組織的發展。

第二節　國際關係理論與國際組織

一、現實主義與新現實主義

（一）主要理論內涵

　　儘管遭到許多嚴厲的批評與挑戰，現實主義已被廣泛地視為最具權

威及影響力的國際關係理論之一，同時也是最具發展歷史的世界觀之一。在修昔底德（Thucydides）、[1] 馬基維利（Niccolo Machiavelli）、[2] 霍布斯（Thomas Hobbes）[3] 及克勞塞維奇（Carl von Clausewitz）[4] 等先驅思想家的影響下，當代各式的現實主義（包括傳統現實主義、新現實主義或結構現實主義、重商主義及新重商主義等）的發展可說皆奠定在下列基本想法與假設的基礎處上：（1）對人的本性持負面的看法：人的本性是邪惡的（evil）；（2）國際大環境是一種無政府狀態 （anarchy），沒有中央政府的存在；（3）「國家」是國際關係中最重要的行為者，也是單一的及理性的行為者，在對內對外事務上擁有主權；（4）國家必須靠其本身的力量（尤其是政治及軍事力量）在無政府的大環境下求生存與保障；（5）國際關係的本質是衝突的，講求相對獲得（relative gains）；（6）政治比經濟重要，經濟活動須配合國家（政治）目標，以國家安全為圭臬。（Dougherty and Pfaltzgraff, 1997: 58-59; Pease, 2003: 44-47）

　　在這些基本的假設下，第一次大戰後開始發展的傳統現實主義對人性持相當消極與悲觀的看法，視國際關係有其衝突的必然，認為國際社會是無政府狀態，國家才是國際體系中的主要行為者。基於無政府狀態，國家的安全得靠自己保護，不認為有超國家的組織可以壟斷武力，也不相信單憑國際組織就能夠保障國家的安全。從古典現實主義者的觀點來看，他們相信「權力」（power）是保障國家安全的唯一方法，也是國家利益的一

1　在其所著的《波羅奔尼撒戰爭》（*The Peloponnesian War*）一書中，修氏提供許多對於權力（power）、懼怕（fear）及結盟（alliances）的深刻觀察與看法，他相信權力是國際間爭端的最終仲裁者，亦即權力成就權利（Might makes right）；而且，良善（good）不見得永遠勝過邪惡（evil）。（Thucydides, 1963）因此，修氏質疑結盟的可靠性與效益，主張國家應透過自身的軍事武力確保生存，畢竟「權力」才是敵人唯一認得的東西。

2　馬氏所著之《君王論》（*The Prince*）不但徹底分析權力與政治家治國之道的關係，更主張「獲得與維持權力」的重要性，因為權力是君王最終的防衛；同時，馬氏也強調國家的自立，認為結盟將使君王成為他國之人囚。（Machiavelli, 1952）

3　霍布斯主張人類所處的自然環境（the state of nature）充滿了恐懼、暴力、危險與死亡，並指出在此大環境下，人類的生活是孤獨的、貧窮的、險惡的與短暫的。要克服或逃出如此的困境，霍氏認為必須將所有權力與權威交給一個巨靈（Leviathan），也就是所謂的「主權國家（sovereign state）」。（Hobbes, 1996）

4　克氏著有《戰爭論》（*On War*），強烈主張軍事武力是達成國家目標的最佳工具。

環。第二次大戰後的冷戰初期，在巨擘摩根索（Hans Morgenthau）有系統的論述下，現實主義可說成為當時的主要世界觀，「權力」被視為是「國家間關係」的最直接目的。

不過，隨著時空及國際局勢的轉變，相對於傳統現實主義強調「權力」及「國家間的關係」，華茲（Kenneth Waltz）於 1970 年代借用體系理論（system theory）將現實主義的焦點擴展至「體系」，發展出新現實主義（neo-liberalism），超越國家分析層次，以無政府狀態的國際體系結構解釋、分析或預測國際關係。新現實主義主張無政府狀態的國際體系才是決定國家行為的主要因素，而非國家間單純的權力差異。因為在無政府的體系下，國家會設法增加權力以求自助（self-help），國際無政府體系也將因各國的自助而達到一種權力平衡（balance of power）的狀態。（Pease, 2003: 45）因此對新現實主義而言，國家是國際政治中唯一的行為主體；國家會基於國家利益，採取理性的行動，選擇能達成國家利益極大化的外交手段；國家利益之間的衝突則難以避免。

（二）現實主義劇本中的國際組織

儘管當代各式現實主義的主張與訴求不見相同，但是它們對無政府狀態、國家、權力、權力平衡、相對獲得，及經濟配合政治等假設的認知相同。在這些認知的基礎上，現實主義雖強調國際無政府狀態；不過，無政府不代表無秩序（chaos），因為國家間權力關係的差異，權力的排序（power hierarchy）自然形成一種秩序（order），在秩序中有大、中、小不同等級權力的國家。所以，對現實主義而言，國際體系或權力平衡的狀態大致上可分為兩大類：一為單極的霸權穩定體系，一為兩極或多極的強權權力平衡體系。現實主義劇本下的國際組織角色也因此必須放在此一權力排序下說明。

在單一的霸權體系下，依據霸權穩定理論（the theory of hegemonic stability），此一霸權基本上可以控制、主導體系內的其他國家。所以，現實主義認為在此一體系下，國際組織或制度代表的只是霸權利益的制度化

（institutionalized），或在國際社會安排中反應霸權的利益；而且，霸權也會主動成立國際組織，在國際體系中強化其利益與推廣其價值。為吸引參與者，霸權甚至會提供誘因與優惠待遇（如安全保障、經濟援助或市場進入等）給其他國家；同時，霸權還必須負擔國際組織的維持與運作成本，霸權的衰退甚至會導致國際組織活動與重要性的式微。所以，在單一的霸權體系下，對現實主義而言，國際組織其實只是霸權各方面利益的延伸或霸權的工具。

至於在沒有霸權的強權平衡環境下（可能是兩極或多極權力平衡體系），現實主義認為只要強權之間有共同的問題或利益，國際組織或機制仍是可以被成立的。例如，1815 年拿破崙戰爭後，藉由維也納會議建立的歐洲協調（the Concert of Europe），即是當時歐洲強權為解決共同問題與達成共同目的（歐洲和平）而建立的國際機制。（Pease, 2003: 50）不過，既然是強權平衡與共同利益下的國際組織，當強權間的權力平衡產生變化時，國際組織也將面臨改變，甚至因此衰退、消失。換言之，對現實主義而言，在強權權力平衡的體系下，國際組織提供強權討論與解決共同問題的場合與機制。

但是不論如何，現實主義並不認為國際組織能在國際安全與和平等議題上扮演獨立自主的角色，權力平衡才是和平與戰爭的關鍵，國際組織只是霸權或強權伸展利益的工具，國際組織頂多在不具爭議性的議題，或國家有共同利益的問題上扮演促進合作的角色。以北大西洋公約組織為例，其乃是冷戰時期歐洲兩極權力分配下的一種表徵，而真正提供維持歐洲大陸穩定的關鍵，乃是權力平衡的局面，而非北約本身。

儘管國際組織在國際政治經濟上的角色相當邊緣，但現實主義還是認為國際組織在某種程度上扮演媒介的角色，特別是提供強權溝通或共謀的平台，傳遞不同的聲音與主張，不過還不致於限制國家的最終行為。（Pease, 2003: 52-53）也因此，現實主義者並不認為國際組織是國際社會的行為者，即便可以視為行為者，也只扮演著邊緣性或者從屬性的角色。（中沢和男、上村信幸，2004：31）

二、自由主義與新自由主義

(一)主要理論內涵

　　自由派的政治經濟想法與國際政治觀點和一些 17、18 世紀重要的自由主義思想家，如格勞秀斯（Hugo Grotius）[5]、洛克（John Locke）[6]、亞當史密斯（Adam Smith）[7]、李嘉圖（David Ricardo）[8]、康德（Immanuel Kant）及邊沁（Jeremy Bentham）等有很大的關係。在這些先驅思想的影響之下，當代自由主義者幾乎皆認同以下的基本假設：（1）人的本性是好的、是善的、是樂於合作的；（2）為了更好的生活，人類有很大的進步潛能；（3）衝突與戰爭是可以避免的，所以國際關係的本質應是衝突與合作的組合；（4）國家並非單一的行為者，而是由不同的個人、組織、官僚，與其他群體組成，所以國家也很難達到理性；（5）非國家行為者（non-state actors）[9]亦有其重要性；（6）各種議題皆有機會主導國際議程；（7）強調絕對獲得（absolute gains）。（Jackson and Sørensen, 1999: 108-110; Viotti and Kauppi, 1999: 199-200）

　　雖有這些共同的假設，當代自由主義仍可進一步大致區分為傳統自由主義與新自由主義（neo-liberalism）。傳統自由主義基本上就是指第一次大戰後興起的理想主義（idealism），認為人性本善，相信戰爭或衝突主

---

[5] 格勞秀斯在其代表作《戰爭與和平法》（*The Law of War and Peace*）中即發現國家在無政府情況下仍可透過國家間簽訂的條約、規範等進行合作，可見國際關係不見得完全是衝突的性質。

[6] 洛克特別強調個人（individual）對社會與國家的價值與重要性，認為個人有天賦人權（natural rights）、政治自由與私有財產，而且主張有限的政府（limited government），管得最少的政府即是最佳的政府。（Pease, 2003: 57）

[7] 亞當史密斯認為人是經濟的動物（economic creatures），生來即曉得如何交易、買賣，及以物易物。（Gilpin, 1987: 27）其《富國論》（*The Wealth of Nations*）因此主張一個沒有政府干涉的自由放任（laissez-faire）經濟有利整個社會，認為國家應要盡量遠離經濟活動，讓市場那隻看不見的手自行運作，使政治與經濟分開。

[8] 在亞當史密斯的思想基礎上，李嘉圖以比較利益法則（comparative advantage）突顯國際貿易在資源有限世界的重要性，認為透過自由貿易，全球的資源與福利將可以被最大化。

[9] 指的是不具國家主權性質的行為者，它可以是國際組織，也可能是非政府組織、多國公司、公民團體、或個人等。

要是由於國內或國際政治體制的缺陷造成，並非人類或國際社會的宿命，而是必須調和國家間的利益來避免戰爭，所以主張應創設一國際機構，透過集體安全（collective security）來管制無政府狀態，同時也認為國際法或國際條約可以規範國家的行為。（陳欣之，2003：11-12）只是第一次大戰後成立的國際聯盟（League of Nations），最終因功能不彰與第二次大戰的爆發，粉碎了理想主義者的想法與美意，取而代之的則是源自功能主義（functionalism）的新自由主義。

　　新自由主義者雖對人性也持正面的看法，但是他們拋棄理想主義中不切實際的部分，轉而強調互賴（interdependence）與制度 （institution）。著名學者基歐漢（Robert Keohane）及奈伊（Joseph Nye）提出的「多元互賴論」（complex interdependence）可謂是新自由主義的代表，他們主張在愈來愈交錯複雜、相互影響的國際關係與跨國互動中，行為者容易受彼此之間行動的影響，而且對彼此之間的需求也愈來愈敏感；（Keohane and Nye, 1989: 23-29）因此，在不同行為者可能相互影響的情況下，非國家行為者也參與了國際政治，議題不再有階級性，軍事武力的角色則變得相對有限。透過新自由主義的多元互賴觀念，傳統現實主義無法解釋的國際關係如國際經濟合作、國際制度的形成及國際非政府組織的運作等，因此可得到合理的詮釋與分析。這也是為何同樣認同國際無政府狀態，新自由主義認為國際合作可以透過制度與組織的建立進行，國際合作甚至可以制度化，因為正式或非正式制度的建立可降低互賴的成本，或進一步提升互賴的程度，達到降低國家間衝突之目的；同時，國際制度或者建制可以改變或形塑行為者對於未來的期待，把未來和現在連結在一起，讓行為者相信在國際制度下的合作現況會影響自身的未來。新自由主義也因此又稱「新自由制度主義」。

（二）自由主義劇本中的國際組織

　　基於對人性、非國家行為者、國際關係本質、議題多元性、互賴，及絕對獲得的共同看法，當代自由主義（包括傳統與新自由主義）基本上對

國際合作、國際制度與國際組織持正面、可行及鼓勵的態度，而且認為國際組織有其功能性與制度性的意義及角色。

　　在功能性方面，國家或其他行為者會因解決不同功能上共同問題的需求，而進行合作，成立國際組織或機制，且不一定需要霸權或強權的主導。換言之，國際組織的成立是以問題解決、提供功能服務，或追求共同利益為動力與目標。例如，1865 年成立的國際電報聯盟、1874 年創設的萬國郵盟，或今天的國際海事組織（International Maritime Organization）等，都是基於功能上的需求、解決共同問題、資訊交換，或降低成本等原因而成立的國際組織。此外，自由主義也認為國際組織在功能上的合作有「外溢」的效果，亦即國際間在特定議題或功能上的合作，有可能因需求增加或信心增強進一步擴展至其他領域上的合作，甚至擴大至政治或安全領域的合作。而且隨著互賴程度的加深與範圍的擴大，為處理協調及合作的問題與降低交易成本，對國際組織的功能需求將愈來愈高。

　　在制度性方面，新自由主義者或新自由制度主義者認為制度或國際組織形成初期可能會有霸權的主導或介入（尤其是政府間的國際組織），不過長期而言，國際組織與建制的存在、運作與發展並不受霸權衰退或不在的影響。（Keohane, 1984）換句話說，國際合作或國際組織並非一時之權謀，而是可以透過制度的建立，使合作繼續，讓組織運作與發展成為一種持續性的行為。（陳欣之，2003：92）對自由主義而言，國際組織因此具有其獨立性（independence）與向心能力，可以有獨立的運作與行為，而非如現實主義所理解，國際組織只為霸權或強權服務。（Abbott and Snidal, 2001）

　　是以，不同於現實主義者，自由主義者對國際組織的角色扮演其實有相當的信心與期待，他們相信國際組織起碼在下列各方面有重要的貢獻與角色扮演：第一，國際組織可以破除安全困境（security dilemma）[10] 的疑慮，解決共同問題，同時避免搭便車（free riding）的情形；第二，具有改

---

10 「在國際無政府狀態下，由於缺乏權威導引，致使各行為體間由於互不信任與彼此懷疑，最後導致直接對抗甚至爆發軍事衝突的結果」。（蔡東杰，2003：69）

善經濟與世界福利的功能，透過世界銀行（World Bank）、世界貿易組織（WTO）及世界衛生組織（WHO）等特定功能的國際組織，國際經濟與人類福利應可進一步得到合作與發展；第三，培養或發展共同價值與準則（norms），扮演規範與管理的角色，國際組織其實無形中提供一個自由的觀念市場（free marketplace of ideas）供行為者選擇比較，藉此發展共同的價值觀與規範，以管理集體行為；第四，協助、救助弱勢與國際政治的受難者，如貧窮、難民或傷患，國際組織如國際紅十字會即是以此為目標。（Pease, 2003: 64-67）

三、功能主義與新功能主義

（一）主要理論內涵

功能主義源於梅傳尼（David Mitrany）的「分枝說」（doctrine of ramification），為解釋歐洲的整合（歐洲共同體的出現），梅傳尼認為國際之間在某些領域的合作如果能夠得到不錯的成效，將會使國際合作的範圍更進一步擴大到其他的領域，尤其各國之間在經濟議題的合作與經濟層面的整合如果能夠成功，將有助於日後政治歧見的解決。（Mitrany, 1966）更進一步，梅傳尼用「分枝說」來強調互賴的「自動擴張性」，他認為國家在某一領域合作的發展會導致其他領域的合作，也就是說一部門的合作往往是另外一部門合作的結果，也是接下來其他部門合作的動力，這些功能部門的合作將會形成一種功能性的互賴網，使民族國家獨立行動的能力降低，最後甚至將權力讓渡給一國際機制，而公眾也將隨著「跨國界功能組織」的合作逐漸增強他們對整合的看法。（Mitrany, 1966）

對於功能主義的批評多半認為其理論過於樂觀且考量過於單純，既沒有對過程中可能有的利益衝突做詮釋，也沒有解釋功能性合作如何分枝到政治領域。再加上歐洲整合到 1960 年代中期以後出現停滯，這種非平順的發展、階梯式走走停停的發展樣態似乎推翻了功能主義樂觀的期待（曾怡仁、張惠玲，2000：54）不過，雖然「分枝說」受到強烈的質疑，卻也為新功能主義的「外溢效益」以及「功能性合作」提供了理論發展的基

礎。

　　新功能主義仍然認為功能性合作將逐漸擴大轉化，也贊成從低政治性的事務開始進行「功能性合作」，然後再逐漸「外溢」到其他部門。然而與功能主義不同的看法在於，新功能主義者強調國際體系不可能完全排除政治性，政治菁英在整合的過程終將扮演著重要的催化角色。（Griffiths, 1999: 182）哈斯（Ernst B. Hass）假設整合工程之所以能夠進行，是因為各國相關的政治菁英或利益團體基於自利或務實的動機所促成的。他認為，雖然整合政策在某一定程度仍然是反映社會的利益與意見，但真正的關鍵還是由政治菁英的意見所決定，因此政治菁英在整合過程中扮演的角色相當重要。若我們將其延伸解釋，也可以說若整合要能順利，參與整合成員國之政治菁英能否達成共識占有關鍵的角色。

（二）對國際組織的看法

　　整體而言，功能主義者與現實主義及自由主義者的不同之處在於，其理論主要聚焦於「整合」（integration），因此功能主義多半運用在整合研究，諸如歐洲聯盟、東協、南錐共同市場等區域性國際組織的組建或運作。對它們而言，國際組織是功能性合作擴大的過程，也是結果。相對於其他理論，功能主義者並未特別強調超國家組織或者國際組織的角色，因為他們更在意「治理」。由於不特別強調強化國際組織的拘束力，且不否認國家在國際社會中的角色，因此國家在整合過程中所產生的疑慮也較低。如此一來，在國家自願釋放主權、國際合作經驗所造就的相互信賴或互賴感之下，治理的效果也較為良好。相對於世界政府論而言，可以說是較為務實的主張。

四、批判主義：馬克思主義與女性主義

（一）馬克思主義主要內涵

　　相對於現實主義及自由主義對人性、國家、國際關係、國際政治經濟

等的主觀認定，馬克思主義學派則主要從批判的角度，一方面批評主流的現實主義與自由主義，一方面也提供另一種了解國際關係的理論方法。此種由批判角度思考國際關係的方式源自馬克思（Karl Marx），主張以辯證的方式看待歷史過程（亦即辯證史觀），認為社會是由「階級」所構成，階級則取決於他們與生產模式的關係而定（如資產與勞工階級）。再者，馬克思視階級衝突與矛盾是不同生產模式中固有的，相信無產階級終將因此起身革命，反抗資產階級之剝削與壓迫；而且「國家」基本上由階級力量支配，由統治階級駕馭。（Dougherty and Pfaltzgraff, 1997: 216-217）馬克思更認為資本主義本身內在的矛盾（過度生產、資本過度集中與累積，及獲利率下降）將導致資本主義生產模式的瓦解，最後進入社會主義階段。（Gilpin, 1987: 36-37）

　　之後，列寧（Vladimir Lenin）在其 1916 年所著的《帝國主義：資本主義的最高境界》（*Imperialism: The Highest State of Capitalism*）一書中進一步強調，資本主義經濟的向外擴張表面上帶動國際經濟的發展，但實際上造成國際經濟發展的不平等，形成國際資產階級與國際無產階級，最後因階級利益矛盾導致國際不安、政治衝突與戰爭，國際關係的本質也因此是衝突的。（江啟臣，2001）

　　是以，在馬克思與列寧的立論基礎上，當代各種不同流派的馬克思主義者可說皆認同以下的基本主張：（1）唯物史觀，不論在國內或國際層面，經濟決定一切，即所謂的「經濟決定主義」（economic determinism），由經濟生產模式決定社會的制度與意識型態，因此誰控制經濟就等於控制了政治；（2）階級為分析單位，整個歷史就是一部統治階級與反對群體的階級鬥爭史，也就是所謂資產階級與無產階級的鬥爭；（3）國家並非自主的，而是受制於統治階級；（4）國際關係因階級矛盾造成衝突的本質。當代的依賴理論（dependency theory）與世界體系理論（world system theory）即是以這些假設為基礎進一步發展的理論方法。

　　1960 年代出現的依賴理論主要是指卡多索（Fernado H. Cardoso）、阿敏（Samir Amin）及法蘭克（Andre Gunder Frank）等學者，將馬克思的階級概念延伸至國際層級，用以解釋第三世界國家（特別是拉丁美洲地區）

經濟發展停滯不前的現象。依賴理論認為資本主義擴張構成第三世界國家對已開發國家在資金、技術,甚至市場上的依附,形成核心(core)與邊陲(peripheral)失衡的互賴關係,亦即依賴。而此種不正常的依賴關係,並未因殖民主義結束或殖民地的獨立而有所改善,過去的殖民帝國或核心國家反而以更細膩的手段(如跨國公司的營運、貸款與經濟援助等)繼續向外擴張資本主義,維持此種核心與邊陲的依賴關係,剝削邊陲地區的資源、勞工與市場,使落後國家難以突破低度發展(underdevelopment)的瓶頸,形成新殖民主義(neocolonialism)。(Pease, 2003: 76)

　　至於華勒斯坦(Immanuel Wallerstein)的世界體系理論則是融合了馬克思主義的內容、依賴理論,與結構現實主義的「體系」主張,認同無政府世界體系。(Dougherty and Pfaltzgraff, 1997: 246-247)華勒斯坦認為在沒有一跨國機制能管理資本主義生產模式的狀態下,國際體系呈現的是一種由核心、邊陲,與半邊陲國家構成的國際分工模式,工業發達或已開發國家佔據體系的核心,第三世界國家或落後國家只能提供原料、勞工,處於體系的邊陲,介於體系的核心與邊陲間的半邊陲則是核心國家與邊陲國家的混合,通常是所謂的「新興工業化國家」(Newly Industrialized Countries, NICs)。換句話說,世界體系論以階級概念將國際經濟體系分成三個階級,核心、半邊陲(semi-peripheral)與邊陲國家形成不平等的互賴層級關係。不過,華勒斯坦認為此種關係並非一成不變,邊陲國家有機會晉升為半邊陲國家,只是在現實發展上,發展中國家往往仍是資本主義國際分工體系下的被剝削者,很難擺脫此分工體系的限制。(張亞中、苗繼德,2003:164)

(二)馬克思主義下的國際組織

　　相對於現實主義與自由主義,馬克思主義或當代各種馬克思主義的主張似乎對國際制度或國際組織的著墨不多,即使有,也大都是由批評、批判等被動或消極的角度出發看待國際組織或合作。基於對資本主義、階級矛盾、帝國主義、依賴關係、核心與邊陲等的主張,當代馬克思主義對國

際組織角色的扮演大致上有以下的看法。

　　第一，國際組織是資本主義擴張的工具與途徑。對於聯合國及其下的安理會或大會等政治性國際組織而言，它們提供資本主義政治上的輔助或保障，因為基本上這些組織由資本主義國家資助與控制，推動資本主義議程，組織的規範與程序也是有利於資本主義國家。所以，透過這類國際組織，資本主義得以擴張，不致遭遇國際政治上之挑戰。另外，聯合國體系下的國際經濟機構或組織，像是國際貨幣基金、世界銀行與世界貿易組織等，對馬克思主義而言，則是不折不扣的資本主義工具，直接遂行資本主義的主張如私有財產、自由化、市場開放與私有化等概念與制度，強制國家與國際社會接受市場經濟、新自由主義經濟，或進行經濟結構改革等措施。（Pease, 2003: 80-81）

　　第二，國際組織是核心、已開發國家，對邊陲、落後國家進行剝削與控制的工具。透過資本主義的擴展，國際組織在有形無形中也強化了核心與邊陲的依賴關係，穩定核心、半邊陲與邊陲的資本主義國際分工體系，使核心或已開發國家可以長期、有效在國際經濟上以資金、技術剝削及控制落後國家。特別是隨著核心國家內跨國企業的成長，多國公司（Multinational Companies, MNCs）也成為當今馬克思主義者眼中進行剝削與控制邊陲落後國家的國際組織，它們不但剝削落後國家的資源、勞工，更進而控制資金、技術，或壟斷市場，甚至影響國內政治。（Pease, 2003: 81-82）

　　第三，國際組織是先進國家與落後國家鬥爭的舞台。儘管國際組織是資本主義擴張的途徑，也是核心國家對邊陲國家進行剝削的工具，但是此也引發落後、邊陲國家的不滿與反彈，在國際組織上與核心、先進國家進行鬥爭對抗，例如「七七集團」（Group of 77）在聯合國與先進國家形成的南北對抗。換言之，國際組織其實也是資產階級與無產階級的鬥爭的場所。

（三）女性主義對國際組織的看法

　　除了馬克思主義之外，女性主義也是用來掌握國際關係相當具有批判性的一種途徑。基本上，女性主義者認為政治、經濟、社會都受到性別的主宰。1980 年代開始，女性主義者開始挑戰現實主義、自由主義與馬克思主義的國際政治理論，主張其背後都隱含性別偏見。女性主義者並認為國際關係的原則與傳統都是由男性學者所主導、以男性關懷為主的，主要的研究重心聚焦於戰爭、政治、經濟，而女性的角色、貢獻和經驗往往被忽略。同時女性主義者也指出，國際組織其實是父權體制主導下的產物，而女性則在這種大環境之下被迫居於從屬地位。（Pease, 2002）

五、建構主義與國際組織

　　隨著國際關係理論研究對於現實主義與自由主義的檢討與修正，社會建構主義逐漸成為國際關係研究的另一重心。建構主義者將國際體系視為一社會體系，所以國際體系的本體並非完全是物質結構，而是由共享知識（shared knowledge）、物質資源（material resources）以及實踐（practice）等要素所組成的社會結構。（陳欣之，2003：29-30）對於此國際體系的結構，建構主義者基本上承認國際無政府的狀態，也同意國家是最重要的行為者。不過不同之處在於，建構主義者並不認為無政府狀態是國際社會的前提。社會建構論之代表性學者溫特（Alexander Wendt）認為，長期以來國際政治理論所認定的「國際社會是無政府狀態」的假設並非前提，而是建構出的產物。正因為國家認為國際社會是無政府狀態，所以才造就出無政府狀態。也就是說，無政府狀態是可以透過建構的過程而改變的。

　　建構主義強調，在解釋國際關係時，物質因素固然重要，但更不可忽略社會結構中的信仰、觀念、規範及文化等因素，因為物質本身之意義有限，只有在社會結構中經由概念的共享，才能被賦予意義；而社會結構則需經由行為者間的社會實踐互動而產生，因為社會實踐會產生行為者的認同，認同進而決定或改變國家的利益與行為。這也就是為什麼溫特不認為無政府狀態是不能改變的原因。基於上述的邏輯，行為者的實踐活動如果

發生了變化，認同就會開始改變，觀念也會隨之改變，國際體系結構也就可能會產生變化。因此，以社會建構形成的國際體系、信仰或者文化才能真正反映國際體系的內涵與特色。

　　將上述體系（結構）與行為者之間的關係用來解釋國際組織與國家之間的關係，建構主義者認為，國際機構的成立與運作可以改變國家對於利益的認知，以及國家對於國際社會的歸屬感，並且創造「我群意識」（sense of we-group）。Martha Finnemore 更進一步將建構的概念應用在國際組織與國家之間的關係上。她認為國際組織與國家之間具有互相影響的能力，國家雖然一開始就某方面而言決定了國際組織，但國際組織的發展也會反過來影響國家對於國家利益的認知。舉例而言，一旦國家接受了聯合國教科文組織及世界銀行等國際組織所建立的價值與行為準則，透過適應、守法的學習過程，國家自身也會反過來重新界定自己的國家利益以及行動。（庄司克宏，2006：19）

第三節　全球治理概念的興起

一、全球化與全球治理

　　前文所介紹的各項理論，多集中於說明國際組織在國際政治中的定位究竟為何、國際組織在國家的觀點中扮演何種角色。但此後學界也開始逐漸重視國際組織本身有何作為，逐漸開始脫離國家中心主義的思維，而「治理理論」則是其中最主要的一支。然而，在談全球治理概念時，全球化的發展趨勢絕對是不容忽略的一環。

　　隨著通信科技與交通的發達，1980 年代起全球化快速發展。與全球化最直接連結在一起的，自然是全球貿易體系的擴張、產業的國際分工、資訊的快速流通以及國際人員流動與跨國文化交流等現象。然而伴隨著全球化而來的，並非僅有上述為人類帶來福祉的現象，同時也創造了許多全球性的問題。舉例而言，蘇聯解體之後的核子擴散、跨國性違法的武器交易、民族遷徙所造成的種族衝突（例如南斯拉夫問題）、貧窮人口的增加

與世界貧富差距的擴大、犯罪國際化、傳染病擴散等。不僅如此,人類也在這個過程中發現許多影響人類永續生存,且不得不共同面對的問題,諸如人口過度擴張造成的糧食短缺、地球資源耗竭、全球暖化、文明衝突、環境改變或人類所造成的生物多樣性等問題。

面對上述種種的挑戰,各國開始思考如何有效的對種種國際議題進行有效控管,以確保國家與人類的永續發展。然而也由於國際事務日益複雜化,富可敵國的企業輩出、強而有力的非政府組織(NGO)也如雨後春筍般成立,國家已再也無法獨自掌控國際事務。

而隨著國際社會行為者的多元化,「全球治理」的內涵與層次也隨之擴充,從國家與國家之間的合作、政府組織與非政府組織的互動連結、跨國企業與政府間的對話、跨國企業與非政府組織的折衝等等不斷重複的現象來看,全球治理儼然成為一個複雜的網絡。也正因為參與治理成員的多元化,如何在這些成員之間取得協調、如何讓全球治理能發揮較好的效果,也成為近來國際關係研究的重要課題。

也正因為全球治理所處理的往往是全球性的議題,故扮演政府、企業、公民社會等單位之間多邊行動協調角色的國際組織,自然也成為全球治理中不可忽略的分析對象。

二、全球治理概念的沿革與國際組織

在探討全球治理與國際組織的關係之前,有必要先釐清「全球治理」的意涵。全球治理一詞的原文為「Global Governance」,其意義相當廣泛,有人將其解釋為世界政府、全球共治,也有人認為其為全球性議題管理之意,更有人將其賦予「良善管理」的正向意義。與「統治」(rule)不同之處在於,統治一詞隱含有權力階層的概念,並且需要有強制力做為支撐;但「治理」(governance)則超出權力結構與強制力之外,更強調自發性的夥伴關係。(內田孟男、川原彰,2004:8)

先從「治理」一詞的歷史發展來看,早在 1989 年時,世界銀行便已提出「良善治理」(Good Governance)的概念,認為良善治理是發展的重

要條件。[11] 並指出國內的公部門的效率、透明性、法的支配、責任感的提升，是對於一國發展而言不可或缺的要素。當時並未特別強調民主、人權或者參與在治理當中所扮演的角色。

前聯合國秘書長安南將世界銀行的定義稍作了一些修正：「所謂的良善治理，是公民參與影響生活的相關決策過程，藉此（藉由參與決策過程）提升自身的能力，並要設置使政治、司法與行政領域能夠運作，且可以課責的制度。」如此一來，原先運用在「發展」之上的治理概念，逐漸開始應用於全球化下所產生的種種政策問題，也加入公民社會、大眾參與的概念，將治理的概念帶入新的紀元。

全球化的討論並非僅侷限於探討全球化原因、過程、影響，也要探索如何將全球化的利益極大化、弊端極小化。為達此目標，全球化議題管理的基準與方法自然而然成為焦點。尤其當國際社會並不存在世界政府之時，治理的概念可以說是相當關鍵的架構。

1970 年代、1980 年代受到矚目的國際建制討論主要集中於國際貿易、裁軍、環境議題等特定的領域。但治理理論則是在承認全球性議題的相互關聯性與複雜性之上，將更廣泛的領域納入研究的對象，不只重視國家在國際社會中的角色，也強調非政府組織對於國際社會的重要性。正如同 James N. Rosenau 以及 Ernst-Otto Czempiel 所提出「沒有政府的治理」（Governance without Government）的比喻，即便是不存在世界政府，國際秩序仍然得以透過國際社會中多元行為者間的互動，以及國際建制維持。（Rosenau and Czempiel, 1992）仔細思考此國際秩序得以維持的原因，我們會發現各種非國家行為者、國際組織、國際建制等，都與國家一樣，扮演著重要的角色。

正式將「治理」與「全球化」兩個概念整合的重要推手，為聯合國「全球治理委員會」（Commission on Global Governance）在 1995 年所公布的《我們的全球夥伴》（*Our Global Neighborhood*）報告書。據其定義，

---

[11] 世界銀行 1989 年的報告中提到「治理危機」（crisis in governance），並指治理就是「為了發展而在一個國家的經濟與社會資源的管理中運用權力的方式」。

「所謂的『治理』，是各種公私機構或個人管理其共同事務的諸多方式的總合。這種方式以持續的過程使相互衝突的，或不同的利益得以調和，而得到合作的行動。它既包括有權迫使人們服從的正式制度和建制，也包括人們或機構同意或認為符合其利益的非正式安排。」[12] 此一定義的特點在於，其突顯出全球治理的關鍵在於「利害關係的折衝」，並且明確地點出「非國家行為者」、「制度與協議」在全球治理過程中所扮演的角色。

　　延續著《我們的全球夥伴》報告書的概念，前聯合國秘書長安南於2000年所提出的報告書中指出，為了落實全球治理的目標，在某些情況之下需要做根本性的制度改革。然而治理並不必要涉及為了強制執行而建立的政治的制度、規則、機構。治理也可以透過非正式的對話與協作而達成。非政府行為者與政府行為者都能夠被包括在內（參與全球治理）。

　　從上述的發展可以發現，90年代起全球治理逐漸成為國際社會的熱門議題，而為了落實全球治理的概念，具有議題管理使命的各國際組織，諸如：聯合國、歐盟、世界衛生組織、世界貿易組織、國際貨幣基金、世界銀行等國際組織，紛紛開始推動結構改革，或者進行功能或議題的擴充。為了使讀者能對於國際組織與全球治理有更深刻的了解，本書將在後面的章節分別介紹國際聯盟、聯合國、經貿與發展領域國際組織、安全性國際組織、人權與人道救援性國際組織、環境與資源性國際組織的發展、議題趨勢與特性，以期有效掌握各類國際組織在國際社會中的發展，以及其在全球治理浪潮下的定位。

第四節　小　結

　　本章是以當前國際關係領域中主要的理論途徑為焦點，探討這些理論

---

[12] Governance is the sum of the many ways individuals and institutions, public and private, manage their common affairs. It is a continuing process through which conflicting or diverse interests may be accommodated and co- operative action may be taken. It includes formal institutions and regimes empowered to enforce compliance, as well as informal arrangements that people and institutions either have agreed to or perceive to be in their interest. 請參照 The Commission of Global Governance (1995).

途徑對於國際關係運作的觀點為何？以及這些理論途徑又如何看待國際組織在國際關係運作中所扮演的功能與角色？總體而言，現實主義認為國際組織是霸權或強權追求國家利益的場域，國際組織通常難以獨立運作；自由主義者認為國際組織有其獨立性與向心能力，能夠做為國家之間協調共同利益的場合；功能主義強調國際組織在治理層面的重要性，認為國家在參與國組織過程中具有讓渡主權的自願性；馬克思主義認為國際組織是資本主義擴張的工具，僅有利於核心國家對邊陲國家進行剝削；女性主義認為國際組織是父權體制下的產物，女性只能扮演著從屬地位的角色；建構主義則認為國際組織能夠創造國家對國際社會的歸屬感，而國家與國際組織之間是處於相互影響的互動模式。（見表 3-1）

表 3-1　主要國際組織理論比較表

	對國際關係的基本主張	對國際組織的理解
現實主義／新現實主義	<ul><li>無政府狀態的國際體系</li><li>「國家」是最重要的行為者</li><li>權力與國家利益是分析國際關係的關鍵</li><li>講求相對獲得</li><li>強調國際關係中「衝突之必然」</li><li>經濟活動須配合國家政治目標</li></ul>	<ul><li>霸權利益的延伸或工具</li><li>強權共謀利益與解決問題的機制</li><li>反映國內政經目的</li><li>難有獨立之角色</li></ul>
自由主義／新自由主義	<ul><li>衝突與戰爭是可以避免的</li><li>國家並非唯一的行為者</li><li>主張絕對獲得</li><li>認同無政府狀態，但強調互賴</li><li>相信制度能促進合作、減低成本</li></ul>	<ul><li>有其功能性與制度性的意義與角色</li><li>有其獨立性與向心能力</li><li>可以破除安全困境</li><li>提供一個自由的觀念市場</li></ul>
功能主義／新功能主義	<ul><li>將國際議題區分為高階政治與低階政治兩個領域</li><li>國家之間應從低階政治領域開始進行合作</li><li>低階政治的合作可能會外溢至其他領域，甚至是高階政治領域</li></ul>	<ul><li>強調區域性國際組織在治理層面的重要性</li><li>認為國際組織是功能性合作的擴大</li><li>強調國家對國際組織讓渡主權的自願性</li></ul>

表 3-1（續） 主要國際組織理論比較表

	對國際關係的基本主張	對國際組織的理解
馬克思主義／女性主義	• 唯物史觀，經濟決定論 • 強調階級，將國際關係階級化 • 國家受制於統治階級 • 邊陲對核心依賴 • 因階級矛盾造成衝突的本質 • 女性在國際關係原則與傳統中被忽略	• 資本主義擴張的工具與途徑 • 核心國家對邊陲國家進行剝削與控制的工具 • 先進國家與開發中或低度開發國家鬥爭的舞台 • 女性主義者認為國際組織是父權體制下的產物，女性只能處於從屬地位。
建構主義	• 承認國際無政府狀態 • 同意國家為最主要的行為者 • 國際體系並非完全是物質結構 • 國際體系是由知識、物質資源、實踐等要素所組成	• 提升國家的國際社會歸屬感 • 有助於國家創造「我群意識」 • 國家對國際組織運作產生影響，國際組織也會影響國家對利益的認知

資料來源：作者整理。

第四章　國際聯盟之興衰與聯合國之誕生

第一節　第一次世界大戰與國際聯盟的成立

　　1648 年《西伐利亞條約》（Treaty of Westphalia）簽訂，「主權國家」的概念產生後，主權重疊交錯的問題開始改善，民族國家也逐漸增加，並成為日後國際體系中的主要角色。然而，在缺乏更高主權單位的情況下，國與國之間的關係並不全然和平，大小衝突未曾間斷，20 世紀甚至爆發兩次大規模的世界性戰爭。為避免國與國之間的衝突再起，國際社會遂於 1920 年成立了「國際聯盟」，期望有效協調各國政策與意見，防止國際衝突發生。

一、國際體系的改變

　　自 1648 年的《西伐利亞條約》以後，歐洲一統的概念就被國家主權所取代，各國依照「主權平等」和「政治獨立」的原則，來解決彼此的問題以及保護自己的利益，歐洲國家體系正式誕生。

　　1648 年至第一次大戰爆發前，歐洲區域的穩定主要是透過外交以及結盟政策所創造出的權力平衡。1814 年 11 月起歐洲主要國家召開「維也納會議」（Congress of Vienna），為重建拿破崙戰爭後的歐洲秩序，開始以一連串會議、協商的方式解決國際衝突與危機，成為著名的「歐洲協調」（Concert of Europe）體制。其中，1815 年 11 月，英國、奧地利、普魯士與俄羅斯組成四國同盟，1818 年「亞琛會議」（The Congress of Aix-la-chapelle）法國加入上述同盟，成為五國同盟體制。歐洲的五大國定期、不

歐洲協調（Concert of Europe）

歐洲協調是指拿破崙戰爭結束後至 19 世紀中後期這段期間，歐洲各國在國際政治上所形成的共同運作機制，透過彼此之間的溝通管道進行外交政策協商。其主要目的在於防止在國際無政府狀態下，歐洲國家為追求國家利益採取的不擇手段措施，以避免國際衝突的爆發。

定期地召開大大小小的國際會議，介入中小國家之間的紛爭，為的就是要維護維也納會議後所建立的秩序。五大國之間雖然有衝突與矛盾，但基本上共享維持歐洲當下秩序的共識。

其後，中小型國家也開始陸續透過參與國際會議，與大國交往、參與協商。1899 年與 1907 年分別於荷蘭舉辦兩次海牙和平會議（Hague Peace Conferences），[1] 於此會議當中，雖然未能在軍備限制方面達成共識，但是對於戰爭法的整備有相當重要的貢獻，並且設置了史上第一個為了和平而設立的「常設仲裁法庭」（Permanent Court of Arbitration），各造也同意透過和平手段來解決爭端。其中值得注意的是，美國、拉丁美洲國家，以及日本也都參加了這項會議，這也意味著以往純粹以歐洲為中心的國際關係，逐漸開始產生位移。

從 1815 年到 1919 年是一段複雜的演變過程，它是充滿民族主義鬥爭、海外殖民競爭、國際同盟體系對峙、秘密外交、工業革命與科技技術更新的時代，而第一次世界大戰的爆發則是這些因素綜合影響的結果。然而，在第一次世界大戰中更值得關注的應該是「美國崛起」的意涵。美國的參戰表示歐洲體系已經不能再自行解決本身政治問題，而需要歐洲以外的國家協助，這也意味著以往歐洲中心（Europe-centric）的國際體系，逐漸轉變為全球體系。（林碧炤，1997：101）

第一次世界大戰後，正值療傷之際的歐洲，漸漸失去主導世界的地位，加上鑒於一次大戰的損失慘重，各國開始檢討戰爭所付出的成本，以

1　第一次海牙和平會議共 26 國參與；第二次海牙和平會議則有 44 國參加。

及在威爾遜十四點和平原則的登高一呼下，1920 年國際聯盟倉促成立，帶來國際體系短暫的和平。

二、第一次世界大戰始末

發生於 1914 年至 1918 年的第一次世界大戰可說有其特殊的歷史背景。首先，帝國主義與商業競爭造成國家之間的緊張關係，其中積極採取殖民地擴張的德國是主要關鍵，英法兩國則是由於在非洲的利益相左遲遲無法合作，使得德國能夠藉此趁勢發展國力；第二，民族主義的發展結果造成各國內部國家意識抬頭，包括國際性民族主義運動（如泛日爾曼運動、泛斯拉夫運動、對德復仇運動）、社會達爾文主義、獨立建國運動等，都是當時民族主義高度發展下的產物，導致國家之間從政策對立逐步走向衝突升高的情況，進而刺激戰爭爆發的動機。

第三，軍備競賽與同盟對抗增加，在民族主義持續發展的趨勢下，當時的歐洲開始出現強化民族精神的現象，戰爭崇拜與「反智論」（anti-intellectualism）亦為當時盛行的重要思維，而擴軍對抗更是當時各國積極尋求的國家發展目標，這些情況也都造成歐洲各國之間軍備競賽與同盟對抗的趨勢大幅提升；第四，各國內部政治問題依然是相當重要的影響因素，所謂「外交乃內政的延長」，當時各國國內多少都存在著難以解決的政治問題，進而造成這些國家必須透過外交政策來尋求解決之道，但這也使得決策者在國家利益與國際和平之間出現取捨的困境。

在這些背景下，奧匈帝國王儲斐迪南（Ferdinand）公爵的遇刺事件最後引爆第一次世界大戰。1914 年 6 月，斐迪南公爵前往波斯尼亞首都塞拉耶佛（Sarajevo）巡查軍務，途中遭到「誓死統一黨」（Union of Death）殺手普林西比（Princip）暗殺，該組織的主要目的即為統一南斯拉夫以及從奧匈帝國獨立出來。斐迪南遇刺事件立即引發整個歐洲的震驚，奧匈帝國則順勢挑起歐洲國家之間的民族主義情緒，包括德國、法國、英國、俄國、奧匈帝國等歐洲主要國家，紛紛在斐迪南遇刺事件發生後出現國際齟齬的情況，進而造成第一次世界大戰爆發。在第一次世界大戰中，以英、

協約國與同盟國

協約國主要由法國、俄羅斯帝國、大英帝國、義大利王國和美國組成，在第一次世界大戰與同盟國對敵。第一次大戰期間參與同盟國的國家主要有德國、奧匈帝國、義大利、土耳其、保加利亞等數個國家。

法、俄為首的協約國（Entente Powers）動員 4,137 萬人，而以奧匈帝國與德國為首的同盟國則動員 2,275 萬人，如此大規模的國際性戰爭可謂前所未見。

直到 1918 年 11 月 11 日《貢比涅協定》（Convention of Compiegne）通過後，才正式結束這場前所未有的大規模戰爭。1919 年 1 月 19 日，各國為解決第一次大戰結束後的重要問題，遂於法國巴黎召開「巴黎和會」，由美國總統威爾遜（Thomas Woodrow Wilson）、英國首相勞合喬治（David George）、法國總理克里蒙梭（Georges Clemenceau）、義大利總理奧蘭多（Vittorio Orlando）與日本首相原敬等主要國家代表共同出席。巴黎和會的進行大致是以美國總統威爾遜提出的「十四點原則」做為指導方針，儘管當時其他國家批評該會議的象徵意義大於實質意義，但巴黎和會確實也為第一次世界大戰過後的國際社會帶來重要的穩定力量。總體來看，第一次世界大戰與其後召開的巴黎和會，對於國際社會都造成不容忽視的重大影響，包括大量人員死傷與國際經濟衰退的實質損失、戰爭性質從過去單純的軍隊戰爭演變為全民作戰的全面戰爭，以及現實主義的權力政治更加強化等，都是第一次世界大戰對於國際社會發展所帶來的重要影響。

三、國際合作主義興起

國家政府間的合作其實早在國際法出現之日就已經形成，但是，自從主權國家的概念確立以來，各國依照主權平等和政治獨立的原則，來解決彼此的問題以及保護自己的利益，也導致國際法的施力空間受到了限縮。而國際制度（international institution）的確立或制度化往往需要一段長時

間的實踐，且國家間在實踐該制度需要一種「法之信念」（opinio juris sive necessitates），認為只有透過一套國際制度，國家間的合作可以將成本降到最低，創造最大利益。

19世紀之前，政府間的合作多以雙邊或是多邊的方式，召開「臨時性」或「任務性」的會議，以處理國際問題，政府間合作尚未制度化、常規化。但隨著社會發展、貿易交流，國家之間人民的互動也日漸頻繁，起初只能稱為「跨國境」的交流，仍稱不上「國際」交流。直到19世紀初期，民間交往才逐漸開始以國家體制做為活動基礎。（王鐵崖，1992：440）隨著民間各領域活動日益頻繁，各項活動開始需要國家的保障，使得民間力量逐漸相互凝聚，反而加速了國際間的合作，促進政府間聯繫，承平時期（peace time）的國際會議也因此增加，且規模不斷擴大，不再只限於戰後的調停。19世紀開始，1814-1815年維也納會議、1856年的巴黎和會及1878年柏林會議、兩次海牙裁軍會議（1899、1907）、第一及第二次國際和會（1864、1889）、紅十字會（1864）等，都是重要國際會議的例子。這些重要國際會議的召開與運作，也象徵國際合作主義與想法在19世紀的興起。

四、理想主義出現

由於第一次世界大戰的主要戰場位於歐洲，使得戰後的歐洲大陸成為一片焦土，歐洲列強實力大為削弱；反觀美國則由於遠離歐洲戰場，並未蒙受太大的損傷，得以全身而退，進而成為整場戰爭中獲利最大的國家。也因此，全球的權力結構在一次大戰後產生變化，重心悄悄地從歐洲大陸移轉向美國。

美國的外交事務一直存在著「擺脫歐洲，重返歐洲」的矛盾情結。（林立樹，2006：332）第一次世界大戰期間，美國意向不明的捲入歐洲戰爭，是形勢使然抑或是威爾遜個人意圖，歷史學家爭論不休，但確定的是威爾遜確實是擁有崇高的道德理想。其早期的外交，仍秉持門羅主義，推廣「道德外交」，在亞洲及拉丁美洲扮演「國際警察」的角色。第一次

世界大戰爆發後，美國曾試圖置身事外，雖然歐洲戰場遠在千里之外，但是對於國內市場及內政難免還是受到影響，威爾遜擔心國家分裂，曾試著要求雙方提出和平條件，但未獲良性的回應，因此 1917 年 12 月 18 日在參議院向交戰國發表演說，指出勝利只會帶來更多仇恨與戰爭，唯有在各國平等的基礎上，「沒有勝利的和平」才是真正的和平。（劉崎，1977：3）

　　威爾遜於 1918 年 1 月 8 日向國會提出了十四點和平原則，其主要內容分為三個方面：第 1 條至第 5 條為消除戰爭的原因，如杜絕秘密外交、公海自由、降低貿易障礙、裁軍、公平處理殖民地問題；第 6 條至第 13 條為民族自決、確定國界；第 14 條為籌組國際組織，共同防止戰爭。其所提出之利他主義、理想主義的主張，被視為「國際聯盟」的濫觴。威爾遜的和平計畫不但使他獲得了 1919 年的諾貝爾和平獎，且其「自決」的承諾，鼓舞了奧匈帝國的附庸挺身抗戰，並且削弱了德軍作戰意志。（林立樹，2006：338）

五、國際聯盟成立

　　根據《國際聯盟盟約》（League of Nations Covenant），國際聯盟在 1920 年 1 月 10 日於日內瓦成立。簽署盟約的國家與其他被邀請參加的國家為創始會員國，計有 43 個，[2] 而尚未加入國際聯盟的國家則是可以經過大會三分之二多數的同意而加入。在歐洲各國一片歡欣鼓舞的氣氛之下，倡議成立國際聯盟的美國，卻因為參議院孤立主義的氣氛，而無法獲得其三分之二多數的同意以批准盟約，故美國始終無法成為會員國。一個政治性國際組織卻缺乏強權的加入，也造成國聯日後失敗的命運。

---

[2] 國際聯盟於 1920 年成立時，共有 43 個創始成員國，包括阿根廷、澳洲、比利時、玻利維亞、巴西、大英帝國、加拿大、智利、中國、哥倫比亞、古巴、捷克斯洛伐克、丹麥、薩爾瓦多、法國、希臘、瓜地馬拉、海地、宏都拉斯、印度、義大利、日本、利比亞、荷蘭、紐西蘭、尼加拉瓜、挪威、巴拿馬、巴拉圭、波斯、祕魯、波蘭、葡萄牙、羅馬尼亞、暹邏、西班牙、瑞典、瑞士、南非、英國、烏拉圭、委內瑞拉、南斯拉夫。

國際聯盟盟約 （League of Nations Covenant）

國際聯盟盟約共 26 條（詳見附錄一），由威爾遜草擬，寫在巴黎和會條約內。主要重點包括：

一、會員國需裁減武器。

二、會員國之間的條約及協議需在秘書處註冊及公布。

三、會員國承諾遵守「集體安全體系」維持和平及消弭戰爭。

四、如和會簽署的協議不恰當或危及世界和平，聯盟有權修訂。

五、成立託管制度以處理戰敗國戰前的殖民地。

第二節　國際聯盟的組織架構

一、大會

國際聯盟大會（Assembly）相當於國聯的立法機關，由全體會員國組成，每年召開一次大會，每個會員國可以派一至三個代表出席大會，但仍然僅有一投票權。大會設有主席一人，副主席八人。大會主要職能為推選理事會之非常任理事國、解決國際爭端、審查國聯預算、針對新會員國入會資格進行審查等。大會的表決方式主要可分為四種：

（一）全體共識決：維持國際和平安全及其他重要議案，須經過到會及投票會員國全體一致通過。

（二）三分之二多數決：新會員加入或是理事會非常任理事國選舉等，須經到會三分之二會員國多數通過。

（三）普通多數決：關於程序問題，僅需到會會員國半數通過。

（四）理事會決議普通多數：理事會送交大會的調解國際爭端報告書，除了爭端當事國外，須經到會會員國半數通過，其中須包含理事會全體理事國的同意票。

基於執行國聯業務之需求，大會之下設有政治委員會、法制委員會、

軍備委員會、技術組織委員會、預算委員會、經濟社會委員會等六個常設
委員會，以協助國聯業務之執行。

二、理事會

　　理事會（The Council）為國聯核心決策機構之一，理事會由常任理事
國與非常任理事國共同組成，原先常任理事國規劃由美國、英國、法國、
義大利、日本五國擔任，而四個非常任理事國則經由大會過半數推選，非
常任理事國任期三年。在理事會過半數核准下，得增設常任或非常任理
事國名額，循此程序 1936 年國際聯盟的非常任理事國曾一度高達 11 國。
然而，由於美國 1920 年未加入國聯，使得常任理事國最初只由英、法、
義、日四國擔任。隨後，德國、蘇聯於 1926 年及 1934 年先後加入國聯，
並成為常任理事國；但 1933 年及 1937 年，日本、德國及義大利先後退出
國聯，同時蘇聯也被逐出理事會，至 1939 年國聯常任理事國僅剩法國和
英國兩席。

　　理事會除了負責執行全體大會的議案、協調會員國糾紛、監督托管委
員會、採取集體安全措施、開除會員資格、針對會員國違反盟約之情況提
出譴責或軍事經濟制裁的提案，同時也擁有任命國際聯盟秘書長之職權。

表 4-1　國際聯盟理事會發展年表

年代	常任理事國	非常任理事國	關於常任理事國的備註
1920	4	4	英、法、義、日為常任理事國
1922	4	6	
1926	5	9	德國成為常任理事國
1933	3 +（2）*	9	日本與德國宣布脫離國聯
1934	4 +（2）	9	蘇聯加盟常任理事國
1935	4	9	日本與德國正式退出國聯
1936	4	11	
1937	3 +（1）	11	義大利宣布退出國聯
1939	2	11	蘇聯從國聯被除籍、義大利正式退出國聯

* （ ）內的數字為宣布從國聯退出的國家數目（宣布退出後兩年才會生效）。
資料來源：中澤和男、上村信幸（2004：41）。

而除了特別規定外，理事會採取全體一致決（unanimity）做為基本表決原則，但爭端當事國無須特別迴避。

三、秘書處

參加巴黎和會之各國一致同意國際聯盟設置常設秘書處。秘書處設有秘書長一人、副秘書長三人，以下再設置國際行政官員數名；自秘書長至一般工作人員，均受薪於國際聯盟，必須絕對效忠國聯，不受本國政府支配。秘書處為了便於推行工作，內設 11 部為輔助機構，業務內容遍及法律、政治、經濟、財政、行政、運輸、衛生、社會、裁軍、通訊、委任統治、學術合作等領域。

四、附屬機構

（一）常設國際法院

常設國際法院（Permanent Court of International Justice, PCIJ）於 1922 年設立於海牙，主要功能為解釋國際公約、仲裁會員國間的糾紛、向全體會員國大會及理事會提供法律見解，直到 1946 年隨著國聯瓦解而失去功能。常設國際法院對於國際社會的貢獻在於使國際法得以發揮效用，儘管常設國際法院依據國際法所提出之判決未必對國聯會員國具有強制力，但仍然具有其歷史性的意義。因此，常設國際法院在國際法發展過程中扮演著關鍵性的角色，在常設國際法院的創舉之下，國際法規範才真正得以獲得國際社會的普遍認同。總體而言，常設國際法院之國際管轄權分為兩種，包括訴訟管轄權與諮詢管轄權：

1. 訴訟管轄權：又分為「自願管轄權」與「強制管轄權」。自願管轄權指爭端發生後，兩造締結特別協定，賦予常設國際法院管轄權；而強制管轄權，則是指爭端未發生前，兩造曾締結協定賦予管轄權。
2. 諮詢管轄權：常設國際法院可針對國聯各主要機構所提出的相關法律問題，提供專業法律諮詢意見。

（二）　國際勞工組織

　　國際勞工組織（International Labour Organization, ILO）於 1919 年根據《凡爾賽條約》而成立，成為國聯的附屬機構，隨後於 1946 年在國聯解散後成為聯合國的專門機構。國際勞工組織的主要職能在於促進充分就業和提高生活水準、促進勞資雙方合作、擴大社會保障措施、保護勞工生活與健康，及主張透過勞工立法來改善勞工狀況，進而獲得世界持久和平、建立社會正義。其主要運作原則如下：唯有在勞工正義（labor justice）為各國所尊重的基礎上，才有可能構成普世和平的條件；無論勞工受到何種情況的不公平或不人道待遇，對於世界和平都是傷害，而這些問題必須盡快加以解決；無論各國在改善勞工待遇的過程中遭遇何種困難，都依然必須持續進行改善工作。

　　國際勞工組織於每年 6 月定期召開「國際勞工會議」（International Labour Conference），為該組織的最高權力機構，各會員國皆可推派四位代表參與該會議，包括兩位政府代表、一位僱主代表，以及一位勞工代表，而所有的與會代表都有個別投票權，無論與會代表的國家人口數目多寡，其選票效力皆完全相同。一般而言，各會員國的僱主與勞工代表通常會由該國最具代表性的雇主與勞工組織推舉。值得注意的是，國際勞工組織雖然在成立初期做為國聯的附屬機構，但由於其所具有的獨立性與特殊性，在邀請下其他非國聯會員國仍可申請加入該組織，國際勞工組織因而較不具有政治敏感性，如此特殊情況使其成為少數在國聯解散後仍持續運作之國際組織。

第三節　國際聯盟的特色與成敗

一、國際聯盟的集體安全體系

　　「集體安全」（collective security）是國際聯盟最重要的核心概念。所謂「集體安全」即國際體系中的所有國家加入一個國際組織或條約，其目

的是要結合體系內全體成員的力量，以共同的行動來對破壞和平的國家進行制裁，以確保體系內的穩定。（Wesis, Forsythe and Coate, 1997: 22）而如此精神，若套用國際政治學者摩根索（Hans J. Morgenthau）所言，即是「我為人人，人人為我」（one for all, all for one）的概念。

就具體的國際法運作機制來看，《國際聯盟盟約》（見附錄一）要求聯盟各國對於其他盟國領土保全與政治獨立予以尊重（第 10 條），並訂定了爭端解決辦法（第 12 至 15 條）。當任何國家忽視國際聯盟的規範，而訴諸戰爭時，將被視為對其他所有加盟國宣戰（第 16 條第 1 款）。其後，依照盟約規定，所有加盟國將斷絕與違約國之間所有的貿易與財政關係，甚至在聯盟理事會亦可提議使用武力予以制裁（第 16 條第 2 款）。而該違約國，在該軍事制裁的表決案（利用第 15 條第 6 款規定）中所投下的反對票也將直接視為無效，亦即若其他所有國家沒有投下反對票，即使該違約國投下軍事制裁的反對票，仍然視為「共識決通過」。

然而，若從「共識決」的角度切入分析國際聯盟的集體安全體制，會發現其實決定是否構成戰爭行為，或者是否要發動制裁，並非國際聯盟本身，而是個別的成員國。因為只要有任何成員國認為不構成戰爭行為、不應該發動軍事制裁，基本上集體安全體制就無法啟動，可說是「分權式的集體安全體制」。這種分權式的集體安全設計，再加上其他體制上的缺陷，致使國際聯盟的集體安全功能無法有效發揮。不過儘管國際聯盟集體安全的設計難以發揮功效，但整體而言，國聯在該時代確實也達成若干成就。

二、國際聯盟的成就

（一）政治方面

首先，國聯在 1920 年代，成功的調解了許多國際糾紛，例如：1920 年至 1921 年間以仲裁方法解決芬蘭與瑞典爭奪雅蘭群島的糾紛；1920 年以仲裁方法解決德國與波蘭爭奪上西里西亞的糾紛；1921 年以經濟制裁迫使南斯拉夫停止侵略阿爾巴尼亞；1924 年以仲裁方法解決土耳其與伊

拉克爭奪摩蘇爾的糾紛；1925 年以經濟制裁迫使保加利亞及希臘停止邊境衝突等，皆是國聯有效發揮功能的成功案例。

　　國聯在成立之初，一直希望能將國聯形塑為國際爭端調解的平台，但是卻一直無法防範政治力介入調解過程，因此，國際爭端的調停僅侷限在小國間的爭端。對於日本侵略中國（九一八事變）或是義大利侵略阿比西尼（後來的衣索比亞），卻無能為力。若將國際聯盟發揮作用的案件予以量化，可以從海牙國際法庭仲裁國際糾紛的案件窺知一二，在兩次大戰之間，國際法庭共做出 32 項裁決以及提出 27 項建議案。

（二）經濟方面

　　由於經濟問題是第一次世界大戰爆發的重要原因之一，因此國聯成立後，也積極地對經濟問題提出改善對策。第一次世界大戰戰後，奧地利及匈牙利宣告解體，兩國立即陷入困境。國際聯盟說服盟國終止向兩國徵收賠償，並施予國際貸款，以避免奧、匈兩國再因經濟窘困而發動戰爭。此外，國際聯盟舉辦會議針對促進國際貿易的相關議題進行研商，並制定相應法規，促進國際海、陸交通。同時，亦提供世界貿易的重要數據及經濟分析。

（三）社會方面

　　國聯不但致力於遏止奴隸買賣及鴉片貿易，在處理難民及戰犯問題方面也頗具成效。為四百餘萬戰後難民提供援助，安排他們重返家園。協助控制瘟疫及其他疾病的傳播，並研究世界衛生問題。國聯也成立國際勞工組織，保障勞動者權益，改善其就業環境，諸如制定最高工時、協助對抗失業、禁止女工及童工、預防職業病等。這些都是國際聯盟在社會面向上所做出的貢獻。

三、國際聯盟失敗的主因

　　為避免重蹈一次大戰的覆轍，國聯成立之後，要求各國裁減武器，

杜絕秘密外交，期望以集體安全的方式保障成員國免於戰火的恐懼，且成立託管制度試圖解決戰前殖民地問題。幾乎以理想的方式處理國際爭端問題，加上僅有短短二十六項條款的盟約，最終無法通過國際政治現實的考驗。總歸而言，國際聯盟的失敗可以歸因於「體制設計上的缺陷」、「淪為戰勝國的工具」、「缺乏大國的支持」，以及「無法止戰」等四大主因：

（一）體制設計上的缺陷

　　國際聯盟體制設計上的缺陷，可說一開始即造成國聯的失敗命運。依國聯的機制設計，國際聯盟之大會或理事會的決議僅具有建議或勸告的性質，對會員國不具拘束力，任何國家間的爭端發生，唯有經爭端國同意後，才能將爭端事項提交大會或理事會仲裁解決，爭端國並無自動提交國聯解決的義務。國聯僅能以勸導的方式，勸說爭端國以和平方式解決國際爭端，但是若勸導失敗，國聯亦無可奈何，通常最後還是需要仰賴武力解決。

　　對於表決程序，國聯為了實踐國家主權平等的原則，而未採用多數決制度，但是共識決的原則之下，各國形同擁有否決權，只要一國不同意，各國就無法有效的解決國際爭端問題，如盟約規定，理事會採取有效方法維持國際安全時，當事國的投票也在計算之內。因此，爭端當事國通常不會讓表決通過，而投下反對票，加上軍事衝突發生時，國聯亦無軍隊制止，更無法制裁侵略者。

（二）淪為戰勝國的工具

　　國聯的立意本是「促進國際間共同行動並保持和平」，試圖建立非戰原則。但國聯的運作卻主要是由戰勝國所掌控，當時列強英、法、義、日等國的帝國主義作風並未消退，常利用國際聯盟排斥及對付戰敗國，確保各項戰後和約永久有效；託管戰敗國具爭議的土地，如薩爾地區、上西里西亞及但澤市等。如威爾遜所言「沒有勝利的戰爭」才能免除仇恨及報復，但是巴黎和會對待戰敗國卻是極盡嚴苛之能事，種種的處分措施皆未

讓戰敗國心服口服；因此，戰敗國在痛恨巴黎和約的同時，亦同樣地怨懟國際聯盟，戰敗國日後的反彈可想而知。

（三）缺乏大國的支持

一開始德國不被邀請加入，而蘇聯因是共產國家及公開發動世界革命以傾覆西方社會同樣不受歡迎，最後退出國聯。美國因為國會反對通過《凡爾賽條約》，且國內有孤立主義聲浪，懷疑國聯可能造成的干預而拒絕參加。日本、義大利因發動戰爭而退出，只有英、法兩國自始至終是國聯理事會的常任理事國。當集體安全的力量，缺少了重要大國的加入，軍事及經濟之制裁能力自然會降低，組織聲望的低落自然無可避免。

（四）無法止戰

缺乏大國支持，又沒有組織本身所配置的國際軍隊。大國因此任意妄為，對國聯及其決議案不予理會：日本於 1931 年及 1937 年侵略中國時，即便遭到國聯之譴責，但侵略行動非但沒有終止，反而有變本加厲的趨勢；1932-1933 年德國退出國聯的日內瓦裁軍；1935 年義大利入侵衣索比亞及 1939 年吞併阿爾巴尼亞；1938 年德國吞併奧地利及蘇台德區，並在 1939 年吞併捷克和侵略波蘭；1939 年蘇聯入侵波蘭、波羅的海諸國及芬蘭。國聯幾乎完全無法阻止以上的侵略行動，導致各國信心盡失，紛紛退出國際聯盟，集體安全宣告崩潰，第二次世界大戰也隨即爆發。

第四節　第二次世界大戰與聯合國之誕生

一、第二次世界大戰始末

1939 年至 1945 年的第二次世界大戰是人類歷史上規模最大、死傷最慘重、破壞程度也最大的全球性戰爭。交戰雙方分別為「同盟國」與「協約國」，前者主要是由中華民國、美國、英國、法國與蘇聯所組成，後者

則是由德國、日本、義大利所組成。觀察第二次世界大戰爆發前夕的國際局勢，可以歸納出三個主要特點：

（一）經濟秩序持續混亂：第一次世界大戰導致戰後黃金短缺，進而危及當時「金本位制度」（Gold Standard）之穩定，各國紛紛採取保護本國市場的關稅壁壘政策，而國際金融秩序受戰爭影響也搖擺不定等，都造成當時全球經濟秩序處於極度不穩定的情況。

（二）侵略力量逐漸形成：由於第一次世界大戰結束後國際秩序一直無法步入正軌，使得日本、德國與義大利等不滿現狀的國家開始出現反抗力量。日本在國內財閥壓力下亟需向外拓展軍工業市場、德國在希特勒的納粹主義主導下企圖重建國際地位、義大利則是希望擺脫長期以來屈居後位的二級強權地位，種種因素都讓這些侵略力量逐漸成形。

（三）軸心集團向外擴張：在日德義等國的侵略力量逐漸形成之際，美國、英國與法國等主要西方國家卻採取消極的「姑息」態度，造成侵略力量得以在無後顧之憂的情況下持續向外擴張，而日德義等國自 1930 年代開始便展開一系列的武力擴張行動，為戰爭的爆發埋下導火線。

　　在主要西方國家的姑息態度之下，德國向外侵略的行為顯得更加肆無忌憚。1930 年代德國進行一連串擴張與侵略行為，從德國拒付一次戰後賠款、重新整軍備戰、出兵佔領萊茵區、併吞捷克與奧地利的蘇台德區，以及 1939 年進一步攻佔捷克，都在在反映出德國對於重建國家地位的強烈企圖心，也突顯西方主要國家對於德國如此囂張行徑的無能為力。然而，就在德國、日本與義大利不斷向其他國家進行侵略的發展下，德國於 1939 年 9 月 1 日向波蘭進攻終於使得主要西方國家決定展開反擊，第二次世界大戰就此爆發。

　　第二次世界大戰持續進行約 6 年的時間，直到 1944 年英美聯軍企圖攻打義大利使其成為第一個投降的軸心國成員，1945 年蘇聯攻克柏林迫使德國投降，以及隨後日本在美國對廣島與長崎投下原子彈後宣告投降，

才真正結束這場大規模的全球性戰爭。而第二次世界大戰造成難以估計的傷亡及損失，對於國際社會的破壞更超越第一次世界大戰的影響程度，總計約有 7,500 萬人死於這場戰爭，且造成許多國家無論是經濟活動或是基礎建設都被摧毀殆盡，幾近徹底癱瘓的慘烈情況。由於主要參戰國家於戰爭期間就針對戰後秩序重建問題進行商討，於是決定在 1946 年 7 月 29 日召開「巴黎和會」，該會議的主要討論焦點包括戰後領土劃分問題、蘇聯領土擴張問題、義大利割地問題、多瑙河區劃分問題，以及戰後賠償問題等。

二、大西洋憲章的發表

1931 年滿州國事件、1933 年義大利入侵衣索比亞、1937 年起日本侵略中國，國際聯盟都沒有能力阻止上述侵略事件爆發。在大國紛紛退出，又無力阻止侵略行為的情況下，國際聯盟的威信盡失，終於在 1939 年爆發第二次世界大戰。1941 年 8 月，美國總統羅斯福（Franklin Roosevelt）與英國首相邱吉爾（Winston Churchill）於大西洋之美軍軍艦進行會談，並發布英美共同宣言，宣言中針對保障通商自由、原物料資源取得機會均等、解除發動侵略國之武裝、不追求領土的擴大或變更、尊重人民選擇政體的權利等事項達成共識，同年 9 月獲得包括蘇聯在內的 15 個國家響應。而此宣言所表述的原則，即所謂《大西洋憲章》（Atlantic Charter）。

《大西洋憲章》在當時的歷史條件下，對於動員世界人民、加強反法西斯（fascism）聯盟、打敗德、義、日侵略者，無疑帶來相當積極的作用。而美國做為一個尚未參戰的國家，與英國一起發表如此明確的聲明，對於德、義、日法西斯造成沉重的打擊。《大西洋憲章》卻也反映出英、美存在爭奪殖民利益的矛盾，美國藉由其經濟實力在該憲章內容中強調「機會均等」、「海上自由」等原則，反映出美國要爭奪英國殖民地的心情。然而，總體而言，《大西洋憲章》不僅意味著英、美兩國在反法西斯基礎上的政治聯盟，也成為後來《聯合國憲章》的基礎。

三、五個「世界警察」的構想

有鑑於國際聯盟失敗的教訓，羅斯福認為若要新成立的國際組織能有效維護和平，就必須先要有一群「世界警察」來維持世界秩序。無庸置疑，英國與美國自然是不可或缺的世界警察要角，而以蘇聯當時的實力與規模來看，羅斯福認為蘇聯的重要性亦不可忽視。另外，羅斯福主張，為了填補日本非武裝化後亞洲的權力真空，應該要讓中國一起扮演世界警察的角色。最初邱吉爾首相並不是相當贊同，但在美國的勸說之後，最後也接受了這項提案。而英國也相應要求要讓法國也一起加入權力核心。因此，「五個世界警察」的構想正式被確立，也就是後來五個聯合國安理會的常任理事國。其實原先美國有意讓巴西擔任世界警察之角色，然而由於未能取得共識，因此最後放棄了這個構想。（北岡伸一，2007：64-65）

四、聯合國的誕生

1944 年 5 月下旬，美國國務卿赫爾（Cordell Hull）正式邀請中、英、蘇三國使節商量戰後國際機構籌設的問題，決定於同年 8 月召開頓巴敦橡樹園會議（Dumbarton Oaks Conference），針對聯合國的原則性事宜進行討論。1945 年 4 月 25 日，在德國無條件投降之前，於美國舊金山舉行「聯合國國際組織會議」（United Nations Conference on International Organization），原先預計由中、美、英、蘇、法五國以召集國的身分邀請對德、義、日作戰的同盟國參加，後來法國謝絕擔任邀請國，因此實際上是由中、美、英、蘇四強擔任召集國，而該會議針對頓巴敦會議所擬的聯合國憲章草案進行討論與修正。1945 年 6 月 25 日，則是由來自 50 個國家的代表於「舊金山會議」（San Francisco Conference）中簽署《聯合國憲章》（the Charter of the United Nations）。1945 年 10 月 24 日，當 5 個聯合國安全理事會常任理事國（中華民國、法國、蘇聯、英國及美國）與其他 46 個簽署國的大多數成員都已批准《聯合國憲章》後，聯合國遂正式成立。

第五章　聯合國體系與運作

第一節　聯合國的機制與運作

聯合國是在第二次大戰後繼承集體安全概念而成立的普遍性國際組織，也是人類有史以來最接近「世界政府」理想的國際組織。（Goldstein, 2003: 270）聯合國的成員皆是主權國家，每個主權國家分別讓渡部分權力給聯合國，形成一套多邊體系的架構，主要目的在於採取有效的集體安全辦法制止侵略行為，以維護國際間的和平與安全。此外，聯合國也主張基於權利平等與民族自決原則，發展國際間的友好關係。更進一步希望能夠藉由促進國際的合作，解決國際間的經濟、社會、文化、人道等問題，並促進各國對於人權、人性尊嚴和人類基本自由的尊重。《聯合國憲章》也同時確立許多國際法原則，其中最重要的就是「主權平等原則」。基於「主權平等」的概念，各國對於內政擁有完整的主權，而領土完整應當受到尊重，他國不得任意干涉或發動侵略，在各國的合議之下，會員國亦同意「和平解決爭端」的原則。聯合國最終也期望成為協調各國行動的中心。

誠如新自由主義者所言，聯合國成立是為了滿足會員國間的「共同需要」，也就是《聯合國憲章》開宗明義所指出的「為避免再遭受兩次世界大戰的慘痛傷亡」。為達此目的，聯合國被賦予「採取有效集體辦法、以防止且消除對於和平之威脅，制止侵略行為或其他和平之破壞；並以和平方法且依正義及國際法之原則，調整或解決足以破壞和平之國際爭端或情

勢」的權限。[1] 事實上，國際秩序穩定正是成立聯合國的首要「需求」，透過聯合國所提供的論壇，使各國交流意見，並經由聯合國機制達到國際爭端的解決。為確保上述目標得以順利達成，聯合國內部也設置各類執行及輔助機構，在國際舞台上皆扮演不可忽視的角色。

一、聯合國下的六大機構

聯合國設有大會、安全理事會、經濟暨社會理事會、託管理事會、秘書處以及國際法院等六大機構，並且各司其職，以確保聯合國的各項功能得以彰顯。

（一）大會

大會（General Assembly）是聯合國最高權力機構，由聯合國全體會員國所組成，基於主權平等，大會表決時各會員國都享有投票權，一國一票，票票等值。依照憲章之規定，大會對於和平與安全、新會員入會以及預算相關事宜等「重要問題」之議決，應以與會及投票之會員國三分之二多數表決之，其他事宜則僅需要簡單多數決通過即可。聯合國大會之一般會期（regular sessions）於每年 9 月開議，會期持續約三個月。大會設有主席一名，以及 21 名副主席，負責維持議事秩序的維持與大會運作之穩定。上述主席與副主席之代表，於每屆大會開始時，由大會以秘密投票選舉之，任期至該屆大會休會為止。考量到區域平衡的問題，每年隨大會會期而更迭的主席國，是由非洲、亞洲、東歐、拉丁美洲、西歐等各區域會員國輪值。除了一般會期外，聯合國大會也可於必要時召開緊急特別會期（emergency special sessions）以處理突發事件，韓戰即是一例。

為協助大會議事的前置作業與政策推廣，大會下設六大主要委員會，包括「解除武裝與國際安全委員會」（Disarmament and International Security Committee）、「經濟與財政委員會」（Economic and Financial

---

1　見聯合國憲章第 1 條。

Committee）、「社會、人道與文化委員會」（Social, Humanitarian and Cultural Committee）、「特別政治與去殖民化委員會」（Special Political and Decolonization Committee）、「行政暨預算委員會」（Administrative and Budgetary Committee）、「法制委員會」（Legal Committee）等。

就功能面而言，大會具有全球議題之磋商與建議、調查、財政、監督、入會批准、重要機構代表之推選、修改憲章等職能：

1. 全球議題之磋商與建議：大會具有廣泛的職權，可針對憲章範圍內或是聯合國任何機機構職權的任何問題或事項進行討論。除安理會正在處理的事項之外，其餘事項皆可向安理會或會員國提出問題或建議。亦可針對全球各重大問題，例如全球暖化、經濟危機、生物多樣性等全球性議題進行磋商。
2. 質詢、研究與調查：為釐清特定國際議題之本質與問題根源，可以發動進行研究、調查與質詢，並透過此類研究調查活動促進安全、和平、經濟、社會、文化各方面的國際合作。
3. 財政：審查聯合國之預算、經費配置、會員國應負擔經費之分配，期待藉此過程，使有限資源得到最有效率之配置，並使經費負擔合理化。
4. 入會批准：根據安理會推薦通過的決議接納新入會會員國。
5. 推選責任：選舉安理會非常任理事國、經濟暨社會理事會成員、託管理事會的非行政會員、國際法院法官等一切須經過選舉的會員及理事國，或在安理會推薦下指派聯合國秘書長。

（二）安全理事會

如何落實集體安全可說是近代以來國際社會努力的目標，國際聯盟的目標如此，聯合國的基本精神也不例外，就是集體安全。因而安全理事會（Security Council，簡稱安理會）在聯合國中自然佔有特別重要的地位。但為維持世界和平、遏止侵略，安理會的設計與運作也突顯了大國在維持國際秩序的重要性與國際政治的現實。

聯合國會員（UN Membership）

依據聯合國憲章第二章第 4 條規定（參見附錄二）：

● 凡其他愛好和平之國家，接受本憲章所載之義務，經本組織認為確能並願意履行該項義務者，得為聯合國會員國。（Membership in the United Nations is open to all peace-loving states which accept the obligations of the Charter and, in the judgement of the Organization, are willing and able to carry out these obligations.）

● 准許上述國家為聯合國會員國，將由大會經安全理事會之推薦以決議行之。（The admission of any such State to membership in the United Nations will be effected by a decision of the General Assembly upon the recommendation of the Security Council）

　　國際組織、非政府組織，以及主權地位沒有明確定義的政治實體，只能成為聯合國大會觀察員。觀察員可以在大會上發言，但是不能參與投票。諸如歐洲聯盟（EU）、非洲聯盟（AU）、紅十字國際委員會（ICRC）、馬爾他騎士團（Sovereign Military Order of Malta）等，皆被聯合國大會邀請成為觀察員。但其中，目前梵蒂岡是聯合國觀察員中唯一的主權國家，自 1964 年 4 月 6 日起，教廷即是聯合國的常任觀察員，在聯合國總部設有常駐代表團（Permanent Observer Mission）。巴勒斯坦解放組織（Palestine Liberation Organization, PLO）則是依照 1974 年 11 月聯合國大會 3237 號決議，獲得觀察員席位。之後於 1988 年 12 月大會決議將其名稱改為「巴勒斯坦」。巴勒斯坦在聯合國中的地位是一個「非會員政治實體」。

1. 職權

　　依據《聯合國憲章》，安理會沒有固定會期，當涉及危害安全與和平議題時，安理會可以隨時召開會議。此外，安理會具有以下之職權：

　　（1）依照聯合國憲章與原則維持世界安全與和平。

　　（2）設法管制軍備擴張。

（3）調查可能造成國際摩擦的任何爭端與國際情勢。

（4）針對上述國際爭端提出調解或解決之辦法。

（5）確認當下是否存在和平威脅或侵略行為，並針對因應之道提出建議。

（6）要求會員國集體對破壞體系安全的國家實行經濟制裁，或其他非暴力的方式來預防或停止侵略。

（7）對於侵略者採取軍事行動。[2]

（8）向聯合國提出聯合國秘書長的建議名單，並與大會共同推選國際法院之法官。

（9）就接納新會員國以及各國加入《國際法院規約》的條件提出建議。

2. 常任與非常任理事國

安理會設有五個常任理事國，分別由美、俄、英、法、中擔任，[3] 另設有十席非常任理事國；[4] 其中，非常任理事國由聯合國大會選舉產生，同時也納入區域考量，各區域皆享有固定之席次。依規定亞洲應有兩席、非洲三席、拉丁美洲兩席、東歐一席、西歐及其他國家兩席，任期兩年，不得連選連任。

3. 議事程序

聯合國安理會的設計可以說是理想與現實的混合，所謂「理想」是指一國一票的平等原則；而所謂「現實」，則是仿照 19 世紀開始的歐洲協調（The Concert of Europe）精神，引入「大國秩序」及「權力平衡」的概念，假設由五個世界警察共同維持世界秩序，並賦予常任理事國享有

---

[2] 維和行動是聯合國集體行動的象徵，也最具爭議性；維和行動並未明文規定在聯合國憲章之中，是基於第六章爭端解決與第七章授權聯合國動用武力之間，維和部隊就是在此兩基礎下執行任務。然而，聯合國並沒有軍隊的編制，當聯合國授權武力驅退侵略者時，相關派遣部隊仍是屬於相關會員國，不受聯合國管轄。

[3] 1971 年之前中國之合法代表為中華民國（Republic of China, ROC），然而該年聯合國通過 2758 號決議案，決定由中華人民共和國（People's Republic of Chna, PRC）取代中華民國在聯合國之地位，因此常任理事國之席次也由中華人民共和國所取代。

[4] 1965 年以前只有六個非常任理事國，之後擴增至十國，任期兩年，不得連任。

較強大的影響力。根據《聯合國憲章》第 27 條之規定，安理會各理事國於表決過程中皆擁有一票，關於程序事項（procedural matters）之決議，應以 9 個理事國（之前為 7 個理事國）之贊成票（affirmative vote）表決之，對於其他程序事項以外的一切事項之決議（即實質事項；substantive matters），應以 9 個理事國（之前為 7 個理事國）之贊成票包括安全理事會五個常任理事國之同意票表決之，也就是在有效票九票中，須包含常任理事國的一致同意（concurring votes of all five permanent members）。換言之，只要有一常任理事國反對即不成立，此種決策模式亦被外界視為是「否決權」（veto power）的使用。

　　以「程序事項」來說，安理會之表決只要求多數決，而不要求一致決；而對於「實質事項」，不僅要求理事國的多數，而且要求常任理事國的一致。（王鐵崖，1992：462）從「實質事項」要求常任理事國一致決的規定來看，就可以發現常任理事國享有更為優越之權限。當初如此的機制設計當然有其考量，主要是確保安理會在世界五強的一致同意下才決定採取軍事行動；同時也避免安理會受特定強權國家或集團的掌控與濫用。然而，這種常任理事國享有實質上否決權的設計，也使安理會的機能受到相當嚴重的限制。

（三）經濟暨社會理事會

　　經濟暨社會理事會（Economic and Social Council, ECOSOC，以下簡稱經社理事會）是協調聯合國及各專門機構的經濟和社會工作，研究有關國際間經濟、社會、發展、文化、教育、衛生及有關問題的專門機構。最初由 18 個理事國組成，1965 年修改憲章將理事國擴大至 27 國，1973 年再次擴大到 54 國。其理事國由聯合國大會選舉產生，任期三年，連選得連任，其席位按地理區分配，54 席理事國中，非洲 14 席、亞洲 11 席、拉丁美洲 10 席、東歐 6 席、西歐及其他國家 13 席，且每年由聯合國大會改選其中的三分之一。經社理事會每年舉行兩次會議，就其職權範圍內之相關事務召開國際會議，並起草公約草案提交聯合國大會審議，理事會的每

一理事國享有一個投票權，以出席並投票理事國的過半數贊成做為通過門檻。經社理事會並擁有可對聯合國大會建議執行的職能。

經社理事會設有 9 個職司委員會、5 個區域性機構以及 5 個常設委員會，處理有關工作。此外，經社理事會還與 14 個有關經濟、社會、文化方面的聯合國專門機構建立工作關係，以及與數百個非政府組織，與各國議會聯盟、國際紅十字會等，建立諮詢關係，期待透過多元的對話，徹底落實經社理事會之職能。

（四）託管理事會

託管理事會（Trusteeship Council）是聯合國負責監督託管領土行政管理的機構，源自於第一次大戰後，原屬戰敗國的若干殖民地和屬地必須由當時的「國際聯盟」代管，而這些領土的人民尚未發展到「自立」的程度，因此由國聯將此等領土及其人民委任給先進國家在國聯監督下代為統治。在國聯瓦解後，則由聯合國進行接管。依照憲章新創之「託管制度」，託管適用於下列三種領土：

1. 迄第二次世界大戰結束尚未獨立的上述委任統治地。
2. 從第二次世界大戰戰敗國剝奪來的領土。
3. 其他國家所有而自願置於託管制度下的領土。

託管理事會的職權，是在聯合國大會的權利下協助大會行使，其託管制度是為了促進託管地之進步、發展，同時朝自治與獨立邁進。然而，自從帛琉獨立以後，該理事會就於 1994 年 11 月 1 日暫停運作。

（五）秘書處

秘書處（The Secretariat）的任務是為聯合國其他機關服務，並執行這些機關的計畫和政策，強調其中立性與獨立性。秘書處設有秘書長一名，由安理會推薦經大會同意後任命，任期五年，是聯合國組織的行政首長，因此在行政上負責執行聯合國其他機構的決議，扮演會員國與聯合國的溝通管道，且必須向大會提交關於聯合國工作的年度報告，委派聯合國的職

員。同時，聯合國秘書長也具有政治性職權，根據憲章第 99 條，秘書長可將其所認為可能威脅國際和平及安全之事件，提請安全理事會注意，並有權調查任何國際事件，亦有將政治性問題列入臨時議程之權力。聯合國主要機構的決議也常授權秘書長廣泛的自由裁量權，其向大會提送有關聯合國之工作報告，也成為發揮政治影響力的工具之一。此外，在技術性職權上，秘書長在聯合國機構進行會議時，可隨時向主席提供議事規則方面的意見。

（六）國際法院

國際法院（International Court of Justice, ICJ）是聯合國的主要司法機關，所有的聯合國成員都是國際法院成員，國際法院設置法官 15 人，任期 9 年，得連選連任，法官由大會及安理會分別以絕對多數選舉之，法官中不得有兩人為同一國國民，每三年更換三分之一，院長任期三年。國際法院主要功能是針對各國提交的法律爭端案件，根據《聯合國憲章》以及相關條約之規定做出判決（訴訟管轄權），或對聯合國其他機構提出的法律問題提供諮詢意見（諮詢管轄權）。此外，國際法院只受理主權國家之間的爭端，不能審判以個人為單位之司法案件。按照有關規定，只有爭端當事國一致同意提交國際法院的法律爭端，國際法院才能做出裁決。

二、聯合國組織架構下之權力重心轉移

大會、安理會與秘書處可以說是聯合國組織架構下最核心的三個機構。然而，基於時代背景與國際關係（特別是大國間的關係）的變遷，聯合國機構之間曾產生多次權力重心移轉的現象。

（一）1945 年至 1955 年以「大會」為中心

聯合國成立初期，蘇聯因韓戰相關問題而退出安理會的運作（如拒絕參加 1950 年安理會對出兵朝鮮半島的表決），且又受到中東戰爭問題的影響，使得當時主導安理會之美國，不得不將一些重要議題移轉至大會

討論。1950 年 11 月 3 日，美國在大會通過「聯合一致共策和平決議案」（Uniting for Peace Resolution），決定當安理會未採取行動時，將允許大會在危機發生後 24 小時內，採取軍事行動。這項決議案的意義在於「用兵權力的轉移」。依照憲章規定用兵權在安理會，但此決議案的通過，使得大會的地位與職權獲得提升。同時，安理會並成立「集體措施委員會」（Collective Measures Committee），給予大會極大的顧問功能。一直到聯合國會員國大量增加，使得西方國家無法掌握聯合國大會多數選票之前，聯合國的主要決策重心都在「大會」。

（二）1955 年至 1965 年以「秘書處」爲中心

　　1955 年至 1965 年期間，聯合國的決策重心為秘書處，此與秘書處在聯合國中扮演的角色有關。首先，在入會程序方面，欲加入聯合國成為新會員需要先提交正式文件給秘書處，再由秘書處將信件轉給安理會，由安理會審理。經過入會審查委員會的審議，向安理會報告，在獲得安理會推薦之後，交由大會決定是否能夠成為會員。在此過程中秘書處與大會、安理會各扮演了重要的角色，特別在此民族國家紛紛崛起欲入會的背景之下，涉入入會程序的機構，其重要性自然提升。其次，若要成為聯合國的觀察員，申請國的外長必須要致函聯合國秘書長，而秘書長可以自行決定是否使其通過，不過往往還是會先詢問安理會的意見（若觀察員為政治實體或組織，則不需經秘書長，而是直接交由大會決定）。第三，秘書長有權向安理會提出其所認為對國際安全與和平之威脅，要求安理會處理。由以上三點，再加上新興國家欲加入聯合國之背景下，在這個時代，秘書處的重要性更為彰顯。

　　是以，1955 年起，由於許多前殖民地國家紛紛獨立，開始加入聯合國，致使聯合國會員國激增，而美國發現西方國家開始無法掌握多數的會員國，因此失去了對大會的掌控力。在安理會由於冷戰背景而無法運作，大會又因為成員過多難以控制的情況之下，身為三大機構之一的秘書處自然成為權力轉移的標的。此階段最有名的秘書長為哈瑪紹（Dag

Hammarskjold），其於 1959 年提出預防外交（preventive diplomacy）的概念，主張若在某處發生權力真空的狀態，聯合國應該立即採取預防性行動（preventive action），以避免衝突各造的各種挑釁行動所造成的衝突升高。據此主張，在衝突當事國同意的情況之下，聯合國可以派遣維和部隊以預防衝突的升高，其功能在於「維持」和平，但若和平破裂，則維和部隊將會撤兵，再交由安理會決定如何對該情勢處置。這段期間秘書處幾乎主導聯合國之安全方針，其維持秩序的途徑因而被稱為「哈瑪紹維和行動模式」。

（三）1965 年後以「安理會」為中心

1965 年後，聯合國安全議題的決策核心回歸憲章，主要是由安理會主導。究其原因，與 1955 年至 1965 年期間秘書長權限過大所導致國際主義與民族主義間的衝突有關。首先，蘇聯對於秘書長主導的現狀表示不滿，主張將秘書處分為三個部分（西方國家、社會主義國家與不結盟國家），但終究未獲得聯合國的肯認。其後，蘇聯與法國透過不繳交會費的方式來抵制維和部隊的行動。根據《聯合國憲章》第 19 條的規定，若會員國不繳交會費將受到退會處分，但若蘇聯與法國兩主要創始會員國退出，等於再度宣布聯合國的失敗，使得 1965 年各國決定不追究憲章退會處分之規定，並將維和部隊交給安理會，使聯合國回歸憲章的運作。

第二節　聯合國的成就與困境

一、聯合國的重大成就

第二次世界大戰後成立的聯合國，其最終目標在協助穩定國際秩序，塑造國際和平的穩固基礎。尤其在戰後核子武器威脅與戰爭、衝突依舊不斷的國際社會中，維護和平始終是聯合國的天職與存在的意義。只是縱使配戴藍色鋼盔的聯合國維持和平部隊已相當努力，維護國際和平的任務並不容易。除了維護和平之外，聯合國其實已不僅是一衝突爭端解決的論

壇，聯合國及其專門機構更從事許多攸關人類生命、生活與地球生態的工作與使命，包括：濟貧、減貧、經濟發展、衛生改善與醫療研究、環境保護、急難救助、人權提倡與人道救援、勞工權益、婦女兒童保障、農漁發展、健全國際法等。簡言之，1945 年成立以來，聯合國雖然有其缺陷與挑戰，但仍在許多方面對國際社會與人類有所貢獻，以下簡列聯合國的重要成就。

（一）維護和平與安全

國際和平與安全的維護絕非易事，加上在國家主權至上與缺乏世界政府的國際狀態下，既使聯合國的憲章有類似「我為人人，人人為我」的集體安全概念宣示，世界和平與安全維護的任務依然艱鉅。透過維持和平（peacekeeping）的手段，1948 年以來，聯合國在全球衝突地區共部署了64 支維持和平部隊和觀察團（截至 2011 年），使千百萬人免遭衝突之害，並從而恢復衝突區域的平靜，使談判得以開展，目前仍有 15 支維持和平部隊在執行任務。[5] 此外，在建立和平（making peace）方面，自 1945 年以來，聯合國完成了 170 多次和平解決區域衝突的談判。包括結束兩伊戰爭、蘇聯從阿富汗撤軍，以及結束薩爾瓦多內戰等。聯合國更多次透過預防外交手段避免了迫在眉睫的戰爭。

（二）促進發展與推動環保

相對於和平與安全的維護，聯合國在經濟與社會發展方面的成就可說是最為凸顯並受國際社會肯定的領域。該領域的議題更是廣泛，諸如：經濟發展、環境保護、社會發展、人道救援、永續發展、婦女兒童議題、公共衛生、藥物防制、交通電信、國際犯罪等。

聯合國在促進發展與提供援助方面成就豐碩，聯合國體系每年的撥款，包括貸款和贈款超過 100 億美元。例如，聯合國開發計劃署

5　參閱聯合國維持和平行動網站。http://www.un.org/Depts/dpko/dpko/index.asp

（UNDP）與超過 170 個會員國及其他聯合國機構密切合作，設計並執行有關農業、工業、教育，環境等計畫，至今共有超過 5,000 項計畫，超過 13 億美金的經費。聯合國因此可說是援助發展最大的多邊資源來源，其體系下的世界銀行則是啟動對發展中國家開發協助的先鋒，自 1946 年以來已提供超過 3,330 億美金的貸款給各開發計畫。而聯合國兒童基金會（UNICEF）每年提供超過 8 億美元，用於 138 個國家的兒童保護、免疫、保健營養，以及基本教育。[6]

此外，自從 1972 年第一次聯合國環境會議以來，環保問題已經被聯合國列為最重要的國際議題。國際社會因此期待透過聯合國組織以達環境保護的國際合作，包括經聯合國協助簽訂有關環境的條約。1992 年聯合國在巴西里約熱內盧召開首次環境與發展會議（亦即「地球高峰會」），目的在於調整國際間的經濟秩序，改變生產與消費方式，並修正各國政策、加強國際間的約束及規範。會議同時通過「21 世紀議程」（Agenda 21），做為聯合國有關環保發展的全面性藍圖，「21 世紀議程」也成為許多國家計畫和地方發展的基礎。更重要的是，會中有 150 餘國領袖簽署通過「聯合國氣候變化綱要公約」（United Nations Framework Convention on Climate Change, UNFCCC），對「人為溫室氣體」排放做出全球性管制目標協議，對溫室效應所形成的全球氣候暖化問題加以規範，並於 1994 年 3 月 21 日正式生效，為今日氣候變遷之因應奠定國際合作的基礎。

（三）提倡人權與推動民主

聯合國憲章內容明白指出，聯合國會員國應促進「全體人類之人權及基本自由之普遍尊重與維護」。在此方面，聯合國最大的成就之一就是創造了國際人權法的架構，並且透過聯合國機構與會議推動會員國維護人權。聯合國也因此發展若干機制以保護人權，雖然成效無法盡善盡美，但卻引導國際社會更為重視人權，並影響國際視聽與國際人權文化。

簡言之，聯合國在人權方面的努力與成就集中於四大項：第一、聯

---

[6] http://www.un.org/aboutun/achieve.htm

合國憲章將人權議題國際化；第二、聯合國開始對這些權利進行定義且明文化；第三、釐清國家應該尊重與拓展的人權範圍與義務；以及第四、成立許多人權執行與推動組織與機構。（林碧炤、楊永明，2001：17）舉例而言，聯合國創造了第一部世界性的國際人權法典（International Human Rights Bill），包含 1948 年世界人權宣言及 1966 年的公民和政治權利公約，以及經濟、社會和文化權利公約。在組織機制上，聯合國設立「人權委員會」（The UN Commission on Human Rights），是唯一對全世界各地發生人權侵害事件會召開公開會議的政府間機構，它們檢討各國在人權上的表現，且接受對侵害事件的控訴。2006 年 3 月 14 日，第 60 屆聯合國大會通過決議，設立共有 47 個席位的「人權理事會」（The Human Rights Council），以取代總部設在瑞士日內瓦的人權委員會，負責促進與保護全球的人權。

　　此外，聯合國一直都在推動民族自決（self determination）與獨立上扮演重要角色，也在全球協助促進和加強民主的推動，已經幫助很多國家的人民得以參加自由、公平的選舉，在 90 多個國家監督選舉結果，其中包括柬埔寨、南非、尼加拉瓜、莫三比克、科索沃和東帝汶等的選舉。同時提供相關諮詢、建議，及能力協助。

二、聯合國的主要困境

　　聯合國成立至今六十餘年，但好壞仍難以衡量。當我們在讚揚聯合國的各項成就時，不勉感概其仍無法防止或有效解決冷戰時的東西方對峙；當我們在細數聯合國的缺陷時，卻又不得不承認其確實預防「冷戰轉熱」的情形發生。事實上，國際社會相當懼怕的「第三次世界大戰」並未爆發，聯合國憲章亦提供許多國際法原則，規範國際政治行為。僅管大規模衝突未再出現，但是零星的戰火仍不斷，據統計在聯合國成立的六年之間有近 150 次的軍事衝突，且造成將近 3,000 萬人死亡。然而，在此後的 30 年間死於軍事衝突的人數為 7,500 萬人，確實在相當程度上具有抑制軍事衝突的成效，而聯合國也的確在記取國際聯盟的教訓後，從第二次大戰無情殺戮後重新出發。

表 5-1　人權委員會與人權理事會的主要差別

人權委員會	人權理事會
歸聯合國經濟和社會理事會管轄。	聯合國大會的下屬機構。
成員由各地區組織推薦，並經聯合國經社理事會批准產生。	成員由聯合國大會無記名投票直接選舉產生，當選成員必須獲得大會成員國半數以上投票支持，對於嚴重並有計劃侵犯人權的理事會成員，大會可經三分之二成員國同意中止其成員資格。
成員任期 3 年，可多次連選連任。	成員任期 3 年，在連續 2 任後不能連任。
由 53 個成員組成，成員構成按區域分配原則產生，其中非洲 15 席、亞洲 12 席、東歐 5 席、拉美和加勒比海國家 11 席、西歐和其他國家 10 席。	由 47 個成員組成，成員構成以地域公平分配為基礎，其中非洲國家 13 席，亞洲國家 13 席，東歐國家 6 席，拉美和加勒比海國家 8 席，西歐和其他國家 7 席（包括北美和大洋洲）。
人權委員會每年僅須召開一次會議，會議為期六週。	人權理事會每年至少必須召開三次會議，且總會期不得低於十週。
根據《聯合國憲章》宗旨和原則，在人權領域進行研究、提出建議，與起草國際人權文書並提交聯合國大會。	負責對聯合國所有成員國做出階段性人權狀況回顧報告，理事會成員在任期內必須接受定期普遍審查機制的審查。若發現理事會成員國侵犯人權之情節重大時，經出席聯合國大會三分之二以上國家投票通過，即可暫停其理事會成員的資格。

資料來源：作者整理。

　　國聯的會員數在最多的時期僅有 58 個會員國，美國因為孤立主義而拒絕加入，而蘇聯與德國在成立之初也未受邀。相較之下，聯合國在國際體系中，遠比國際聯盟更具代表性。但是實際觀察聯合國的運作，亦發現聯合國在多邊主義的架構下修改憲章，也需要那些「不支持」的國家點頭（大部分是安理會常任理事國），而聯合國的體系龐大複雜，因此缺乏效率亦為人詬病。如此的機制設計加上國際權力政治的影響，聯合國集體安全的確保與落實的確有其難度，因為為了避免聯合國安理會濫用武力或制裁權力，大國共識被視為是必要條件，但實際上過去（尤其是冷戰時期）安理會常任理事國因自身國家利益考量往往缺乏共識，否決權的使用氾濫，導致聯合國在集體安全的落實上遭遇相當困境，更不須提聯合國本身沒有軍隊／武力的窘境。

其次，聯合國存在嚴重的財政問題。以聯合國年度 20 億美金預算的規模來看，其中有約 19.5% 是由日本單方面支付，美國則需要負擔約 22% 的比例。由此可見為了支撐此一國際組織的運作，大國付出了相當大的成本。不過，從另一個角度來看，聯合國財政的風險也相當集中。以主要經費來源國日本為例，日本在爭取常任理事國失利後，曾揚言要減繳會費。姑且不論日本採取此途徑進行報復的可能性之高低，在一定程度上也形成了聯合國永續經營的風險。

此外，隨著科技的發達與時代的進步，聯合國及其周邊組織所必須要處理之問題的「質」「量」都大幅提升，從恐怖主義到禽流感／新流感、從貧窮問題到民族糾紛，從全球暖化到能源危機，從全球經濟危機到北韓邊緣戰略所引爆的區域危機，再再考驗著聯合國做為最龐大、最接近世界政府之國際組織的能耐。聯合國要能回應不同時代的需求，才能確保其威信，並得以永續發展。聯合國如何進行改革？如何讓世界各國都篤信它存在的價值與權威，將是聯合國在未來不斷面臨的考驗，也是聯合國此一巨大的國際組織在永續經營上可能面對的主要困境。

第三節　聯合國的改革

一、聯合國改革之緣起

聯合國內部一個值得觀察的焦點即為「南北差異」。在聯合國成立的前十年，聯合國幾乎是由西方國家操縱的國際建制，就會員國來說，亞洲與非洲國家的席次不到三成；1965 年，聯合國會員國驟增至 116 個，有超過半數的國家來自西方世界以外的國家，西方國家自此才逐漸失去在聯合國大會及其他機構優勢的地位。這波會員國快速增加的趨勢，也相當程度反映威爾遜「十四點和平原則」醞釀的民族自決浪潮，而這股「民族自決」概念擴散的效果，直到 1960 年代才開始有較為顯著的影響力。

去殖民化（Decolonization）運動，由二次大戰後愈演愈烈，東西方兩強的競爭激化了此問題，兩強所操控的去殖民化過程，使得發展中國家成

為冷戰中「蘇聯」與「美國」之間的大型權力遊戲場。1950 年代中期，國際間開始出現「不結盟運動」（Nonaligned Movement），試圖要在兩強之外建立另外一個和平陣營。隨後，這些採取不結盟立場的國家遂於 1964 年成立的「聯合國貿易及發展會議」（United Nations of Conference on Trade and Development; UNCTAD）中，共同創立「77 國集團」（Group of 77）。由於聯合國貿易及發展會議成立十年後，許多發展中國家仍然無法達到原先設定的發展目標，在全球經貿成長的同時卻無法享有應得的利益，「77 國集團」於是在 1974 年提出建立新國際經濟秩序（New International Economic Order; NIEO）的主張，進而挑起南北政治經濟的緊張情勢。

　　冷戰的結束，改變國際政治體系的模式。隨著兩強對立結束，這個長期架空聯合國運作的因素因而消失，使得聯合國在新的國際秩序中可以扮演更有效的角色，但是體系改變卻也意味著聯合國將面臨全新的挑戰。這個時期的世界新秩序點燃不同於冷戰時期的新需求，改革聯合國制度聲四起；同時，儘管東西對立已經解除，但是以往就存在的南北議題激化更甚以往，貧富對立問題緊張。聯合國需開始關心以往較不受重視的議題，包括如何接應巴爾幹半島、加勒比海及前蘇聯等國家，這些新加入國際體系的成員，以及在新秩序中要如何加強聯合國的機制。此外，隨著國際互賴（interdependence）程度的提高、全球化效應在政治、經濟、通訊交通、科技等不同面向產生影響，國際社會面臨新的結構與新的挑戰，也使得國際社會在回應時，需要仰賴各個新加入的行為者來共同商討解決之道。

　　在堪稱「多邊主義」時代的 1990 年代，聯合國各會員國開始要求改革，但無奈又成為一連串政治權力的競逐。無論在維和行動或是發展計畫的推動上多有正當性理由，但聯合國的各種行動或方案卻不免會被批評為反映特定國家利益的手段或工具。儘管如此，改革聯合國機制成為冷戰結束後最首要的目標，但任何形式的改革對聯合國來說都具有相當高的困難度，主要原因在於聯合國憲章的修改程序繁雜所致。此外，由於會員國對於聯合國的藍圖存有各種不同的想像，故在此情況下，要獲得大會三分之二多數贊成，進而修改憲章絕非易事。

　　一般而言，國際組織會員國因為對制度的需求改變，就會試圖提出

改革，且會希望將制度導向對自己最有利的一方，在聯合國中也上演著相同的戲碼：第三世界要求改革聯合國機構關於貿易與財政的制度，且欲增加大會的角色，甚至改變安理會的機制；新崛起的勢力如日本、德國、印度、巴西開始鼓吹擴充安理會常任理事國的席次，且重新檢討「否決權」的正當性；美國在蘇聯解體後，成為聯合國體系內無所匹敵的大國，極力希望削弱大會的重要性，防止大會通過與美國立場相違背的決議，而美國也開始要求聯合國承擔更多的責任，特別是維和行動及人道救援方面。在充斥著南北衝突與利益糾葛的背景之下，聯合國也蹣跚地展開改革之路。

二、安南秘書長時期之聯合國改革

1997 年起，秘書長安南（Kofi Annan）開始策劃聯合國架構的改革。年過半百的聯合國雖有貢獻，但也問題重重，尤其是舊有的聯合國組織架構在職能上有疊床架屋的問題，而功能性重疊致使機制的運作效率不彰，且專門性機構之間缺乏協調性，成為聯合國之隱憂，也是當今聯合國必須面對的課題。又例如維和行動的發動及安理會席次與投票權皆備受爭議，再加上新興國際議題的崛起，使得聯合國面臨全方位的檢視。在安南的主政下，他希望「聯合國更精簡、更有效率和效力，更加關心其成員的願望和需求，對其目標和承諾更加實際」，聯合國改革的主要內容包括以下四大重點：

（一）組織重整

組織重整（reorganization）的主要內容是將聯合國轄下的 30 個部門、基金與計畫進行整併，重新分配於「和平與安全」、「人權事務」、「發展」、「經濟與社會事務」等四大領域之下。例如：在聯合國體系層次，將聯合國犯罪防治與刑事司法部（UN Crime Prevention and Criminal Justice Division）與聯合國毒品管制計畫（UN Drug Control Programme）進行整併，成為毒品與犯罪辦公室（Office on Drugs and Crime）。在國家層級，強調空間共用、資源共享與人事精簡。目前已有超過 50 個聯合國之家

（UN House）與 30 個虛擬聯合國之家（Virtual UN House），在可能範圍之內將各地的聯合國機構、計畫整併於一個聯合國的旗幟之下。

（二） 新的維和策略與思維

　　傳統的維和部隊的任務較侷限，目標也較為明確，由各國家自由派遣軍隊，進駐衝突區。其基本形式大致可分為兩類：其一是由非武裝的軍事觀察員組成的觀察團監督停火、撤軍或有關協定的執行；其二是派出裝備用於自衛的輕型武器維和部隊，以緩和局勢，為解決爭端創造條件。然而，維和軍隊數量有限必不敵衝突軍隊，再加上維和預算逐年遞減，難以期待維和部隊有亮眼的表現。

　　1990 年代末以來，冷戰結束世界格局出現重大變化，為聯合國進一步發揮其積極的作用提供了新的機遇。維和行動的規模大幅增加，任務擴展，不僅承擔傳統的監督停火等職責，還包括組織大選、監督和促進人權、改善法律秩序、安置難民、為人道主義救援行動創造安全環境、解除各派武裝、清除地雷、設置安全區、重建國家等。

　　因此，為提升維和行動的效益，安南的改革計畫期望對維和行動改以清楚可行及有充分支援的計畫代之，先評估成功之可能性，而不再隨意進行維和行動，並以嚴格標準檢驗維和人員的表現。此外，隨著維和行動的規模增加、任務擴展，改革計畫也希望能有新的維和策略與思維，例如不再僅止於維和部隊或觀察團之派遣，改以派遣像是聯合國阿富汗援助團（UN Assistance Mission in Afghanistan）、聯合國獅子山援助團（UN Assistance Mission in Sierra Leone）或成立聯合國東帝汶過渡行政當局（UN Transitional Administration in East Timor, UNTAET）等方式進行維和行動。

（三） 公民社會與非政府組織參與

　　有鑑於國際事務複雜化的趨勢，以及公民社會與私人企業的影響力與日俱增，聯合開始廣泛接納非政府組織的參與，透過與非政府組織建

立密切的合作關係，使其參與政府間事務與合作。因此，前聯合國秘書長安南遂於 1997 年提出「全球契約」（Global Compact）計畫，建議企業參與聯合國和新價值相關活動，包括人權、勞工、衛生、環境等活動之推廣。2002 年在聯合國倡議下，由政府、民間團體、私營部門及受影響社團組成，旨在於預防和治療愛滋病、肺結核和瘧疾的「全球基金」（Global Fund）就是最佳範例。

（四）人權理事會的創設

聯合國對於人權議題原本就有相當程度的關心，特別對於戰爭所衍生出的難民、迫害等問題，以及有關婦女地位、兒童權益等問題涉入甚深。過去在聯合國經濟暨社會發展理事會下設有「人權委員會」綜理人權事務，但由於實際當選人權委員會的成員當中，不乏古巴、中國、沙烏地阿拉伯等被控嚴重違反人權的國家，使得人權委員會的成立對於促進國際人權的實質幫助並不顯著，成為聯合國改革計畫的一大敗筆。有鑑於人權事務國際化的趨勢與浪潮，各國體認到有必要提升處理人權問題機構的層級，並提升其運作效率與權威，聯合國遂於 2006 年 3 月正式成立「人權理事會」，做為聯合國關於人權問題對話與合作的主要論壇。聯合國希望透過對話、能力建構與技術援助，協助會員國遵循人權義務，同時也有權向大會提出關於進一步發展人權領域國際法的建議。

（五）安理會改革計畫

聯合國安全理事會象徵著國際地位與對權力的掌控，尤其是常任理事國的席位更是有「大國」的加成效果，加上擁有否決權，常任理事國的地位與權力可說是魅力無法擋，常任理事國的席次自然受到諸多國家的覬覦。目前的五個常任理事國（美國、英國、法國、中國、俄羅斯），是聯合國成立以來即未曾改變的安排，然而如此的席次分配，已無法反應國際上的公平原則、比例原則或國家權力改變，例如擁有超過 50 個會員國的非洲卻未有常任理事國席位；日本與德國對聯合國的經費贊助為第二、三

名，印度人口排名世界第二，且為南亞強權與新興市場，卻都長期無法成為常任理事國。是以，國際間普遍認為聯合國安理會應該改組，有的認為應增加常任理事國的席次，有的認為僅需增加非常任理事國席次，有的則認為應該廢除常任理事國的否決權。

　　基本上改組的模式爭議相當多，安南於 2005 年聯合國創立六十週年時也提出安理會改革方案，安南的改革方案有兩種版本，方案一為建議增加 6 個不具否決權的常任理事國席位和增加 3 個非常任理事國，其中非洲與亞太地區各增加二席常任理事國，歐洲和美洲則各增加一席常任理事國。而安理會成員將由目前的 15 國增加至 24 國。方案二則建議新增 8 席任期四年、可連選連任的「半常任理事國」，非洲、亞太、歐洲和美洲各獲得 2 席，並增加一席非常任理事國；總會員數亦增加至 24 個。其他相關提議也不少，包括新增 5 個常任理事國席次，其中已開發國家應分得 2 席，其餘 3 席則按地域分配原則在拉美、亞洲和非洲中進行分配。此外，亦有主張將安理會擴充為三個梯隊，會員國擴大為 24 個，其中「常任理事國」是第一個梯隊；第二個梯隊是七到八個「准常任理事國」，由世界各個地區選舉產生，每四到五年更換一次；第三個梯隊就是現在的 10 個非常任理事國，也由地區選舉產生，兩年更換一次。

　　然而，這些提案最後仍未能獲得共識，因為安理會的改革終究涉及兩大問題：一是安理會的擴大問題；二是否決權問題。大致上改革方案可以分為三類，第一類方案同時增加安理會常任理事國和非常任理事國，主要目標在於充分擴大安理會的代表性。第二類方案主張先暫時擴大非常任理事國，保持原有常任理事國不變。第三類方案傾向於創立一種不同於現有常任理事國和非常任理事國的類型，其特徵是各國皆不享有否決權，並須經選舉產生、實行輪值。

　　在「席次擴充」議題方面，無論是何種類型，都無法得到各國完全的同意，對於採取按照財富和力量大小以及對聯合國的貢獻做為標準，或是按照大小國家一律平等的原則仍然存在爭議。而關於「否決權」的改革問題亦難以取得共識，各國對於否決權改革的態度，大致上可以分為三派：首先，諸如伊朗、古巴等國主張否決權違反「各會員國主權平等原則」，

應予以廢除；而另一派則認為否決權可以維護安理會的權威和效力，同時有否決權做為「安全閥」，能減少安理會過多的對外干預；第三派則承認否決權的存在不盡合理，但以現在的國際現實來看尚難以取消，因此提出應該對於否決權進行限制，尤其是反對新增理事國擁有否決權。

由於安理會改革涉及聯合國憲章的修改，因此提案必須得到聯合國大會三分之二會員國和安理會目前五個常任理事國的批准，本身難度就相當高。再加上各國對於「席次擴充」與「否決權」議題的見解分歧，因此安南秘書長任內最後一波聯合國改革中，安理會改革並沒有獲得具體的進展。

第四節　聯合國與台灣

一、緣起

1931 年滿州國事件、1933 年義大利入侵衣索比亞、1937 年起日本侵略中國在在顯示缺乏大國勢力、代表性不足且制度設計不良的國際聯盟無力維持國際體系的穩定。在美國總統羅斯福與英國首相邱吉爾的商討之下，認為若希望新成立的國際組織能夠有效維護和平，就必須先要有一群「世界警察」來維持世界秩序，為了填補日本非武裝化後亞洲的權力真空，兩國達成共識認為應該要讓中國一起扮演世界警察的角色，因此中華民國（Republic of China, ROC）從聯合國成立之初起，在聯合國中即扮演著重要的角色。

1945 年 6 月 25 日，中華民國等 50 個國家的代表在「聯合國國際組織會議」中通過《聯合國憲章》，我國為首先在聯合國憲章簽字之國家，同年 9 月 11 日我國政府批准《聯合國憲章》，並將批准書交給美國政府存放，完成加入聯合國的手續。此外，依照《聯合國憲章》第 23 條明文規定，中華民國為聯合國安全理事會五個常任理事國之一。

二、中華人民共和國的挑戰

　　1949 年中國共產黨在大陸建立中華人民共和國（People's Republic of China, PRC）後，從 1950 年第五屆聯合國大會起，我國在聯合國之席位備受挑戰，蘇聯及其他親共國家在其後歷屆聯大常會時常提出「中國代表權問題」，而我國自此在聯合國展開長達 22 年之代表權保衛戰。大體上，我國與中華人民共和國在聯合國的席位保衛戰可以分成「緩議時期」（1950 年至 1960 年）以及「重要問題時期」（1961 年至 1971 年）兩個階段。首先，1950 年至 1960 年為「緩議時期」，多半是由友邦提出相對提案，主張該屆常會暫不討論「中國代表權」問題，又稱為「緩議案」（moratorium），此階段之所以能夠順利發動緩議策略，主要是美國此時在聯合國的影響力大國於蘇聯，加上我國在聯合國之邦交國仍較中華人民共和國多。

　　1961 年至 1971 年為「重要問題時期」，此階段我國的因應作法改以「重要問題」案，援引聯合國憲章第 18 條規定，即「大會對於重要問題之議決，應以到會暨投票之會員國三分之二多數表決之」，藉由將「中國代表權」提案列為重要問題案，提高表決門檻，使我國在聯合國中得以存續。之所以利用重要問題案之方式，是因為新加入聯合國的亞非新興國家多半親共，導致聯合國內部對我國代表權案的支持情況產生逆轉。如此一來，只能藉由議事程序的操縱來確保我國的地位。

　　然而，1960 年代末起的美蘇「低盪」（détente）使得我國友邦態度有所轉變，1971 年美國國家安全顧問季辛吉（Henry Kissinger）2 月訪問中國，其後更宣布尼克森總統將於翌年訪問中華人民共和國，是為尼克森震撼（Nixon Shock）。許多友邦將此舉視為美國態度轉向之訊號，不但造成友邦紛紛與中華人民共和國建交的骨牌效益，同時也把我國在聯合國的處境逼到絕境。1971 年阿爾巴尼亞等 23 國提「恢復中華人民共和國在聯合國組織中的合法權利問題」，雖然我國極力爭取各國支持重要問題案，但同年 10 月 25 日表決「重要問題」案時，59 票反對、55 票贊成、15 票棄權、2 國缺席，重要問題案未能獲得通過。

低盪

　　低盪（détente），法文音譯，或稱緩和政策，原意為緩和雙方之間的緊張關係。在國際政治上，低盪指的是 1960 年代末至 1970 年代末這段期間，美國與蘇聯兩國在軍備競賽、外交政策的基本態度，從原先的緊張對峙逐漸趨於緩和的過程。在這段期間之前，美國與蘇聯的冷戰情勢節節升高，至 1960 年代中期雙方的緊張關係開始出現疲態，進而使得兩國在 1970 年代初期展開一系列的緩和政策與限制武裝談判。

　　在抵制阿爾巴尼亞等國所提之「恢復中華人民共和國在聯合國組織中的合法權利問題」議案無效之下，我國為保國家尊嚴，乃於 1971 年 10 月 25 日在大會主席將該案提付表決前，由外交部長周書楷以程序問題發言，宣布中國代表團不再參加該屆大會任何進一步之議事程序，隨即退出會場。最後該案全文交付唱名表決，76 票贊成、35 票反對、17 票棄權而獲得通過，此即所謂「聯合國大會第 2758 號決議案」，自此中華人民共和國取代我國在聯合國之一切權利。

三、 台灣爭取參與聯合國之努力

　　在聯合國 2758 號決議案的壓力及我國退出聯合國的骨牌效應下，中華民國不但緊接著在多邊關係上退出聯合國周邊之專門機構與其他重要國際組織，在雙邊關係上也隨之進入斷交潮，最後連第二次大戰後一路支持台灣的美國也於 1978 年年底決定與中共建交，並自 1979 年起與中華民國斷交。因此，1970 年代對台灣可說是內憂外患的時代，但我國在歷經 1970 年代及 1980 年代的經濟建設與自由化、國際化的努力後，除締造傲人的經濟奇蹟外，國際能見度與經貿地位也隨之提高。尤其台灣人民對於國際地位的渴望與國際社會對台灣國際空間受壓迫的聲援，讓台灣政府開始思考重返國際社會與參與國際組織的可能性與可行性。1980 年代末在彈性、務實外交的政策下，台灣於是積極展開參與國際組織的行動，包括聯合國。

特別是對我國而言，加入聯合國有多重的重要意義。若能加入聯合國，不但意味著我主權國家的地位得到廣大承認，同時也將我國納入國際集體安全體系。再者，國際組織本身即是國與國之間進行外交的場域，透過加入此最具有代表性、會員國最多之政府間國際組織，可以使我國更加融入國際社會。為此，從 1993 年起我國展開一系列推動參與聯合國運作之行動，以下分不同階段說明之：

（一）分裂國家平行代表權（1997 年至 2001 年）

1997 年至 1998 年，我國政府要求聯合國大會重新檢討、撤銷或修改第 2758 號決議案，期望達到「分裂國家平行代表權」模式，希望能以「中華民國」或「中華民國在台灣」的名義加入聯合國。1999 年至 2001 年，要求聯合國設立工作小組，審視中華民國在台灣所處之特殊國際處境，以確保其 2,300 萬人民參與聯合國之基本權利獲得完全尊重。

（二）中華民國（台灣）在聯合國的代表權（2002 年至 2003 年）

此段期間，政府放棄過去較為曖昧的態度以及分裂國家平行代表權的策略，主打「中華民國（台灣）在聯合國的代表權問題」，等於是將訴求重點放在台灣的代表權問題上，不提撤銷或修改 2758 號決議案與中國代表權問題。

（三）台灣 2300 萬人民在聯合國代表權問題（2004 年）

2004 年我國政府主要論述焦點為「台灣 2300 萬人民在聯合國的代表權問題」，強調第 2758 號決議案僅解決大陸地區人民在聯合國之代表權，卻剝奪了台灣地區人民參與該組織之基本權利。同時主張，將台灣在政治上進行隔離，本質上違反國際間之公平、正義以及聯合國會籍普遍化原則。

（四）參與案及和平案（2005 年至 2006 年）

2005 年適逢中共通過「反分裂國家法」，加上兩岸關係未見改善，中共對台之言行有升高區域緊張局勢之虞。是以，政府的論述改以「參與」及「和平」做為訴求，期望可以敲開聯合國的大門：

1. 參與案：台灣 2,300 萬人民在聯合國的代表權問題

在「參與案」中，我國主張台灣 2,300 萬人民在聯合國的代表權具有正當性。具體而言，政府之論述為「中華民國（台灣）是一個自由愛好和平的主權國家，其依民主方式選出的政府是唯一能夠在聯合國代表台灣人民利益及願望的合法政府，然而台灣被排斥在聯合國之外，2,300 萬台灣人民的權利和利益並沒有得到聯合國的維護與保護。此種錯誤的遺漏急需補救。」

2. 和平案：聯合國在維護台海和平方面扮演積極角色

在和平案中，我國的論述為「台灣海峽的安全與和平不僅關係到台灣海峽兩岸人民的生命與財產，而且關係到整個東亞乃至整個世界的和平與穩定。中華人民共和國迅速擴充軍事力量，頒布所謂的『反分裂國家法』，這可能會危及台灣海峽的和平。聯合國和國際社會應密切注意這一情勢，並採取必要的預防、應對措施。」

（五）推動以「台灣」名義入聯（2007 年）

2007 年我國選擇直接以「台灣」名義向聯合國提出入會申請。在我國政府說帖中，指出聯合國之所以應該接納台灣的理由主要包括：

1. 台灣符合 1933 年《蒙特維多國家權利義務公約》（Montevideo Convention on the Rights and Duties of States）中所要求之國家構成要件，因此台灣本就有權加入聯合國。
2. 台灣在實質上已是國際社會的重要成員，因此台灣有必要加入聯合國。
3. 將台灣排除在聯合國之外，剝奪台灣加入並貢獻聯合國及其專門機構

之權利，亦侵犯了台灣 2,300 萬人民之基本人權。

4. 基於彈性的考量，我國憲法的國名並未變更，僅是以台灣名義申請加入聯合國，無涉改變現狀，亦符合國際現實之考量。

5. 聯大第 2758 號決議案並沒有解決台灣 2,300 萬人在聯合國的代表權問題。

6. 台灣有能力也有意願參與國際合作。

我國於 2007 年 7 月 17 日，依照聯合國安理會暫行議事規則 58 條正式行文聯合國秘書長，請求接納台灣加入聯合國。然而 2007 年 7 月 20 日秘書長潘基文退回台灣申請，並主張「就一切意圖與目的而言，台灣均是中華人民共和國不可分割的一部分」。

（六）台灣 2300 萬人民有意義參與聯合國專門機構活動問題（2008 年）

2008 年 8 月 14 日友邦協助我國向聯合國提案，敦請聯合國接納台灣 2,300 萬人民有意義參與聯合國專門機構活動。第 63 屆聯合國大會於 9 月 17 日開議，總務委員會審及我案時，決定採取「一對一辯論」方式處理。經索羅門群島及中國分別說明各自立場後，主席徵得總務委員會成員同意，裁定因尚無共識，建議不將此案列入第 63 屆大會議程。

表 5-2　聯合國歷年大事紀

時間	事件
1942 年 1 月 1 日	第二次世界大戰 26 個同盟國於華盛頓簽署《聯合國家宣言》（Declaration by United Nations），宣言中首次使用羅斯福總統建議的「聯合國家」（United Nations）一詞。
1945 年 10 月 24 日	《聯合國憲章》獲安全理事會五個常任理事國以及大部分其他簽署國批准之後生效，聯合國正式成立。
1946 年 1 月 10 日	第一屆聯合國大會正式在倫敦西敏寺中央廳召開，51 個創始會員國皆參與該會議。
1946 年 1 月 17 日	安全理事會在倫敦首次召開會議，通過議事程序規則。
1946 年 1 月 24 日	聯合國大會通過第一號決議，其主要內容是：和平利用原子能以及消除原子武器和其他大規模毀滅性武器。

表 5-2（續）　聯合國歷年大事紀

時間	事件
1946 年 2 月 1 日	挪威外交官李伊（Trygav Lie）出任聯國首任秘書長。
1947 年 10 月 24 日	聯合國大會正式指定每年 10 月 24 日為「聯合國日」。
1948 年 6 月	聯合國於巴勒斯坦設立第一個駐外觀察團，即聯合國停戰監督組織。
1948 年 12 月 10 日	聯合國大會通過《世界人權宣言》。
1950 年 6 月 27 日	韓戰爆發。安理會在蘇聯缺席的情況下，正式通過決議，由美國派兵協助南韓驅逐北韓軍隊。
1950 年 11 月	聯合國大會通過「聯合一致和平原則」，規定一旦常任理事國未能執行維持國際和平與安全責任，大會應立即考慮該事項，並向會員國做出適當建議。此決議大幅削弱安理會常任理事國之權力。
1954 年	聯合國難民事務高級專員辦事處因其在歐洲救濟難民的工作首次獲諾貝爾和平獎。
1961 年 9 月 18 日	聯合國前秘書長哈瑪紹出訪剛果時座機墜毀遇難。
1967 年 11 月 22 日	1967 年「六日戰爭」結束後，安全理事會經過長期的談判，通過第 242（1967）號決議，成為中東實現和平的基礎。
1968 年 6 月 12 日	聯合國大會通過《核不擴散條約》。
1971 年 10 月 25 日	聯合國大會通過 2758 號決議案，由中華人民共和國取代中華民國在聯合國席次與安理會常理國地位。
1978 年 5 月	聯合國首度針對裁武問題召開特別會議。
1980 年 5 月 8 日	世界衛生組織在收到最後一項天花病例報告之後三年，正式宣布消滅天花。
1984 年 12 月 10 日	聯合國通過禁止酷刑和其他殘忍、不人道或有辱人格的待遇或處罰公約。
1990 年 8 月 6 日	伊拉克入侵科威特，安理會通過決議對伊拉克採取軍事與貿易制裁。
1996 年 9 月 10 日	聯合國大會通過《全面禁止核試驗條約》，成為國際裁軍與核不擴散工作的一個歷史轉捩點。該條約於 9 月 24 日開放各會員國簽署。
1996 年 12 月	聯合國大會任命迦納外交官安南出任第七任秘書長。
2000 年 9 月	聯合國會員國共同發表千禧年宣言（Millennium Declaration），並立定千禧年目標（Millennium Development Goals）。
2003 年	美英聯軍未遵守聯合國立場，派兵攻打伊拉克。

表 5-2（續）　聯合國歷年大事紀

時間	事件
2004 年	聯合國爆發伊拉克以油換糧醜聞，獨立調查委員會介入調查。
2005 年	聯合國成立 60 週年，第六十屆聯大開議，討論聯合國改革案，包括發展、恐怖主義與安理會擴編問題。
2006 年	3 月 14 日聯合國大會通過決議，設立「人權理事會」；10 月南韓外交通商部長官潘基文當選聯合國第八任秘書長。6 月 28 日蒙特內哥羅（Montenegro）加入聯合國。
2008 年 9 月	會員國高層重申在 2015 年達成千禧年目標的承諾。

資料來源：作者整理。

第六章　經貿與發展領域之國際組織

第一節　發展背景

　　第一次世界大戰爆幾乎中斷了長久以來建立的國際貿易體系，即使在戰爭結束後，國際經貿體系的重建亦相當緩慢；戰爭幾乎破壞了一切舊秩序，宣告英國一手建立的「金本位制度」（Gold Standard）瓦解。1929 年的經濟大恐慌之後，各國為了求自保，保護主義隨之而起，紛紛開始提高關稅，利用貿易政策提高貿易壁壘，來增加自身貿易出口，但是此種手段往往引發其他國家以相同方式報復，造成兩敗俱傷，以致該時期的國際貿易量嚴重縮水、經濟衰退惡化。第一次大戰後英美雖曾試圖恢復金本位制度，但是在各國的眼中，解決自身內部的問題更加重要，無心於國際經濟體系的調整，保護主義惡性循環的結果，第二次世界大戰終於爆發。

　　1944 年 7 月，在第二次世界大戰接近尾聲之際，為了消弭貿易壁壘並穩定國際金融秩序，44 個盟國各派代表於美國新罕布夏州（New Hampshire）的布列敦森林市（Bretton Woods）集會，商討如何重建戰後國際經濟秩序，亦即所謂的「布列敦森林會議」（Bretton Woods Conference）。鑑於第二次大戰前的經濟大恐慌及經貿體系的瓦解，美國一改當初孤立主義的形象，主導整個會議的進行，並以自由主義理論為基礎，主張世界經濟應該朝著自由化、市場開放與金融穩定的方向前進。最後會議確立了戰後維繫國際經濟運作的新架構與基本規範，並決定成立「國際貨幣基金」（International Monetary Fund, IMF）與「國際復興與開發銀行」（International Bank for Reconstruction and Development, IBRD 之後

又稱 World Bank），這一系列由布列敦森林會議所確立的運作架構，則因此又被稱之為「布列敦森林體系」（Bretton Woods System, BWS）。

另一方面，由於戰爭前的貿易壁壘高漲，各國紛紛採行保護主義，使得當時國際貿易無法健全運作，為了補足布列敦森林體系在國際貿易管理方面的不足，「國際貿易組織」（International Trade Organization, ITO）的倡議也隨之出爐，經由「關稅暨貿易總協定」（General Agreement on Tariffs and Trade, GATT）之過渡期，演變成今日之「世界貿易組織」（WTO）。三大國際組織分別在金融貨幣、經濟發展與國際貿易方面，扮演維持戰後金融與經濟體系的三大支柱。（江啟臣，2003：304）

除了國際經濟的形成之外，戰後約莫從 60 年代開始也出現了區域整合的浪潮。歐洲共同體、南錐共同市場、北美自由貿易區、東南亞國家協會、亞太經濟合作等區域整合導向國際組織的崛起，也使得國際經貿體系邁入新的紀元。除了說明國際發展與經貿體系的形成背景，以下本章將介紹在發展與經貿領域中較具代表性之國際組織，包括這些國際組織的發展背景與目的、功能、組織架構與特色等。

金本位制度（Gold Standard）

金本位制度在 19 世紀開始興起，是一種金屬貨幣制度。在金本位制度之下，政府以本國通貨來訂定黃金官方價格，稱之為匯兌的鑄幣平價，並因此建立通貨與黃金之間的可兌換性。為了維持匯兌的鑄幣平價或是黃金與本國通貨之間的兌換率，政府必須依據黃金準備的數量調整貨幣存量。透過該制度，即各國通貨與黃金之間的兌換性，匯率制度因而形成。金本位制度同時也連結了所有採取金本位國家之間的匯率制度，黃金與各國通貨間的兌換率間接地構成了所有國家通貨之間的匯率。

第二節　國際貨幣基金、世界銀行與聯合國開發計劃署

一、國際貨幣基金

（一）國際貨幣基金的發展背景

　　國際貨幣基金（IMF，又稱 the Fund）成立於 1945 年，總部設於美國華盛頓特區，至 2009 年共有 186 個會員國。其主要之功能在於協調國際貨幣兌換、收支平衡、促進經濟成長與就業，並降低貧窮。其創設之源起與戰後金融秩序重建之需求有關，在金本位制時期，國家以英磅與黃金之間的對價，來進行貨幣的轉換。戰後在沒有統一的國際兌換單位情形下，國際經濟體系需要一個可以對各國貨幣進行估價的衡量制度，為了擺脫這種經濟困境，國際間召開了一連串的貨幣會議。凱恩斯（John Maynard Keynes）和懷特（Harry Dexter White），各代表英國與美國提出了不同的方案。

　　代表英國立場的「凱恩斯方案」，主張以多邊自由貿易為基調，在重視各國自主性的前提之下建立「國際清算聯盟」（International Cleaning Union）。（渡部茂已，1997：151）認為國際社會應該要創造一個世界規模的銀行，每個成員國都應該在銀行中設有帳戶。為了防止不必要的貨幣貶值，凱恩斯方案推出新的中立的國際貨幣單位「班克爾」（Bancor），欲建立各國貨幣與新的國際儲備間的兌換比例關係，但此構想一直到 1968 年，才以特別提款權（Special Drawing Rights, SDRs）[1]的形式被採納；而代表美國立場的「懷特方案」，則主張建立以金本位為基準、對於受援國政策進行一定程度管控的「國際匯兌安定基金」（International Exchange Stabilization Fund）。（渡部茂已，1997：151）認為這個機構的資金應該由成員國貢獻，向經濟陷入困境的國家提供資金援助，但是需要建立一套監督機制，改善貸款國家的經濟體質，以確實助其從困境脫離。兩種方案在

---

[1] 《國際貨幣基金協定》的第一修正案，創設了「特別提款權」（SDRs）。成員國若認為有國際流動短缺的危險時，基金可以配發特別提款權，以補充成員國現有的官方儲備。

當時引起了高度的爭議，但總體來說，最後主要是以懷特方案為藍本，建立了國際貨幣基金。（張光平，1999：5）

　　簡言之，國際貨幣基金就如同世界的中央銀行，IMF 會員的中央銀行先存部分國幣、黃金及美金在 IMF，必要時提供貸款補救收支失衡，以維持國際金融秩序、促進經濟成長與就業。

（二） 國際貨幣基金的組織架構及功能

1. 理事會

　　國際貨幣基金的最高權力機構是理事會（The Board of Governor），每個成員皆有其正、副理事代表各一名，通常由該會員國的財政部長或央行總裁擔任，約莫於每年 9 月舉行理事會。理事會中各國所擁有之投票權份量，以各國出資的比例經公式計算後決定。理事會負責主導重要政策、份額（quota）決定權、新會員、強迫會員退出、修改協定條款等。同時也商討國際貨幣基金的管理事務及提供一般性的建議。

2. 部長級委員會

　　部長級委員會（Ministerial Committees）包括「國際貨幣金融委員會」（International Monetary and Financial Committee, IMFC）以及「發展委員會」（Development Committee）。兩者為國際貨幣基金的諮詢機構。「國際貨幣金融委員會」由 24 個代表所組成，由理事會的會員國中選任產生，其結構大致能反映執行董事會以及其 24 個選區，藉此達到代表所有會員國利益的目標。此委員會每年召開兩次會議（春季一次、理事會年會期間一次），在會議中採取共識決，亦即不會針對任何事項進行表決，但在會後會發表共同聲明總結會議要點及委員會的觀點。此共同聲明，通常會成為接下來半年工作重點的藍圖。「發展委員會」處理與新興或發展中經濟體的經濟發展相關議題，委員會由 24 個代表所組成，代表 IMF 與世界銀行的所有會員國，向理事會提出諮詢意見，或扮演協助政府間在爭議性議題上取得共識的橋樑。

3. 執行董事會

「執行董事會」（Executive Board）為獲得理事會授權，代理理事會行使權力、處理日常業務的機構。執行董事會由 24 名執行董事所組成，目前除了美國、英國、德國、法國、日本、中國、俄羅斯與沙烏地阿拉伯擁有執行董事單獨席次之外，其餘 16 個執行董事由各國選出，任期兩年。執行董事會的主席由理事會任命，任期五年。董事會每年檢視各成員國的經濟體質與經濟政策對於全球經濟會產生何種影響，其所受理的案件，原則上以共識決處理，然而針對某些正式、重大事項，會透過表決進行。若進入表決程序，皆採取加權投票制（weighted voting system），即依據經濟規模決定其投票之份量。

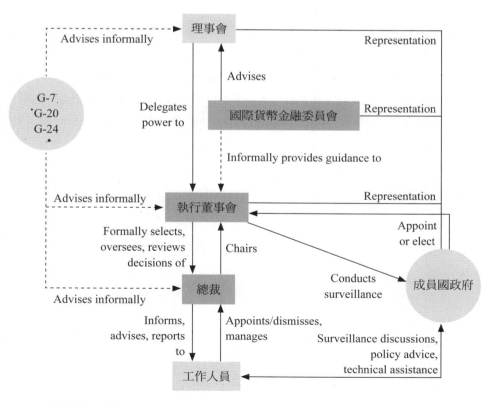

資料來源：改編自 IMF 官方網站資料。http://www.imf.org/external/about/govstruct.htm

圖 6-1　IMF 治理架構圖

（三）國際貨幣基金的主要功能

1. 貸款

　　國際貨幣基金的主要作用就是以實際的貨幣政策管理機制，確保國際金融秩序穩定、增加財政的可預測性，以避免貨幣金融危機的發生。為達此目的，國際貨幣基金須要對各成員國的貨幣政策進行監控；當成員國出現收支失衡、財政危機時，IMF 提供國家貸款（lending），並向成員國提供政策建議，必要的時候甚至協助管理國家財政。

　　然而，與世界銀行等開發銀行之性質不同，IMF 的貸款主要目的在於協助會員國解決收支平衡的問題，其所提供的外匯僅放在中央銀行以補充國際儲備，而不為特定項目計畫提供融資。不僅如此，IMF 所提供的皆為「有條件性的貸款」（conditional lending）。國際貨幣基金為了確保受援國財政能得到有效的改善及收支平衡，故要求其須配合國際貨幣基金所提供的政策建言，進行財政結構的改革。換言之，IMF 扮演如世界中央銀行的角色，其主要目的在「救急」而非「救窮」或「濟貧」。例如，1997 年亞洲金融風暴時，IMF 於當年 11 月同意提供 210 億美金的援助給韓國；2000 年時 IMF 提供 5.2 億美元貸款金給肯亞因應乾旱；又例如在 2008 年爆發的全球金融海嘯下，IMF 也提供緊急援助給匈牙利 （157 億美金）、烏克蘭（164 億美金）、冰島（21 億美金）、巴基斯坦（76 億美金）、立陶宛（24 億美金）等收支平衡陷入困境的國家。

2. 監控

　　國際貨幣基金成立的宗旨之一就是監督國際貨幣體系，並監看會員國的經濟與金融財政政策。而 IMF 成員國亦有其必須要遵守之三項義務：第一，匯兌機制透明化；第二，對本國貨幣與外國貨幣的兌換不加限制；第三，有義務奉行對於本國及所有國家有利的共同政策。儘管國際貨幣基金無權強迫他國遵守義務，但是對於違反義務的成員國，國際貨幣基金可以通過多數成員國的決議，拒絕其貸款資格。因此，基於以上 IMF 的成立宗旨以及會員國的義務規範，IMF 有必要對國際以及個別國家之經濟、金融政策甚至環境進行監督，必要時提出建議或警示。

在個別會員國的監控上，IMF 除經常、持續觀察個別會員國的經濟外，也會週期性地（一般是一年一次）造訪會員國與其政府及中央銀行交換意見。監控重點在於注意是否有危及個別會員國內外經濟穩定的風險，或因此須要進行經濟或金融政策的調整。另外，IMF 也持續對全球及區域經濟走勢進行檢視，並透過其所出版的兩份重要出版品，《世界經濟展望》（World Economic Outlook, WEO）與《全球金融穩定報告》（Global Financial Stability Report, GFSR），提供 IMF 的詳細觀察、分析與建議。

3. 技術援助與能力建構

除了援助性貸款之外，IMF 也提供技術援助（technical assistance）與訓練。主要的內容包括：銀行體系監督與重組、外匯管理與操作、中央銀行結構與發展、稅收政策、稅務行政、海關政策、預算編列、財務統計、支出管理、社會安全網、經濟與金融等多方面的技術援助與能力建構。技術援助可說是參與 IMF 的重要利益之一，尤其將近 90% 的技術援助或能力建構計畫的對象是中低所得的發展中或低度發展的國家。所以，除了貸款救急之外，IMF 其實也提供上述在健全會員國家總體經濟、財政結構上的技術與能力援助，從基本的經濟基礎設施改造，避免可能的金融與經濟危機。例如，1990 年代蘇聯解體後，IMF 曾協助波羅地海國家、俄羅斯，及其他前蘇聯共產國家，設立財政體系。更重要的是，這些技術與能力建構也與 IMF 的貸款、監控功能相互連結整合，相輔相成。

（四）份額制度

IMF 如同世界的中央銀行，提供借貸以舒緩收支失衡的會員國，IMF 的基金主要來自每個成員國在加入時繳的資本金，或來自定期檢討後的增額，而該份資本金即是該會員的份額（quota）。而份額的多寡主要是根據一成員國的經濟規模和實力來分配；份額本身既是組織運作的費用，更重要的是，在有國家陷入經濟困境時，它可以做為一國的財政貸款。而此「份額」亦決定了國家可以貸款的數額。根據《國際貨幣基金協定》，會費的份額每五年至少需要檢討一次，並經常性的進行調整以反應世界經濟

的發展或各成員國經濟的變遷。

　　而且，份額不僅反應會員國在國際的相對經濟規模，其亦決定一會員國在 IMF 的投票權力。由表 6-1 可見，份額愈多，投票比重愈大；其中，美國、日本、德國、法國及英國是目前 IMF 持有份額最多的國家，其投票權力合計近 40%，而美國的投票份量更是高達 16.8%，幾乎可以左右所有 IMF 的重大決定。

二、世界銀行

　　在 1944 年布列敦森林會議的決議下，世界銀行（World Bank）於 1945 年成立於美國首府華盛頓，是一個開發（development）組織，早期官方名稱為「國際復興與開發銀行」（IBRD）。其原始目的在於協助戰後歐洲進行重建，但當西歐漸漸從戰火中恢復時，世界銀行轉而資助世界上其他發展中國家，對其提供低息貸款、無息信貸和贈款，其主要目的就是為了「確實減輕貧窮」。如今，重建仍然是世界銀行工作的重要組成部分。但是，當今世界面臨的全球性挑戰迫使世界銀行關注以下問題：最貧困國家（尤其是非洲最貧困國家）的減貧與永續成長；脆弱國家面臨的特別挑戰；氣候變遷、傳染病和貿易等地區性和全球性問題。

表 6-1　IMF 主要會員國的份額與投票權力分配（2011 年 4 月更新）

會員國	QUOTA		VOTES	
	Millioms of SDRs	Percent of Total	Number	Percent of Total
美國	42122.4	17.77	421962	16.82
日本	15628.5	6.95	157023	6.26
德國	14565.5	6.14	146393	5.84
法國	10738.5	4.53	108123	4.31
英國	10738.5	4.53	108123	4.31
中國	9525.9	4.02	95997	3.83

資料來源：IMF 官方網站。http://www.imf.org/external/np/sec/memdir/members.htm

（一）世界銀行與國際貨幣基金的差異

世界銀行與 IMF 皆提供援助性貸款，但兩者的貸款之間至少存在有以下四點不同：

1. 世界銀行的貸款對象並不僅限於國家

由於 IMF 的目標在於協助國家之收支平衡，因此其貸款對象為「國家」；而世界銀行除了「國家」可以做為接受貸款的單位之外，會員國的國內企業在獲得所屬國政府或中央銀行的背書之下，經過一定的還款能力、貸款條件、計畫內容的評估之後，也可以成為貸款的對象。

2. 世界銀行針對會員國所提出的「計畫」提供貸款

IMF 之主要目的在於協助受援國建構收支平衡的財政結構、提供的外匯放在央行做為國際儲備，並不針對特定的計畫進行貸款。然而，世界銀行主要針對計畫進行貸款，舉例而言，日本在 1953 年至 1966 年的 13 年間曾經一度成為受援國，在電力、製鐵等基礎建設產業共接受 31 件、計達 8 億 6,300 萬元的融資，其中包含東海道新幹線、名神、東名、首都各高速道路、黑部水壩等建設。（渡部茂己，1997：158）現在世界銀行則主要協助各國的脫貧相關基礎建設計畫。

3. 世界銀行提供較長期的融資

從融資期程來看，IMF 主要是針對當下收支惡化的情況提出改善之道，提供較短期的，一般為 3 至 5 年期的短期援助；而世界銀行則是針對債信良好的貧窮國家，提供中長期的融資，針對長達十年的計畫貸款也不在少數。

4. 世界銀行並未如 IMF 一般向受援助國家課徵義務

從融資條件來看，IMF 對於開發中國家進行融資時，受援助國將會被要求履行 IMF 所提出之政策與建議；然而世界銀行所提供的貸款，雖然也曾出現有條件式貸款的個案，但一般而言只需要經過理事會的同意，多半不會附帶融資條件。

表 6-2　國際貨幣基金與世界銀行之比較

	國際貨幣基金	世界銀行
目的	協助受援國建構收支平衡的財政結構，提供的外匯放在央行做為國際儲備	透過計畫案之補助，協助會員國經濟發展、脫離貧窮
總部	美國華盛頓特區	美國華盛頓特區
貸款對象	會員國（以國家為單位）	會員國、會員國所背書之企業
貸款條件	會被課予配合 IMF 所提出之政策與建議之義務	一般而言只需要經過理事會的同意，多半不會附帶融資條件
計畫期程	貸款期間以 3～5 年期居多	貸款期間多為中長程，不乏十年計畫。償還期間約為 10～20 年
利息	低利貸款	（1）低於市場利率之低利貸款 （2）無息貸款

資料來源：（1）IMF 及 IBRD 官方網站。
　　　　　（2）渡邊茂己（1997）。

（二）世界銀行集團

　　為推動、提倡國際「發展」，世界銀行自 1945 年到 1988 年陸續建立五個相關國際機構，一起合稱「世界銀行集團」（World Bank Group），其主要五個組織包括：「國際復興與開發銀行」、「國際開發協會」（International Development Association, IDA）、國際金融公司（International Finance Corporation, IFC）、「多邊投資擔保機構」（Multilateral Investment Guarantee Agency, MIGA），及「國際投資爭端解決中心」（International Centre for Settlement of Investment Disputes, ICSID）。隨著世界銀行集團的成形，如今「世界銀行」（World Bank）一詞主要是指「國際復興與開發銀行」與「國際開發協會」，而非僅是「國際復興與開發銀行」。

1.「國際開發協會」（IDA）

　　國際開發協會在 1960 年成立，與世界銀行共享人力資源、共用總部，現有 169 個會員。主要負責提供如教育、衛生醫療、飲用水安全等「基礎服務」的取得，同時，支持發展中國家制度改革及企業投資以增加

就業率；同時為了降低貧窮，進而提供各種低利貸款或是無息貸款予赤貧國家，幫助其經濟發展，改善生活品質。

　　在給與貧窮落後國家的貸款上，IDA 提供的貸款大部分是軟性貸款（soft loans），期限長、利息低，甚至免息。自國際開發協會成立以來，已經借貸給發展中國家超過 1,930 億美金的數額，近年來平均一年 100 億美金，且其中有半數是援助非洲國家（如圖 6-2 及表 6-3 所示）；且大部分的貸款用途集中於基礎建設方面，公共行政與法制方面之強化則次之（見圖 6-3）。

2. 國際金融公司（IFC）

　　國際金融公司建立於 1956 年，主要致力於提供開發中國家和新興市場的私部門財政支援，鼓勵私部門股權、債權投資，同時也期待藉由種子基金（seed money）或創業基金的投入，營造具吸引力的投資環境以吸引外來的投資，促進經濟的發展。其主要的策略為透過私部門的發展，改善國家的經濟狀況。此外，國際金融公司不僅提供長期融資，同時也向其顧客提供風險管理以及建設的相關建議。

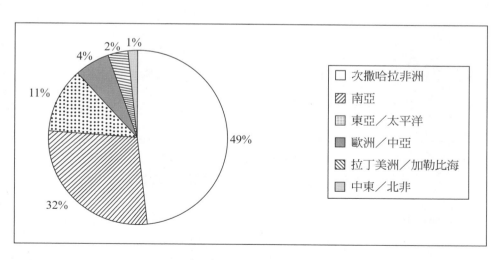

資料來源：IDA 官方網站。

圖 6-2　IDA 貸款區域分布情況

表 6-3　2011 年 IDA 貸款前十大數額國家

國別	金額（百萬美金）
印度	2578
越南	1429
坦尚尼亞	943
衣索比亞	890
奈及利亞	890
孟加拉	828
肯亞	614
烏干達	480
剛果	460
迦納	433

資料來源：IDA 官方網站

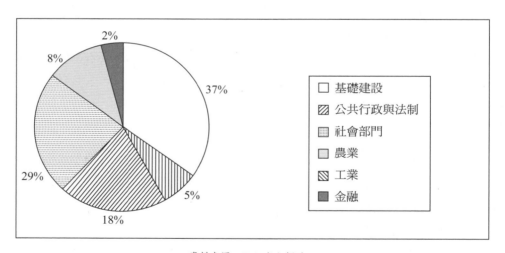

資料來源：IDA 官方網站。

圖 6-3　IDA 貸款用途分布情況（2011）

3. 多邊投資擔保機構（MIGA）

　　多邊投資擔保機構創設於 1988 年，與前述機構的差異在於，MIGA 並非貸款機構。其主要功能在於，為發展中國家提供擔保，藉此降低進入發展中國家投資者所面臨的「非商業性損失」（noncommercial losses），

以減少其投資的阻礙，進而提高對發展中國家的投資。多邊投資擔保機構亦提供技術協助，幫忙宣傳一些國家的投資機會。在爭端當事國的要求之下，多邊投資擔保機構亦協助投資的爭端調解。

4. 國際投資爭端解決中心

國際投資爭端解決中心（ICSID）成立於 1966 年，是世界上第一個專門解決國際投資爭端的仲裁機構，專責解決政府與私人投資者之間的投資爭端，此機構有助於提供投資者信心，從而促進外來投資。

（三）世界銀行集團的組織運作

就組織方式而言，世界銀行類似一般股東制的銀行或公司機構，其股東目前為 187 個成員國。各股東的利益及意見由理事會（Board of Governors）代表，是世界銀行的最高權力機構，理事會成員是世界銀行的最終決策者，各會員國可派遣一名理事（Governor）及代理理事（Alternate Governor）。一般而言，各理事為成員國的財政部長或發展部長，他們每年在世界銀行集團和國際貨幣基金組織理事會年會期間召開一次會議。

由於各理事每年只召開一次會議，因此他們授權常駐世界銀行的 24 名執行董事（Executive Directors）從事具體工作。因為法國、德國、日本、英國和美國是目前世界銀行的五大股東，由它們各任命一名執行董事，而其他成員國的利益及意見則由其餘 19 名執行董事代表。這 24 位執行董事則組成世界銀行的執行董事會（Boards of Executive Directors）。一般情況下，他們每兩週至少召開一次會議，目的是監督世界銀行的業務工作，包括貸款、擔保、新政策、管理預算、個別國家援助策略，以及借款與財務決策的審批等。

在決策上，與國際貨幣基金類似，世界銀行採加權投票制（weighted voting scheme），依股份持有之比例分配各股東（會員）擁有之投票能力或票數。所謂的「持有票數」是由兩部分組成，一是各會員數量相同之會員票（membership votes），目前是各會員 250 票；另外則是依會員股份持

有多寡而定之額外票數。² 如表 6-4 所示，美國仍是世界銀行目前最大的股東，擁有最大的投票權力。

　　基本上，世界銀行集團下的各機構皆依據其組織規章或協定進行運作，但根據國際復興與開發銀行協議條款（The IBRD Articles of Agreement）第 4 條第 10 款規定，銀行不干預任何會員的政治事務，也不受會員的政治影響，只有經濟考量應受重視。可見，世界銀行是期望不受政治影響與干預，也不應干涉會員國的政治事務；不過，在實際運作上是否能完全如協定所規定，恐怕必須視個案而定，尤其在其目前的組織設計與投票權力結構下，政治性的影響似難避免，只是程度上有所不同。

　　儘管國際政治的影響在所難免，不過整體而言，世界銀行集團下的各機構可說在國際開發、永續發展扮演以下角色：銀行家、仲介者、捐助者、顧問、知識提供者及夥伴角色。

三、聯合國開發計劃署

　　「聯合國開發計劃署」（United Nations Development Programme, UNDP）是基於聯合國大會 2029 號決議案，為擴大技術援助計畫並對聯合國內部各項特別基金進行統籌管理，而於 1966 年 1 月 1 日所創設之聯合

表 6-4　國際復興與開發銀行主要會員投票權力分配（2011 年 3 月更新）

會員國	持有股份金額		投票權力	
	金額 （millions）	比重	票數	比重
美國	26,496.9	16.83	265,219	16.40
日本	12,700.0	8.07	127,250	7.87
德國	7,239.9	4.60	72,649	4.49
法國	6,939.7	4.41	69,647	4.31
英國	6939.7	4.41	69,647	4.31

資料來源：作者整理自世界銀行官方網站。http://web.worldbank.org/

2　世界銀行官方網站。http://web.worldbank.org/

國輔助機構。其不但是聯合國最大的援助機構,且其主要進行無償性的技術援助。UNDP 同時也受聯合國大會的委託,代為管理部分機構的特別基金。

(一)組織運作架構

聯合國開發計劃署由於僅是聯合國大會的輔助機構,因此不同於聯合國大會,並非所有會員國共同參與針對政策進行審議的機構。其內部機構主要包括「執行理事會」以及「秘書處」。

1. 執行理事會

執行理事會共由 36 個理事國所構成,理事國由經濟暨社會理事會(ECOSOC)所推選。同樣地,執行理事會席次的分配也有地域的考量,發展中國家 20 席、西歐及其他先進國家 12 席、東歐國家 4 席。理事國的任期為三年,每年改選三分之一。執行理事會對於 UNDP 的政策與活動有直接的管轄權,包括 UNDP 整體資金的配置、個別國家計畫審查、秘書處預算的批准等權限。每年召開四次會議,若依照聯合國大會 2029 號決議,會議中對於議案或事項之表決方式,採取「出席理事國之多數決」的方式,然而在實踐上多數的案件還是以共識決處理。(橫田洋三,1999:178)

2. 秘書處

UNDP 設有秘書處,秘書長由聯合國秘書長,經書面通知各執行理事國,確認各執行理事國政府對於人選意見後任命之,任期為四年。一方面,UNDP 秘書處秘書長之責任,在於推動執行理事會所做的決策,向理事會負責;另一方面,秘書長是秘書處的最高領導,具有秘書處職員之任免與預算編列之權力。同時,秘書長也在理事會的政策指導之下,管理特別基金及信託基金。秘書處亦在重要據點設立常駐代表事務所,這些事務所之常駐代表由秘書長任命,經由常駐代表事務所之所在國認可後始得派遣。常駐代表之任務在於確保 UNDP 計畫能有效地立案、實施,並與派駐

國針對計畫相關事宜進行協商。依照計畫之性質，部分常駐代表不僅需要與派駐國之政府進行協商，也需要和民間的援助機構，或者計畫相關之政府進行協調。

（二）開發援助活動

　　UNDP 的主要開發援助領域包括：協助民主治理、消除貧困、各類人類危機防範與災後重建、環境與能源、協助愛滋病防治、提升婦女權益，以及其他與上述議題相關之能力建構。UNDP 所進行開發援助的規模大小不一，其所協助之計畫不計其數。舉例而言，1980 年代初期 UNDP 與中國開始進行全面的合作，投入 4 億美元，協助中國在教育、機械、電子、能源、化工、農業、衛生、金融等十多項領域的 500 多個項目進行建設，其中又由於教育被視為脫貧的根本，因此其特別重視教育基礎建設。不只是 1980 年代，UNDP 所批准之 1996 年至 2000 年期之國別方案當中，教育相關建設的款項比例也最高，該五年期計畫之援助款項有 1400 多萬美元，其中包含教育資金方案，單單此項即達 340 萬美元，佔援助款的24.3%。此外，聯合國所通過的千禧年計畫也是 UNDP 在各國的工作重點之一。目前 UNDP 在全球各大洲皆設有據點，戰亂頻傳的加薩走廊、非洲貧窮問題嚴重的迦納、衣索比亞等國也都是其援助的重點。

第三節　世界貿易組織與亞太經濟合作會議

一、從 GATT 到 WTO

（一）關稅暨貿易總協定（GATT）的源起

　　布列敦森林體系建立後，國際貨幣基金與世界銀行分別提供了世界金融監理及世界發展的合作、管理機制；然而，貿易雖一直是各國尋求經濟發展的主要來源，卻未能在第二次戰後迅速建立一套國際貿易機制，加以強化暨管理。

戰後國際金融與貿易秩序的建構，美國與英國扮演關鍵性的主導角色。1946 年，在美國的提案之下，於同年召開之聯合國經濟暨社會理事會之籌備會議中，起草了《國際貿易組織憲章》，憲章中採納美國的建議，期望以自由貿易的原則，排除國家貿易障礙、實行最惠國待遇，建立一個關於全球貿易的組織，即「國際貿易組織」（International Trade Organization, ITO）。1948 年於哈瓦那所召開的「國際貿易雇用會議」中，簽訂《哈瓦那憲章》（Havana Charter），1948 年 3 月 24 日，參與的 56 國當中，有 54 國在憲章中簽字。（渡部茂已，1997：163）然而，相較於各國對於 IMF 與世界銀行的支持，對《哈瓦那憲章》的反應則相對冷淡，不但未能獲得半數國家國會的批准，且身為倡議國的美國，也因為國會的保護主義，而未能批准憲章，英國國會亦反對最惠國待遇。因此，國際貿易組織的構想最後胎死腹中。

然而，儘管國際貿易組織未能成立，但原先被定位為國際貿易組織設立前的臨時設計「關稅暨貿易總協定」（General Agreement on Tariffs and Trade, GATT）最後卻常設化。事實上，1946 年在倫敦所召開的聯合國貿易雇用會議第一次籌備委員會當中，除了針對國際貿易組織憲章進行討論之外，同時也決定要在第二次籌備委員會中針對關稅減讓標準進行協商，以利國際貿易組織的實現。依據此決議，1947 年於日內瓦所舉行的第二次籌備委員會當中，對於關稅減讓表達成了一定程度的共識，並簽署了「關稅暨貿易總協定」（GATT）。且於同年在日內瓦設立秘書處處理、協助關稅減讓議題。（渡部茂已，1997：164）此後，GATT 於 1948 年 1 月 1 日正式生效，代替了 ITO 成為戰後管理國際貿易近五十年的一個有效機制。（江啟臣，2003：305）

（二）GATT 的發展與 WTO 的成立

在世界貿易組織（WTO）成立之前，GATT 一直是管理國際多邊貿易的唯一多邊協定，該協定原本僅是暫時適用之替代方案，待 ITO 成立之後，將 GATT 併入《哈瓦那憲章》。然而，ITO 並未能如預期般成立，使

得 GATT 並不具備傳統國際法所謂的「國際組織」架構，亦不享有國際法人格，同時也無組織規定，GATT 因此就如同扮演著國際貿易組織般功能的「準」（quasi-）國際組織角色。

提高生活水準、確保充分就業、充分運用世界資源為 GATT 的宗旨，而降低關稅及消弭貿易障礙及歧視待遇，達到自由貿易是 GATT 的具體目標。為了達成這些具體目標，締約國需要不斷進行貿易回合（trade rounds）談判。近 50 年來，GATT 一共召開了八回合的多邊貿易談判，[3] 大幅降低各國關稅，隨著 GATT 締約方（contracting parties）的增加，各國的貿易規模愈來愈大，僅是降低關稅已經無法迎合成員的需求。因此，GATT 談判回合的議題日趨擴大，甘迺迪回合起，「非關稅貿易障礙」與其他貿易規範亦逐漸成為談判桌上的議題，而在 GATT 時期八個回合談判當中，又以第七回合的東京回合以及第八回合的烏拉圭回合對於世界貿易體制之深化與 WTO 之形成有更具體的貢獻。

GATT 第七回合談判（東京回合）自 1973 年開始，至 1979 年完成，除了持續降低關稅障礙外，最大之成果在於達成多項非關稅規約（code），使 GATT 談判之觸角伸入到非關稅領域。這些非關稅規約中，部分規約僅是解釋既存 GATT 之相關規定；亦有部分規約則是規範以往 GATT 未處理之貿易議題，包括：補貼與平衡措施、技術性貿易障礙、輸入許可發證程序、政府採購、關稅估價、反傾銷，以及肉品、乳品、民用航空器貿易等三項部門別之自由化協議。

GATT 第八回合談判（烏拉圭回合）則是自 1986 年開始，於 1993 年 12 月 15 日完成，為 GATT 史上規模最大、影響最深遠之回合談判。談判之內容包括貨品貿易、服務貿易、智慧財產權與爭端解決等。於此回合談判之際，各國決議成立世界貿易組織，正式將 GATT 長久以來所扮演之國際經貿論壇角色予以法制化與組織化。更重要的是，WTO 爭端解決機構

3　其中的前五回合（1948-1963）主要是以降低關稅為目的，平均關稅降幅達 36%，甘迺迪回合起，關稅之外的非關稅貿易障礙與其他貿易規範亦逐漸出現在談判回合之中，烏拉圭回合更是將服務貿易、智慧財產權與農業議題列入議程。

所做之裁決對各會員發生拘束力，因此使 WTO 所轄各項國際貿易規範得以有效地落實與執行。[4]

　　1994 年 4 月各國部長在摩洛哥馬爾喀什（Marrakesh）召開會議，簽署《烏拉圭回合多邊貿易談判蔵事文件》（Final Act Embodying the Results of the Uruguay Round of Multilateral Trade Negotiations）及《馬爾喀什設立世界貿易組織協定》（Marrakesh Agreement Establishing The World Trade Organization），成為 WTO 的法律基礎。WTO 於 1995 年 1 月 1 日正式成立，總部設在瑞士日內瓦，為利各國完成國內之相關立法程序，各國同意 GATT 與 WTO 並存一年後，GATT 功能即完全被 WTO 所取代。

　　此外，原有之關稅暨貿易總協定（即 1947 年所制定之 GATT，又稱為 GATT 1947），也吸收了歷年來各回合談判對該協定所做之增補、解釋與決議，於 WTO 成立之時再次被統整（稱為「GATT 1994」），成為有別於 GATT 1947 之另一個獨立協定，並納為 WTO 所轄之協定之一。

（三）WTO 的組織架構與決策機制

1. WTO 組織架構

　　WTO 的最高權力機構為「部長會議」，每兩年至少召開會議一次，可依會員之請求，依據 WTO 協議規定做成會議決議，並具有任命 WTO 秘書長之權力。部長會議之下設有「總理事會」（General Council）、「爭端解決機構」（Dispute Settlement Body）及「貿易政策檢討機構」（Trade Policy Review Body）負責日常事務。

　　總理事會下另設有「貨品貿易理事會」、「服務貿易理事會」，以及「與貿易有關之智慧財產權理事會」，各依相關協定所賦予之職權，掌理有關貨品貿易、服務貿易與保護智慧財產權規範之執行。部長會議休會期間，由總理事會代為執行其職權，並監督貨品貿易理事會、服務貿易理事會及與貿易有關之智慧財產權理事會之運作。

　　此外，WTO 秘書處並非 WTO 之業務機構，但其影響力不可小覷。

---

[4] 引自國貿局 WTO 入口網站。 http://cwto.trade.gov.tw

在秘書長的指揮下，秘書處主要的職能在於協助各國執行 WTO 所屬各機構之決議事項，並負責處理 WTO 日常行政事務。

在 WTO 會員資格上，WTO 成立協定第 12 條規定：「任何國家（state）或在其對外商務關係及 WTO 協定其他事項的履行方面具有完全自主性（full autonomy）之獨立關稅領域（separate customs territory），得依其與 WTO 同意之條件，加入本協定」。換言之，WTO 會員可以是國家，也可以是獨立自主之關稅領域。

2.WTO 決策機制

WTO 在決策模式上仍承續 GATT 的慣例，以諮商（consultation）及共識（consensus）為主，因為互惠的認定取決於共識的形成，而非有一特定的標準，所以，諮商與共識決成為 GATT/WTO 多邊體系下成員可以接受的決策模式。此種決策過程一方面可以杜絕大國或集團壟斷，一方面對小國相對有利，可增加其談判的籌碼。但在共識無法建立的情況下，表決在 WTO 下是允許的，只是不常發生。所以，既使以共識為目標，WTO 仍有其一套投票表決的機制，基本上以每一會員體一票為基礎，但對不同議題有不同的表決要求。但對於重要原則（如最惠國待遇原則或國民待遇原則）的修改，則須全體無異議才得以通過。所以，基本上 WTO 架構的決策機制是以共識為主，投票為輔。

（四）WTO 運作之主要原則

在國際合作的形成或國際組織的運作上，原則（principles）通常是指對事實、因果與正當性的認知或信念，這些主要原則往往也是該國際組織想法的起源、成員認同的價值、組織運作的信念與發展發向的指引。就 WTO 而言，其運作具有以下五大原則：

1. 非歧視原則：最惠國待遇原則、國民待遇原則

從 GATT 時期開始，「非歧視」（nondiscrimination）的觀念即為多數締約方所認可，亦即任何貿易上的障礙或優惠必須一體適用於所有其他

成員。長期以來非歧視原則已為 GATT 運作的最基本原則，制度化後的 WTO 也承繼此一大原則。申言之，GATT/WTO 的非歧視原則主要是建立在兩大支柱上：一是最惠國待遇（most-favored-nation treatment, MFN）原則，另一是國民待遇（national treatment）原則。最惠國待遇原則係指，在對外經貿關係上，會員體不得對來自不同會員體的相同產品或服務給予差別待遇，而是必須以本身最優惠的開放條件，無條件地對各會員體開放，一視同仁。國民待遇原則則是指，在對內關係上，會員體對於來自其他會員體的產品或服務，必須提供與本國相同產品或服務相當的待遇，不得對來自其他會員體的產品或服務有差別待遇，亦即不得藉國內措施如稅捐或法律限制來歧視外國商品。此兩大支柱完全是基於「非歧視」的想法，且深植於 WTO 相關的貨品、服務與智慧財產等規範中。

2. 關稅減讓原則

GATT 當初簽署的主要目的之一即是在設法降低關稅，雖然在 GATT 時期關稅減讓已有相當的成效，WTO 則進一步將關稅減讓法制化，要求會員均應依談判結果，提出一份關稅減讓表做為 GATT 1994 之附錄，任一會員自其他會員進口其關稅減讓表所列之產品時，輸入國不得課徵超過載於其關稅減讓表內所承諾之約束稅率，承諾之關稅稅率因此受到法律上之約束，此即關稅減讓原則。

3. 減少非關稅障礙原則

非關稅貿易障礙，如數量限制措施、禁止輸入、輸出入手續、產地標示、國內貿易法規、國營事業、標準檢驗、反傾銷與平衡稅及補貼等，長期以來也是阻礙貿易發展的重要障礙。因此 WTO 要求會員必須減少並消弭這些非關稅類型的貿易障礙措施，但鑒於有些會員可能因一時消弭非關稅貿易障礙而蒙受極大的損失或傷害，一般非關稅障礙的消除，可先透過將非關稅障礙「關稅化」的過程進行，再行調降關稅，以達消除非關稅貿易障礙的目的。

4. 透明原則

　　正確、充足的資訊是確保合作得以進行及維持的重要條件，因此 WTO 會員必須提供充分、即時的貿易政策相關資訊給其他會員，並開放資訊取得的管道，以達到資訊交流的目的。GATT 第 5 條與服務貿易總協定（General Agreement on Trade in Services, GATS）第 3 條，即明定 WTO 會員必須公布、更新其貿易政策與規定，並且回應其他會員的相關要求。為落實政策、資訊透明化的原則，WTO 更為此設計一貿易政策檢討機制（Trade Policy Review Mechanism, TPRM），以外部檢視的方式定期檢討並公布會員的貿易政策。透明化除有助溝通（communication）外，更可降低貿易、投資的不確定性，以及防範潛在貿易爭端。

5. 漸進式自由化原則

　　縱使 WTO 以貿易自由化、提高生活水準、確保充分就業、充分運用世界資源、大幅削減關稅及其他貿易障礙為目標，但這些目標並非一蹴可幾。GATT 時期即透過回合談判的方式一步一步地降低貿易障礙，久而久之，漸進式的自由化（progressive liberalization）成為多邊貿易體系成員的共識。WTO 也承繼此一原則，會員依 WTO 下各協定（如服務貿易總協定）的目標，以互利為基礎，透過每隔一段時間的回合談判，逐步達成較高程度之自由化。尤其在越來越多發展中國家或低度開發國家加入 WTO 後，漸進式自由化的原則變得愈來愈重要，因為大部分的新會員與發展中國家並無法承受瞬間、全面的市場開放。

（五）WTO 的法律規範

　　WTO 認為自由化的承諾或協議如果沒有任何規範加以約束將失去其價值與意義，而淪為空談。於是，規範可說是 WTO 架構必備的法律支柱，WTO 下的規範對會員具有法律拘束力，而且是對所有會員一體適用。這些規範目前除「WTO 設立協定」外，基本上尚包含其他六大部分：（1）1994 年關稅暨貿易總協定，（2）服務貿易總協定，（3）與貿易有關之智慧財產權協定，（4）爭端解決程序與規則了解書，（5）貿易政策

檢討機制，及（6）複邊貿易協定。此外，WTO 規範尚包括農業協定、食品衛生檢驗及動植物檢疫措施協定、紡織品與成衣協定、技術性貿易障礙協定、與貿易有關投資措施協定、反傾銷協定、關稅估價協定、裝船前檢驗協定、原產地規則協定、輸入許可證程序協定、補貼暨平衡措施協定、防衛協定、基礎電信協定等其他多邊貿易協定。

　　然而，這些 WTO 架構下的法律規範到底位階如何？依據 WTO 設立協定第 16 條第 3 及 4 項的規定，WTO 設立協定與其他任一多邊貿易協定相衝突時，WTO 設立協定之條文應優先適用，並且，每一會員體應確保其內部之法律、命令及行政程序符合 WTO 設立協定中附帶各協定所規定之義務。此外，WTO 為一國際法人，對其規範有強制執行的能力，對於違反規定者有處罰的權力，而且 WTO 設有爭端解決機制，此機制也賦予 WTO 仲裁的權力，凡此設計皆在確保 WTO 規範的效力與公信力。換言之，WTO 下的規範是有拘束力（binding）與強制性的（enforceable）。更重要的是，這些 WTO 規範的制定與執行必須順應 WTO 的非歧視原則，亦即，最惠國待遇原則與國民待遇原則。

（六）WTO 與 GATT 的區別

　　雖然 GATT 與 WTO 在致力於提高生活水準、確保充分就業、消除國際貿易關係間之歧視待遇等目標上相似，不過兩者之間在性質、規範內容、成員、組織與爭端解決方面仍存在不少差異（請參照表 6-5），一為國際協定，一為正式的政府間國際組織（IGO）有具體的組織架構、秘書處，及整套決策制定的規範。其中最重要的是，WTO 為一國際法人，具有法律能力。依據 WTO 設立協定的第 8 條第 1 項規定，WTO 具有法律人格（legal personality），同時擁有執行該組織功能的法律能力（legal capacity）。

　　此外，在實際功能上，相較於 GATT，WTO 被賦予相當具體的角色。「WTO 設立協定」，明確指出 WTO 須扮演以下五大角色：綜理並執行 WTO 所轄之多邊與複邊協定；提供進行多邊談判協商之場合解決貿易爭

表 6-5　GATT 與 WTO 之比較

	GATT	WTO
存在性質	GATT 僅是一項多邊國際協定，雖因「借用」ITO 籌備委員會之秘書處，在實際上發揮了國際組織之功能，但在法律上並不具備國際組織之獨立法人人格。	WTO 則在其設立協定第 8 條明文規定，WTO 係一個獨立之國際組織，具有國際法人人格與法律能力。
規範內容	GATT 1947 為主，加上其他日後增訂之協定。	WTO 所轄之貿易協定除了 GATT 1994 之外，尚包括其他許多協定，例如：「服務貿易總協定」、「與貿易有關智慧財產權協定」、及「爭端解決規則與程序了解書」等。
成員	GATT 因本身並非一個國際組織，其組成成員稱為「締約成員」（Contracting Parties）。	WTO 乃係一國際組織，其組成成員則稱為「會員」（Members）。
組織效力	GATT 僅於臨時基礎上適用，並未經所有締約國國會之正式批准；亦未設立永久組織，因此基於務實之需要，GATT 之決議，以「締約成員全體」（即全部字母大寫之 THE CONTRACTING PARTIES）代表 GATT。	WTO 及其協定經各會員依其國內有關對外締結條約協定之正式程序批准，各國政府對 WTO 之承諾具全面性及永久性；且 WTO 是一具有國際法人人格之永久機構，其決議可直接以「WTO」代表會員之意思。
爭端解決	GATT 雖於第 23 條訂有有關爭端之解決規定，但缺乏詳細之程序規定，在執行上較難以落實。	WTO 爭端解決機制則較 GATT 迅速，並具有法律上約束力，經 WTO 爭端解決機構裁決之案件，其執行亦從而具有強制性。

資料來源：作者整理。

端；提供多邊貿易體系必要的安全性及可預測性；監督與檢討各會員之貿易政策，俾使各會員貿易政策的制定更加透明；與其他有關全球經濟決策之國際組織（如 IMF 及 World Bank）進行合作，以促進世界經濟政策的協調。

（七）GATT/WTO 與我國之關係

1947 年 10 月 30 日「關稅暨貿易總協定」締結時，中華民國就與其他 22 個國家同為該協定之原始簽約國，並於翌年 5 月 21 日簽署「暫時適用議定書」（Protocol of Provisional Application）成為原始的締約方。惟 1949 年國共內戰、大陸淪陷，中華民國政府播遷至臺灣，對大陸地區有關 GATT 之承諾已無實際履行與控制能力，且當時台灣地區出口甚少，受 GATT 之實益有限，遂於 1950 年 3 月向聯合國秘書長聲明退出 GATT，並自該年 5 月 5 日起生效（顏慶章，1989：13）。鑑於國內多項經濟措施與 GATT 規範相違，以及貿易量尚不大，中華民國政府於 1950 年代時並不急於恢復 GATT 會籍。直到 1965 年，因台灣地區貿易快速成長，中華民國政府乃向 GATT 申請重返，並於該年的第 23 屆 GATT 締約成員全體大會中，獲准以觀察員（observer）身分再度參與 GATT 活動。1971 年 10 月 25 日中華民國因代表權問題退出聯合國，GATT 由於實質上已屬聯合國專門機構，乃即刻援引聯合國對中國代表權之 2758 號決議案，撤銷中華民國觀察員資格（顏慶章，1989：14）。

儘管無法再參與 GATT 活動或享有 GATT 權利，台灣透過與美、日、澳、紐等主要貿易夥伴簽訂雙邊協議的方式，持續享有貿易上的優惠待遇。不過，隨著台灣對外貿易的快速成長、貿易順差的擴大，與外匯存底的激增，相反地許多貿易夥伴於 1980 年代末開始取消對台灣的貿易優惠待遇，且開始利用雙邊協商的方式要求台灣開放市場。例如美國自 1976 年起對台灣實施的關稅「普遍性優惠制度」（Generalized System of Preferences, GSP），即於 1989 年宣告終止。為謀求貿易上的利益，避免遭受貿易上的歧視與不公平待遇，同時在評估重新加入 GATT 的利弊得失後，中華民國政府決定重新申請加入 GATT。

1990 年 1 月 1 日，台灣依據 GATT 第 33 條規定，以在對外貿易關係上自主的「台灣、澎湖、金門、馬祖個別關稅領域」（The Separate Customs Territory of Taiwan, Penghu, Kinmen and Matsu）向 GATT 秘書處提出入會申請，同時提交其「外貿體制備忘錄」（Memorandum of Foreign

Trade Regime），但 GATT 秘書處當時並未立即處理台澎金馬的入會申請案，而是將其暫時擱置。直到 1991 年美國決定支持台灣加入 GATT 後，在歐盟、日本等國的跟進支持下，1992 年 9 月 29 日 GATT 理事會在主要締約方的共識下，順利為台澎金馬入會案在 GATT 成立工作小組審查該入會案，並同時授予台澎金馬 GATT 觀察員身分。後因 WTO 於 1995 年正式成立，台灣爰於 1995 年 12 月 1 日向 WTO 秘書處提出依 WTO 設立協定第 12 條之「加入條款」（Accession）申請加入 WTO，歷經與 30 個 WTO 會員、兩百多場的協商談判後，2001 年 11 月 11 日第四屆卡達 WTO 部長會議正式採認台澎金馬入會案，台灣最後於 2002 年 1 月 1 日正式成為 WTO 的第 144 個會員。

二、亞太經濟合作（APEC）會議

（一）發展背景：從 PAFTAD 到 APEC

　　隨著第二次世界大戰後各國經濟逐漸復甦以及各國間競合關係的加深，以太平洋盆地為範圍之經濟整合與政策行動已陸續出現，包括太平洋經濟共同體倡議、太平洋盆地經濟合作、泛太平洋協會、太平洋共同體等不同的區域整合提案陸續浮上檯面。雖然名義不盡相同，但這些想法無非都是希望能有一協調與諮商的區域性平台或機制存在，以促進太平洋區域的經貿往來、外人投資，同時有助貿易、投資、金融、貨幣或財政等政策的協調與合作。其中，日本可以說是在亞太區域內於 1960 年代對各式區域合作概念的推動相對積極的國家，亦是在歐洲整合浪潮下首先提出太平洋區域經濟整合概念的國家。

　　1965 年日人小島清及粟本弘在其研究中提出以美國、加拿大、澳洲、紐西蘭及日本為主，成立「太平洋自由貿易區」（Pacific Free Trade Area, PAFTA）構想後，1967 年小島清在一橋大學（Hitotsubashi University）舉辦一場會議說明 PAFTA 的優點。不過這場會議並沒有為 PAFTA 的構想背書，反而發展成為一系列「太平洋貿易與發展會議」（The Pacific Trade and Development Conference, PAFTAD）的開端，做為

區域內政策專家研討亞太區域經貿局勢的平台。

　　第一屆 PAFTAD 於 1968 年在日本召開，會中除探討歐洲經濟共同體建立的貿易意涵，呼籲成立「太平洋貿易、援助與發展組織」（Organization of Pacific Trade, Aid and Development, OPTAD）的倡議也首次被提出。1969 年的 PAFTAD 年會於夏威夷的東西中心（East-West Center）舉行，第三屆年會（1970）則是在澳洲召開。從這三次會議之後，PAFTAD 年會形成慣例，接下來的幾年內分別由東南亞、東北亞、北美、拉美以及澳洲等太平洋國家輪流舉辦。（PAFTAD, 2006）PAFTAD 會議的成形在某程度上證明了亞太地區已經可以掌握本身的發展腳步以及協調性，也有足夠的能力訂定太平洋經濟合作的議程。

　　PAFTAD 的工作可說與當時「太平洋盆地經濟理事會」（Pacific Basin Economic Council, PBEC）結合私部門推動太平洋經濟合作相互呼應。PBEC 最初是由澳洲、紐西蘭、日本、加拿大與美國的一群企業主管所組成，1975 年進一步擴大以含括並反應區域內發展中國家的利益。透過提出強化區域合作的建言，PBEC 在當時其實已喚起區域內更密切的政府間合作將改善貿易與投資環境的意識。（Elek, 2005: xviii）在 1979 年的第十二屆大會上，PBEC 更進一步提出「太平洋經濟共同體」（Pacific Economic Community）的概念，而此概念的引進在某度上也導致日後太平洋經濟合作理事會（Pacific Economic Cooperation Council, PECC）的出現。（Borthwick, 2005: 5）

　　1980 年 9 月產、官、學界在坎培拉召開的太平洋共同體會議（Pacific Community Seminar），建議成立一個政府部門也參與其中過程的組織，即太平洋經濟合作理事會（PECC）。1982 年，PECC 在曼谷召開了太平洋經濟合作會議，此會議同時也確立了產官學三方共同參加的合作架構，而坎培拉會議也因此得到了其歷史的定位，即第一次 PECC 大會。

　　在接下來的幾年當中，PECC 的架構發展快速並且影響了太平洋經濟合作的議程與本質。包括提出不少重要倡議，PECC 也成立了一些工作小組以促進太平洋區域合作，進而期待能夠達成太平洋共同體的願景。透過在相關領域的資訊交換、有系統的諮詢與政策檢討，PECC 對於太平洋經

濟合作的發展方向與議程，以及 APEC 的成立有著決定性的影響。（Elek,
2005）

　　至 1989 年，PAFTAD 會議所做的努力、PBEC 的建議，以及 PECC
的諮詢，其實已經點出許多亞太政府應該或可以進一步為共同利益合作的
機會，包括：烏拉圭回合談判遭遇的困難、1986 年單一歐洲法案所造成
歐洲整合的深化，與持續增加的太平洋經濟體間的投資與貿易。這些發展
使得澳洲總理霍克（Bob Hawke）相信創造新的政府間區域經濟合作機制
的時機已經來臨。1989 年，霍克在首爾的演講中，提議召開區域內的部
長會議商討未來此區域合作應有的模式。在創始會員體的密集討論、運作
之下，同年亞太經濟合作（Asia-Pacific Economic Cooperation, APEC）會
議宣告成立，並在坎培拉召開第一次部長級會議。（江啟臣，2007）

　　APEC 的初衷在建立一政府間的區域論壇，藉此尋求亞太地區經貿
政策之協調，促進亞太地區經貿的自由化、合作與整合。1993 年第一次
的 APEC 經濟領袖會議進一步賦予 APEC 合作更宏大的願景，亦即，在
認知亞太地區經濟互賴與多元的前提下，共同追求一「亞太經濟體社群」
（a community of Asia Pacific economies），達到確保人民安定、安全與繁
榮的共同願景。為實現此一共同社群的願景，1994 年在印尼召開的 APEC
領袖會議提出所謂的「茂物目標」（Bogor Goals），宣示 APEC 的已開發經
濟體將在 2010 年前完成貿易與投資的開放與自由化，而開發中的經濟體
則於 2020 年之前達成此目標。茂物目標的落實於是成為達到 APEC 社群
的主要途徑，1995 年的「大阪行動綱領」（Osaka Action Agenda, OAA）與
1996 年的「馬尼拉行動計畫」（Manila Action Plan, MAP）則是將茂物目標
轉化為具體行動的重要開始。質言之，自 1994 年以來，如何達成茂物目
標成為 APEC 合作的主軸，茂物目標即如同 APEC 的靈魂。

　　不過，APEC 畢竟有別於一般正式的政府間國際組織，沒有制度化的
協商談判機制、約束性的決策、有力的秘書處等，因此在目標（茂物目
標）的達成、組織效率、合作成效上出現較不可測的現象。此也讓 APEC
招來外界不少批評或譏其為一聊天的派對（talk shop）等。儘管如此，在
經歷二十年的發展後，APEC 除在成員上已從成立時的 12 個增加為目前

的 21 個外，APEC 區域所涵蓋的人口數超過 26 億，貿易量幾乎占全球的 49 %，其 GDP 更超過全球的 55%。所以，APEC 做為一亞太區域的論壇，在協調亞太區域內不同政策以因應區域及全球快速變遷的政經環境上，可說有其不可忽視的角色與貢獻。

（二）APEC 的組織形式與運作機制

1. 會員驅動（member-driven）的組織形式

　　首先，在組織成員上，APEC 已從開始成立時的 12 個經歷四次擴張（1991、1993、1994、1998 年），增加至目前的 21 個，目前 APEC 成員除我國外，尚有澳大利亞、汶萊、加拿大、智利、中國、香港、印尼、日本、韓國、馬來西亞、墨西哥、紐西蘭、巴布亞紐幾內亞、秘魯、菲律賓、俄羅斯、新加坡、泰國、美國及越南。而且，成員均係以「經濟體」（Economy）身分參與，為 APEC 之特殊設計。另尚有「東南亞國家協會」（ASEAN）、「太平洋經濟合作理事會」（PECC）及「太平洋島嶼論壇」（Pacific Islands Forum, PIF）三個國際組織為其觀察員。

　　其次，在組織性質上，APEC 會議屬「論壇」性質，其日常運作係以「共識決」（Consensus）及「自願性」（Voluntary）為基礎，經由各成員間相互尊重及開放性的政策對話，達成尋求區域內共享經濟繁榮之目標。因此在某種程度上，APEC 具有會員驅動的特性，也常被界定為「非正式」的國際組織。儘管如此，APEC 在組織架構上仍有類似其他正式國際組織之結構（見圖 6-4），包括經濟領袖會議（AELM）、部長會議（AMM）／企業諮詢委員會（ABAC）／專業部長會議、資深官員會議（SOM），以及委員會（Committee）、工作小組（Working Group）、次級論壇（Sub-Fora），與任務（專案）小組（Task Force）。茲分述如下：

1. 經濟領袖會議：自 1993 年起，APEC 主辦成員皆在部長級年會之後召開 APEC 非正式經濟領袖會議，會中均採納部長級年會通過的重大決議，經由發布領袖宣言的方式，揭示 APEC 未來發展的政策方向。
2. 部長會議：APEC 部長會議約於每年 9 月至 11 月間舉行，主要任務為決定 APEC 活動的大政方針，並討論區域內的重要經貿問題。

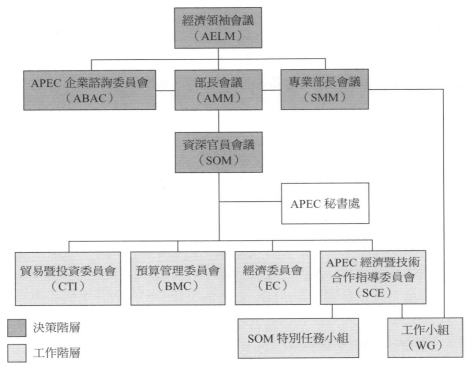

資料來源：APEC 官方網站。

圖 6-4　APEC 組織架構圖

3. 專業部長會議：倘各工作小組在推動實務工作上認為有提高協調層次
   之必要，可召開各專業部長會議。包括貿易、財政、運輸、電信、觀
   光、教育、衛生、礦業等部長會議。

4. 資深官員會議：部長會議下設有資深官員會議，為 APEC 運作的核心
   機制，出席該會議之代表，皆為各經濟體主管部會的次長級或司長級
   官員，主要任務在執行部長級會議的決議，並建立工作程序及監督協
   調 APEC 各級論壇之工作。資深官員會議下設有工作小組（Working
   Groups）、委員會（Committees）、次級委員會（Sub-committees）及
   特別任務小組（Task Groups），負責推動各領域的合作。

5. 企業諮詢委員會：自 1995 年起，APEC 亦設立 APEC 企業諮詢委員

會（APEC Business Advisory Council, ABAC），由各經濟體遴派大、中、小型企業代表組成，直接將民間部門的意見提交 APEC 各經濟體之領袖們參考。

大體上，如圖 6-4 所示，APEC 的組織結構可分為政策層級與工作層級兩部分。政策層級包括領袖會議、部長會議、資深官員會議，及企業諮詢委員會，負責 APEC 的政策指導與方向導引，且往往是以由下而上的方式循序討論、提供政策建議。而工作層級的工作小組、委員會、次級委員會，及特別任務小組則是負責執行落實部長會議或領袖會議的政策指導，並適當提出建言。資深官員會議扮演承上啟下的關鍵角色，以討論、歸納、分類，以及裁示的方式處理各工作小組、任務小組，以及委員會所提出之意見，並以資深官員會議結論向年度部長會議尋求認可或指示。而年度部長會議則以年度部長會議宣言來認可資深官員會議的建議，並在特定議題上指示資深官員會議的作為。至於最能展現 APEC 精神的領袖宣言，通常是認可或裁示年度部長會議的決議，其內容不涉及執行細節，而以 APEC 特有的方式表達立場與承諾。

2. 運作機制：共識、彈性與多元

受東協（ASEAN）主義的影響，東協主要國家雖然加入 APEC，卻不願淪為美國制衡歐盟或是維持其於亞洲政治經濟影響力之馬前卒。因此，APEC 的組織與運作特徵，反映了對東協國家的重大妥協，即強調非拘束性（non-binding）的論壇（forum）性質。APEC 在組織架構上甚至與東協相仿，包括上述的經濟領袖會議、部長會議、企業諮詢委員會、專業部長會議、資深官員會議，以及委員會、工作小組，與任務（專案）小組等設計。

反映在運作模式上，APEC 因此採共識決、自願性與非拘束性的原則。在這些大原則下，APEC 的運作機制呈現相當彈性與多元的面貌。為達成目標，APEC 更是勇於嘗試在運作及執行方式上不斷求新、改進，提出各種彈性且具特色的合作方式，包括行動綱領、行動計畫、同儕檢視、開路者機制（pathfinder approach）、最佳範例（best practices）、路徑

圖（roadmap）等不同之方式，讓來自不同政經背景的會員體皆可藉此平台進行各項議題的合作。具體實例包括，大阪行動綱領（OAA）、個別行動計畫（Individual Action Plans, IAPs）、共同行動計畫（Collective Action Plans, CAPs）、RTAs/FTAs最佳實務範例、釜山路徑圖（Busan Roadmap）等。而所謂開路者機制係指在符合APEC自願性、全面性、共識決、透明化、開放性區域主義，以及已開發與開發中會員體具有不同時間表等原則下，允許已準備就緒之經濟體先開始執行合作性協議，簡言之，即「有能力、有意願者先行」。2001年「上海約章」中，APEC鼓勵各會員體利用開路者機制，發展相關倡議，例如，飛前旅客資訊系統、京都公約修正條款有關關務程序之簡化及調和等。

共識決與自願性的決策模式固然賦予APEC極具彈性的特質，但不可諱言的，確實也框限了APEC的發展。在貿易投資自由化方面，APEC確有難以超越WTO架構的結構性因素，茂物目標是否得以落實也普受質疑，1997年針對推進貿易投資自由化而訂定的自願性部門提前自由化（Early Voluntary Sectoral Liberalization, EVSL）措施，最後也只能無疾而終。相對於貿易投資自由化推動上的模糊，APEC的自願性原則，在貿易投資便捷化及經濟與技術合作方面的成就，相對有可觀的成效。

（三）APEC議程內涵：超越經貿

1989年11月APEC成立所確立的原則與目標包括：APEC主要目標在維持亞太地區經濟的成長與發展，以對世界經濟的成長與發展做出貢獻；在符合亞太經濟體的利益下，合作應以有共同利益的經濟領域為重心，以強化多邊貿易體系的開放為方向，並鼓勵貨物、服務、資金與技術的流動，設法從互賴中獲益；此外，APEC的合作應體認區域的多元性，並以開放式對話、共識、平等參與為基礎。由以上的目標與原則觀之，APEC原始構想可說是純經濟合作，以自由化開放為主軸，且無意涉及政治或安全議題。

但為平衡發展中經濟體對APEC貿易投資自由化議程的憂慮，

以加速縮短這些發展中會員體與其他會員體之間的發展差距，1992年 APEC 曼谷年會將「經濟與技術合作」（Economic and Technical Cooperation, ECOTECH）納入 APEC 議程當中，成為貿易投資自由化（Liberalization）、便捷化（Facilitation）之外的「第三支柱」。更重要的是 2001 年美國 911 事件發生後，許多與經濟安全相關的議題陸續受到 APEC 重視，甚至儼然內化為 APEC 的另一支柱。

　　易言之，面對後冷戰時期國際事務的經緯萬端，加上 APEC 機制設計上的彈性與靈活，APEC 從 1989 年成立即不斷關心世界局勢的演變，在合作議題上反應時空環境變化及會員體需求，從初期著重的經貿投資自由化、便捷化，逐漸擴大至經濟與技術合作、經濟發展、知識經濟、社會安全、永續發展、文化觀光，甚至反恐、衛生安全、能源安全、災難管理、反貪污、氣候變遷等議題。這也使得自大阪行動綱領後確立的 APEC 三大支柱——自由化、便捷化，與經濟暨技術合作，似乎不足完整呈現 APEC 的議程內涵。

　　而且，觀察每年 APEC 會議主題內容的變化，特別是從 1990 代末起，APEC 年度會議幾乎都會設定一主題，並伴隨一些子題，以使當年會議有重點，同時也突顯主辦國的關心重點與國際情勢變化。大致上影響年度主題與子題設定的因素包括：第一，APEC 地主國用以突顯特色的重點議題，例如泰國強調發展與人類安全，智利重視貿易自由化便捷化、提出反貪污，韓國首創文化交流，祕魯提出企業社會責任，新加坡著重區域實體連結關係等；第二，延續上屆領袖宣言中的重要執行項目；第三，回應該年度部長宣言的立場，追認部長會議的各種同意事項；第四，回應重大的突發事件，例如金融危機、反恐、SARS、禽流威、災難等。

　　不過，整體而言，APEC 會議的議程內涵已超越當初成立時的設定、超越經貿範圍，且不斷反應時空環境變化及會員體需求，在兼顧發展落差及政經連動的考量下擬定合作主題與內容。

（四）APEC 與亞太區域經濟整合

做為目前亞太區域唯一的政府間經貿合作機制，儘管 APEC 涉及政府，但卻與 WTO 或其他多邊貿易組織有著不同的特色。最重要的便是 APEC 是一個政府間以自願性為原則的經濟論壇。與其他以條約做為基礎而設立之組織的差別在於，它並不以法律性的拘束來要求成員降低貿易壁壘或者增加投資。此論壇透過促進對話、尊重會員體之不同觀點，以及共識決的方式來達成前述的目標。在此脈絡下，APEC 經濟體在自願性個別行動以及同儕壓力的基礎之下開放市場並促進經濟成長。這種「協調式單邊主義」（concerted unilateralism）既是 APEC 的優點卻也是其缺陷。這種自願性、非正式的途徑使得 APEC 成員願意參與，但在落實上卻缺乏效率。（Patrick, 2005: 150）加上宏遠但模糊的茂物目標、開放性區域主義（open regionalism）等，都讓 APEC 在經濟整合上的功能與成效屢遭質疑。

在此獨特的合作背景之下，即使許多人戲稱 APEC 只是一個聊天室，但 APEC 從開始至今已經對亞太區域的合作有所貢獻。至少在區域經濟整合上，APEC 從成立至今對亞太區域經濟整合的承諾與努力始終未間斷，包括設定茂物目標、提出大阪行動綱領、實施個別行動計畫、認可上海約章，以及釜山路徑圖等（請參見表 6-6）。即使普遍仍不確定 APEC 能否如期達成茂物目標，但 APEC 的發展卻已經使得亞太區域的合作與整合不只侷限於貿易與投資自由化，進而擴展到商務便捷化、能力建構，以及人類安全等方面。而且檢視過去，在 APEC 架構下，亞太區域的經濟整合在貿易投資的自由化與便捷化、金融合作、經濟結構改革、經濟成長、自由貿易協定的擴散，及能力建構等方面已有不同程度的發展。

（五）APEC 與我國的參與

APEC 可說是我國在 1990 年代推動務實外交上第一個成功加入的官方國際組織（1991 年與中國大陸、香港同時加入），尤其是在我國外交處境艱難下，參與 APEC 更有其意義與重要性。自 1991 年加入 APEC 起，

表 6-6 APEC 對亞太區域經濟整合之重要承諾

時間	目標、計畫	具體內容
1993	亞太經濟體的社群（a community of Asia Pacific economies）	承諾共創一「安定、安全與繁榮」亞太社群的願景。
1994	茂物目標（Bogor Goals）	承諾已開發經濟體要在 2010 年以前、發展中經濟體要在 2020 年以前達到貿易投資的自由化與開放。
1995	大阪行動綱領（OAA）	透過貿易投資自由化、商務便捷化、經濟與技術合作達成茂物目標。
1996	APEC 馬尼拉行動計畫（MAPA）	在 OAA 下規劃達成茂物目標的具體措施，包括個別行動計畫（IAPs）與共同行動計畫（CAPs）。
1997	自願性部門提前自由化（EVSL）計畫	認可自願性部門提前自由化（EVSL）計畫的企劃，初步包括 15 個部門。
2001	上海約章（Shanghai Accord）	拓展 APEC 的願景目標、更新 OAA、以開路者機制推動 APEC 倡議、落實貿易便捷化以期五年內降低交易成本 5%、通過透明化原則。
2005	釜山路徑圖（Busan Roadmap）	在茂物目標期中盤點基礎上，進一步擬定未來完成茂物目標及 APEC 社群的路徑圖。
2006	河內行動計畫（Hanoi Action Plan）	在釜山路徑圖的導引下，提出未來落實茂物目標、經濟整合、能力建構的特定行動計畫與里程碑。
2007	強化區域經濟整合（Strengthening Regional Economic Integration）	將「區域經濟整合」列為部長聲明與領袖宣言中的要項；發表首份區域經濟整合報告，針對進一步推動區域經濟整合提出廣泛的行動方案，包括對亞太自由貿易區（FTAAP）的可能在選擇與展望上做更進一步的檢視。
2008	持續推動區域經濟整合與 FTAAP	制定區域貿易協定與自由貿易協定（RTAs/FTAs）範例措施，以促進高品質的貿易協定；支持 APEC 第二階段貿易便捷化行動計畫（TFAP II）；歡迎 APEC 投資便捷化行動計畫（IFAP），以提升區域投資環境。

表 6-6（續）　APEC 對亞太區域經濟整合之重要承諾

時間	目標、計畫	具體內容
2009	加強區域經濟整合	透過「務實與漸進」的方式，APEC 持續推動「區域經濟整合議程」（REI Agenda）。APEC 於 2009 年針對 REI 議程列出三大優先項目，包括：加速「邊境上」（at the border）的貿易與投資自由化、去除「邊境內」（behind the border）經商環境的障礙，以及強化「跨邊境」（across the border）的供應鏈聯結。
2010	茂務目標檢視	APEC 規劃撰擬「茂物目標檢視報　告（Report on Assessment of Achievements of the Bogor Goals）」，羅列出 13 個經濟體達成茂物目標之成果，包括貿易量增加、關稅降低、服務業與投資、貿易便捷化的成效，以及經濟與技術合作的重要成果；同時，報告中亦指出 APEC 未來的努力方向，包括：將繼續促成貿易與投資的自由與開放、降低關稅、以及服務業與投資的障礙。

資料來源：作者整理。

　　我國對 APEC 的參與即從未間斷，而且日趨積極與擴大，加上 APEC 議題的日益增加，如今政府各部門幾乎都有參與 APEC 事務的機會。同時，長期累積下來，我國的參其實已對 APEC 做出不少貢獻。

　　在參與上，除積極配合茂物標的落實，透過個別行動計畫與共同行動計畫推動貿易暨投資之自由化與便捷化之外，也主動參與各項工作小組會議、次級論壇，更積極爭取規劃主辦多項 APEC 會議或活動，現今每年平均約有 15-20 項 APEC 會議或活動在台灣舉行，領域包括電子通訊、工業科技、中小企業、農漁業、能源、衛生、災難因應、關務等。同時，我國也先後擔任多項 APEC 工作小組或次級論壇的重要職務（包括 Lead Shepherd、Convener、Coordinator、Chair），藉此發揮實質影響力，並得以主導議題。例如，過去我國曾擔任 APEC 「農業技術合作專家小組」、

「貿易推廣工作小組」與「海洋資源保育工作小組」之主導成員（Lead Shepherd）、「貿易暨投資委員會」服務業小組及「貿易暨投資委員會」智慧財產權專家小組之召集人（Convener）、電信暨資訊工作小組資通訊發展委員會（DSG）召集人、「人力資源發展工作小組」教育分組之國際協調人（International Coordinator）、工業科技工作小組次級小組主席等，於任期內之表現均獲各會員體的高度肯定。

　　此外，我國也在相對具有優勢的專業領域中積極研提倡議，以分享我國相關發展經驗，並對 APEC 提供實質貢獻。例如：1994 年提出之「農業技術合作」（Agricultural Technical Cooperation）倡議，旨在 APEC 架構下形成農業技術合作機制，以加強亞太地區農業發展經驗與技術知識的交流。1999 年提出「藉推動新創事業及創業投資振興經濟」（Economic Revitalization through Start-up Companies and Venture Capital）倡議，將我國中小企業為主軸的經濟發展成功經驗介紹給所有會員體。2000 年提出「轉化數位落差為數位機會」（Transforming the Digital Divide into a Digital Opportunity）倡議，以具體行動來消弭經濟體間數位落差的鴻溝。2002 年提出並推動，包括「轉化數位落差為數位機會倡議第二階段技術訓練計畫案」及「數位化教育倡議案」（Fostering IT Schools for the Information Age）。2004 年，在 IT School 的基礎上，我國繼續推動設立「APEC 數位機會中心」（APEC Digital Opportunity Center, ADOC）的倡議，以協助其他會員體發展資訊科技、消弭數位落差。為響應全球對氣候變遷的關注，2007 年我國在領袖會議上提出「綠色 APEC 契機倡議」，呼籲成立區域性的平台，進行資訊、技術與經驗分享，為本區不同發展階段的會員體，各自尋得適當的綠色成長機會。

第七章　安全領域之國際組織

第一節　安全概念的發展與沿革

一、主權國家、歐洲協調與權力平衡

17世紀的宗教革命引發三十年戰爭（Thirty Years Wars, 1618-1648年），戰後簽訂的《西伐利亞條約》（Treaty of Westphalia）不僅確立「民族國家」與「領土國家」的形成，更自此肯定國家所具備的主權，亦即國家對內享有至高無上的統治權，對外擁有獨立平等的外交權，且可以運用所有手段保障國家的生存與發展，避免國家遭受外來威脅，據此奠定了近代主權國家的地位。主權國家間的關係結構也因而常被稱為「西伐利亞體系」（Westphalia system）。（陳欣之，2003a：2-3）

即便有西伐利亞體系的出現，但傳統上新現實主義認為國家處於無政府狀態的國際體系，國家生存與安全由各國自行負擔，但因為對他國的不信任與害怕被欺騙的情況下，國家會採取追求權力的方式以求自保，認為合作只是延長和平的狀態，無法徹底解決無政府狀態的問題。不過，新自由制度主義則是提出不同的看法，認為國家間會藉由合作或制度化（institutionalization）的過程以維持國際秩序的穩定，而安全制度會在國家間建立和平規範，提高國家互信及採取和平手段解決紛爭。

1815年起維也納會議（Congress of Vienna）為重建拿破崙戰爭後的歐洲國際秩序，藉由不拘議題的國際會談，以諮詢、合作方式協調解決國際危機及衝突，而形成會議外交型態的「歐洲協調」（Concert of Europe），亦成為國家間以和平方式協調處理彼此爭議的濫觴。歐洲協調雖建立在歐

洲列強權力不對稱的基礎之上，經由「權力平衡」（balance of power）的途徑卻為歐洲地區帶來一段時期的和平狀態。主要的原因在於當時歐洲國家專注於重建戰後的歐洲秩序，強權也尚未完全從戰爭中恢復，因此各國透過協商與溝通的方式以期減少國家間的衝突。然而，歐洲協調缺乏具體的制度化作為，雖然藉由召開會議尋求衝突的解決，但並未能轉變為定期的溝通與資訊交換平台，亦無法制化或條約化的約束規範，因而無法發揮持續而廣泛的影響力。當然，國際體系變遷與國家權力消長也同樣影響歐洲協調的功能與權力平衡的維持。最終，歐洲協調宣告瓦解，第一次世界大戰亦隨之爆發。

二、集體安全

第一次世界大戰結束後，探討如何善後及維持和平的論調開始出現，認為和平並不是人類活動的自然狀態，而是必須加以組建的事務。1918年，美國總統威爾遜在對國會演說中提出十四點和平原則，其「第十四點」主張「成立國際聯盟（League of Nations），各國互相保證彼此的政治獨立、領土完整」。威爾遜認為安全不能再仰賴秘密外交及盲目信從權力平衡策略，國際社會應該建立一個運用民主程序解決紛爭的治理機制，運用集體安全原則（collective security principle），維護世界和平。

在集體安全之下，國家同意遵守中心規範與規則以維持平衡，基於「人人為我、我為人人」的概念，在必要時聯合起來對抗任何武力威脅或侵略行為。而在集體安全體系下的國家至少同意下列三項原則：（Kupchan & Kupchan, 1995: 52-53；陳欣之，2003b：23）

（1）放棄武力改變現狀，同時以和平方式解決衝突。在國際關係中，彼此關係的改變是被容許的，但是必須經由談判而非武力達成。

（2）參與國必須調整國家利益的概念，採取一種以國際共同體為出發考量的利益觀。

（3）國家必須克服恐懼，同時學習相互信任。

　　「國際聯盟」於 1920 年 1 月在瑞士日內瓦正式成立，是以集體安全為核心而成立的國際組織，成立初期有 42 個創始會員國，至 1934 年時會員國已多達 58 國。其宗旨為：（1）以「集體安全」維持國際合作及安全，如裁軍及軍備管制等；（2）促進國際合作，如在商業、勞工、公共福利等領域；（3）尊重公道及國際義務，尊重彼此的主權及領土的完整，不能欺凌小國、反對秘密外交。然而，由於國聯採取共識決的決策模式，以致於許多重要決議都因遭到否決而無法推行。此外，由於加入國際聯盟之提案在美國國會無法通過，使得戰後唯一未受重大損傷並具有軍事與經濟力量的大國最後未能加入國聯，使得國聯的威信大為損傷，再加上缺乏有效的制裁工具，無法嚇阻侵略行為，讓各會員國不再信任國聯，集體安全最終宣告崩潰，第二次世界大戰隨即爆發。

　　第二次世界大戰結束後，1945 年 4 月 25 日由五十個國家代表於美國舊金山召開「聯合國國際組織會議」，簽署了《聯合國憲章》，並於同年 10 月 24 日正式生效，聯合國自此成立，並取代第一次大戰後的國聯以維護集體安全。[1] 聯合國宗旨包括：（1）採取有效的集體措施，以防止、消除對和平的威脅，並制止侵略行為，且以和平之方法、依循正義原則及國際法，調整或解決足以破壞和平之國際爭端與情勢；（2）基於尊重人民平等權利及自決原則發展友好關係，並採取其他適當辦法，以增強普遍和平；（3）促成國際合作，以解決國際間屬於經濟、社會、文化及人類福利性質之國際問題，且不分種族、性別、語言或宗教，增進並激勵對於全體人類之人權及基本自由之尊重；（4）使聯合國成為協調各國行動的中心，以達成上述目標。（參見附錄二）

　　儘管聯合國成立，但冷戰時期的美蘇對立卻再度使聯合國的效果受限，阻礙集體安全的理想與發展，各國只好轉由「集體防衛」（collective defense）的方式尋求國際社會的安全。

---

[1] 為紀念聯合國的成立，聯合國大會遂於 1948 年宣布將每年的 10 月 24 日訂為「聯合國日」（United Nations Day），同時也希望藉由這個紀念日讓世人更加了解聯合國的目標與成就。

三、集體防衛

　　冷戰期間東西方陣營對峙，美國為遏止蘇聯共產勢力在歐洲擴散，凝聚西方陣營國家的力量對抗共產陣營，在 1949 年 4 月 4 日邀集西歐和北美共 12 個國家在華府簽訂了《北大西洋公約》，宣布成立「北大西洋公約組織」（North Atlantic Treaty Organization, NATO），宣示其宗旨：「成員國在集體防衛和維持和平與安全方面共同努力，促進北大西洋地區的穩定和福祉。」北大西洋公約共計 14 條，其中第 5 條規定：「各締約國同意對於歐洲或北美之一個或數個締約國之武裝攻擊，應視為對締約國全體之攻擊……」，意即當某個成員受到攻擊，這個軍事聯盟的所有成員國都可以進行反擊。

　　就在 1955 年北約第三次擴大將聯邦德國（西德）納入北約後數天，蘇聯和東歐七國簽署《華沙公約》，並建立「華沙公約組織」（Warsaw Treaty Organization 或 The Warsaw Pact），目的在於與北約相抗衡。[2]《華沙公約》第 4 條第 1 款中提到：「如果在歐洲發生任何國家或國家集團對一個或幾個締約國的進攻，每一締約國應根據聯合國憲章第 51 條行使單獨或集體自衛的權利，個別或透過與其他締約國的協議，以一切它認為必要的方式，包括使用武裝部隊，立即對遭受這種進攻的某一個國家或幾個國家給予援助。」此條約內容與北約第 5 條精神相似，在美蘇對峙的冷戰期間，藉由集體防衛的概念凝聚盟國的國家軍事力量，進行嚇阻。

　　圍堵蘇聯是美軍冷戰的首要目標，起初美國在核子武器上享有優勢，因此，倘若蘇聯以傳統軍事武器發動攻擊，美國則會使用核子武器報復。但隨著蘇聯也擁有第二擊（second strike）的能力，雙方形成相互保證毀滅（mutually assured destruction, MAD）的態勢，任何一方皆無法阻止對方發動毀滅性攻擊。雙方長期維持激烈的軍備競賽，皆有毀滅性的核子武器，擁有足以大規模毀滅對方的軍事能力，國際社會兩極體系呈現「恐怖

2　《華沙公約》全名為《阿爾巴尼亞人民共和國、保加利亞人民共和國、匈牙利人民共和國、德意志民主共和國、波蘭人民共和國、羅馬尼亞人民共和國、蘇維埃社會主義共和國聯盟、捷克斯洛伐克共和國友好合作互助條約》（Treaty of Friendship, Cooperation and Mutual Assistance）。

華沙公約組織（Warsaw Treaty Organization）

華沙公約組織是為對抗「北大西洋公約組織」（NATO）而成立的政治軍事同盟，華沙公約組織成立象徵著與北約陣營的對立局勢逐漸成形。華沙公約組織由原蘇聯領導人赫魯雪夫發起創立，1955 年 5 月 14 日各成員國於波蘭首都華沙簽署《華沙公約》，大部分東歐社會主義國家皆為該組織正式成員，而奉行社會主義的部分亞洲國家也成為該組織觀察員。華沙公約組織正式成員包括蘇聯、羅馬尼亞、波蘭、阿爾巴尼亞、東德、捷克斯洛伐克、保加利亞、匈牙利；觀察員則是包括越南、蒙古與寮國。

平衡」（balance of terror）的狀態，[3] 而「集體防衛」也因而成為在冷戰期間集體安全理想落空後的安全觀選項。

四、共同安全

1955 年，美國、蘇聯、法國、英國四國外長於討論德國問題的柏林會議上，蘇聯首先提出緩和歐洲緊張局勢、廢除現有軍事集團、建立歐洲集體安全的建議。1975 年，「歐洲安全暨合作會議」（Conference on Security and Cooperation in Europe, CSCE，簡稱歐安會議）在赫爾辛基所舉行的會議通過《赫爾辛基最終決議文》（Helsinki Final Act），內容包含三個部分：（1）歐洲安全問題；（2）經濟、科學、技術和環境方面的合作；（3）人道與其他領域的合作。在 1970 年代美蘇關係和緩的大背景下，歐安會議試圖在意識形態、政治、經濟分裂的歐洲扮演溝通的橋樑，做為一個雙方對話的論壇，取代相互保證毀滅的情況，在加強兩大集團之間的軍事安全互信、促進裁軍談判方面發揮積極的作用。

而 1982 年組成的「裁軍暨安全議題獨立委員會」（Independent Commission on Disarmament and Security Issues, Palm Commission）提出了

---

[3] 「恐怖平衡」（balance of terror）是指美蘇兩國在冷戰期間雖因核子嚇阻而存在非戰非和狀態，但其實雙方均長期籠罩在隨時可爆發毀滅性戰爭的陰影下。（蔡東杰，2003：237）

《共同安全：生存的藍圖》（Common Security: A Blueprint for Survival）報告，報告指出軍備競賽是造成國際體系不穩定的因素之一，不慎擦槍走火甚至會引起更嚴重的核武對抗。因此，各國應該尋求更為有效的安全確保途徑，讓所有國家為其共同的生存而合作。（Butfoy, 1997：2）亦即，各國應共同擔負避免戰爭的責任，特別是核武戰爭的防範，期藉由合作代替對抗，限制軍備。此外，國際安全是相互依賴的，應互相保證共同生存，並承認他國的正當安全訴求，以解決對峙下的歐洲安全問題。

該份報告同時也提出共同安全的六項原則：（1）所有國家擁有安全的正當性權利；（2）武力不是解決國家衝突的合法手段；（3）國家政策須以「自制」（restraint）為考量；（4）安全並非經由追求武力優勢而成；（5）裁軍與限制軍備是必要的；（6）避免軍備談判與政治事件連結。共同安全的意義也認為軍事威脅是危害國家生存的最重大威脅，但安全問題不單是敵對國家的雙向問題，而是與所有國家皆有關的一個國際性議題。因此，共同安全體認到軍事安全具有擴散性，故採用對抗性或競爭性的追求安全途徑並無法得到實質的安全環境。（陳欣之，2003b：26；李文志，2004：40）共同安全途徑的提出，促進了歐安會議的具體運作，降低與化解冷戰期間美蘇雙方對峙的緊張氣氛。

五、合作安全

合作安全（Cooperative Security）與共同安全的精神相似，主要是在共同安全的基礎之上加以擴大。（Dewitt, 1994: 1）1990 年加拿大外交部長克拉克（Joe Clark）提出仿效歐安會議的「合作安全」概念，提議成立「北太平洋安全合作對話」（North Pacific Cooperative Security Dialogue, NPCSD）以解決冷戰後的亞太安全問題。合作安全冀望透過正式或非正式的組織或機構，進行對等的雙邊或多邊協商和合作，增加互信、預防威脅發生。（李文志，2004：41-42）1994 年前澳洲外交部長伊凡斯（Gareth Evans）認為「合作安全」是傾向協商而非對抗、保證而非嚇阻、透明而非保密、預防而非矯正、互賴而非獨斷獨行。「信心建立措

施」（Confidence-Building Measures, CBMs）可以說是合作安全重要的一環，公開透明地相互通報軍事演習及其他程度與種類的接觸，透過持續的對話來增加彼此的了解、降低不信任度，以確保安全。（陳欣之，2003b：27-28）

　　合作安全在亞太地區受到相當大的重視與實踐，「東協區域論壇」（ASEAN Regional Forum, ARF）於 1994 年在曼谷正式成立，主要目的即是因應多邊諮商需求，推動有共同利益的政治和安全議題之建設性對話，促進亞太地區之預防性外交（preventive diplomacy）與信心建構，以協助解決衝突。亦即希望藉由互相信任進而加強合作的可能性，尋求行為者之間的共同安全。

　　合作安全可說是在冷戰結束與全球化興起的背景下所發展而成的安全概念，反映冷戰後國際安全形勢的變化，不再是傳統現實主義的冷戰思維，行為者也不再侷限於國家，還包含非國家行為者。此外，國際社會開始意識到安全問題已超出軍事安全，進而擴張到經濟、政治、社會等非傳統安全領域。

六、新型安全觀──上海精神

　　在東協的推動下，東協區域論壇可視為是合作安全在亞太地區的實踐。此外，冷戰結束後，中國也積極提倡新型的安全觀，最具體的案例即為 1996 年 4 月 26 日，中國暨哈薩克斯坦、吉爾吉斯、俄羅斯、塔吉克斯坦五國元首在上海會晤（又稱上海五國），討論有關邊境安全問題，並於會後簽署《關於在邊境地區加強軍事領域信任的協定》。在 1996 至 2001 年間一共舉行六次會議，就邊境軍力裁減、地區安全、區域合作、恐怖主義、分裂主義及國際形勢進行討論，2001 年 6 月 15 日進一步簽署《上海合作組織成立宣言》，正式成立「上海合作組織」（Shanghai Cooperation Organization, SCO）。

　　該組織主張以「互信、互利、平等、協商、尊重多樣文明、謀求共同發展」為基本內容的「上海精神」做為相互關係的準則，並且奉行不結

盟、不干涉內政、不使用武力、不謀求在鄰近地區的單方面軍事優勢原則。因此，上海合作組織所提到的新型安全觀基本上認為，要以武力獲得利益是主要的安全威脅，且國家安全與地區和平有相當緊密的關係，加強邊境地區的軍事信任、裁減軍備，以減少懷疑及衝突發生的可能性。也有學者試圖將這種安全觀概括為：「揚棄冷戰思維，不追求軍事優勢，反對集團政治，以和平方式解決國與國之間的分歧與爭端不訴諸武力，藉由雙邊和多邊的平等協商尋求和平與安全，彼此間相互信賴，不藉任何藉口干涉他國內政」。（王正泉，2002：38-40）

第二節　安全領域國際組織的職能與運作

　　如前文所揭，不同的時代背景與國際環境幾乎造就不同之安全觀，而不同的安全觀其實也反映在安全領域國際組織的誕生、沿革與發展結果上。以下本章將進一步針對安全領域中較具代表性的國際組織加以介紹與探討，包括聯合國安理會、北約組織、歐安組織、東協區域論壇與上海合作組織等，並比較這些安全領域代表性國際組織的異同之處。

一、聯合國安理會與維和行動

　　第二次大戰結束後，「聯合國」取代「國際聯盟」以維護集體安全，但有鑑於國聯面對軍事衝突發生時無法有效遏止和制裁侵略行為的窘境，聯合國下設有四個負責和平解決爭端的機制，即安全理事會（Security Council）、大會（General Assembly）、國際法院（International Court of Justice）和秘書長（Secretary-General），其中以安理會最為重要，聯合國安全保障的主要責任與權限幾乎皆由安理會所掌管。

（一）聯合國安理會

　　安理會依據聯合國憲章的宗旨及原則，擔負維持國際和平與安全的責任。依據聯合國憲章第五章（第 23 條至第 32 條）規定，安理會設有

我國與聯合國安理會

　　中華民國為 1945 年聯合國成立時的創始會員國，但由於我國在國共內戰失利後，中央政府於 1949 年退守台灣，此後中國的主要領土遂由中華人民共和國管轄。1971 年，聯合國大會通過第 2758 號決議文，由中華人民共和國取代原中華民國在聯合國之地位，迫使我國退出聯合國體系，也連帶失去聯合國安理會常任理事國席位。

五個常任理事國（美國、英國、法國、俄國及中國）與十個非常任理事國席位，非常任理事國由其他會員國輪流擔任，任期兩年，每次改選五個國家，依據地域原則，新選出的非常任理事國必須包括來自亞洲和非洲的三個國家、一個東歐國家和一個拉美或加勒比海地區國家。安理會主席由各理事國代表按其國名英文字母順序輪流擔任，任期為一個月。安理會決議依多數決行之，關於程序事項之決議，應以九個理事國投票表決之，對於其他一切事項之決議必須得到包含五個常任理事國在內的九個理事國同意才得以生效（聯合國憲章第 27 條），倘若任何一個常任理事國投下反對票，該項決議則無法通過，常任理事國因此形同擁有所謂的「否決權」（Veto）。

（二）聯合國維和行動內涵的發展與轉變

　　聯合國維護安全的另一項措施即是「維持和平」（peacekeeping），依據憲章第六、七章規定爭端之和平解決與對於和平之威脅、和平之破壞及侵略行為之應付辦法（第 33 條至第 51 條），安全理事會得調查任何爭端或可能引起國際磨擦或爭端之任何情勢，以斷定該爭端或情勢之繼續存在是否足以危及國際和平與安全之維持，安全理事會也得以決定武力以外之解決辦法，包括針對經濟關係、鐵路、海運、航空、郵務、電力、無線電及其他交通工具之局部或全部停止，以及外交關係之斷絕；或得採取必要之空海陸軍行動，包括聯合國會員國之空海陸軍示威、封鎖，及其他軍事舉動，以維持或恢復國際和平及安全。簡言之，聯合國之維持和平不僅是

要「維持」和平與穩定，必要時還須「恢復」之。

　　另外，為落實上述維持和平或創造和平（peacemaking）的目標，聯合國也設有聯合國部隊，由部分成員國與聯合國安理會簽署臨時特別協定，並提供聯合國軍隊以協助其完成特定之和平目標。聯合國安理會下設有軍事參謀委員會，在安理會之認可，以及軍事參謀委員會之指導之下，指揮聯合國部隊之行動。

　　然而，以聯合國之身分調動部隊有一定程度的敏感性，若「維和行動」（Peace-keeping Operation, PKO）無法有所分寸，將會影響到聯合國的威信。因此1958年聯合國秘書長在提出的報告書當中，針對聯合國維和部隊派遣的一般性原則做出了界定：第一，聯合國維和部隊的派遣與駐守需要經過「派遣目標國」的同意；第二，維和部隊由各國自發性參加、自主提供；第三，維和部隊只基於自衛之原則應戰，原則上不從事戰鬥行為；第四，不干涉派遣目標國的內政；第五，在對立的武裝勢力之間，採取中立的立場。此後上述的原則成為聯合國維和行動的準繩。

　　然而隨著國際情勢的轉變、國際紛爭複雜化，與「和平」觀念內涵之變化，聯合國維持和平行動也逐漸開始轉型。冷戰結束後，各國對於聯合國有更高的期許，聯合國維和行動轉為積極，逐漸開始協助獨立運動、人道救援與選舉監察之事項。舉例而言：1989年納米比亞獨立支援小組（UNTAG），對於殖民地獨立運動予以支援；1992年開始的兩次索馬利亞活動（UNSOM I、UNSOM II）除了維持和平之外，還進行大規模的人道援助；又例如1991年派遣西撒哈拉公民投票任務小組，進行選舉之監督等，皆屬於進化後的維和行動。（橫田洋三，2005：246）

　　事實上，除了上述的轉變之外，1990年代聯合國維和行動的本質也開始產生微妙的變化。如果我們以1992年派往南斯拉夫維和部隊的案例來看，當時的行動與以往消極地針對戰亂地區進行和平創造的情況不同，事實上是基於預防外交的概念而生。亦即針對有發生戰爭之虞的地區，透過聯合國維和部隊的派遣，將戰爭的可能性降到最低。

（三）聯合國維和行動面臨的挑戰

聯合國維和部隊派遣的增加及功能的擴大，固然對於國際社會的穩定有所貢獻。然而，卻也衍生出一些必須面對的問題。首先是經費的問題，當維和行動不再只是駐軍，同時可能還需要進行人道救援、選舉監察、獨立活動支援等活動時，其成本之擴大對於聯合國的預算會產生很大的壓力；其次是聯合國的威信問題，第二次索馬利亞行動當中，參與維和行動的成員死傷慘重，維和之目的尚未達成就被迫撤軍，對於聯合國的聲望有相當的影響。不只是維和行動失敗的問題，維和部隊是否能秉持中立、在符合人道的前提之下進行維和活動，也是一大挑戰。因此，隨著維和行動擴大、聯合國維和行動的效能被檢視的機會也增多，這也是為何 1997 年起的聯合國改革計畫也將維和行動納入改革對象，更意味著聯合國在維和行動的發動方面，必須要更為謹慎。

二、北大西洋公約組織

冷戰的美蘇集團陣營對立，阻礙了聯合國集體安全的實踐，美蘇兩國甚至運用安理會的否決權阻撓冷戰期間許多的決議，讓當時的聯合國運作變得窒礙難行、維護國際安全成效不彰。1949 年美國更集結西方陣營的勢力在華府簽訂《北大西洋公約》，成立總部設於比利時布魯塞爾的「北大西洋公約組織」，公約規定該組織是一個區域性的防衛組織，美國藉由集體防衛的概念，企圖防堵蘇聯共產勢力在歐洲擴散。若任何成員受到蘇聯或東歐陣營的攻擊，北約其餘的會員國將出面，甚至以武力還擊。

北約運作可分為文職機構（civilian structure）與軍事機構（military structure）兩個部分，主要機構包括北大西洋理事會（The North Atlantic Council）、防衛計畫委員會、計畫與分析委員會、常任代表理事會、國際秘書處與軍事委員會（military structure）。北大西洋理事會是北約組織主要決策機構，由各國領袖、國防部長、外交部長等重要官員擔任代表，理事長由北約秘書長兼任。理事會之會議則區分為三種不同等級的會議，包括常駐代表級、外交部長級與領袖會議，部長級會議每年召開兩次，必

要時會舉辦領袖會議。軍事委員會是北約最高軍事指揮機構，負責北約防衛問題、向北大西洋理事會與防衛計畫委員會提出建議，並領導指揮下屬各主要戰區司令部。另外，由北約安全辦公室（The NATO Office of Security）負責協調、監視和執行北約安全政策，以及北約境內與北約總部的安全服務。

然而，隨著冷戰結束、華沙公約組織解體與蘇聯瓦解，北約存廢問題成為後冷戰時期的重要議題，究竟北約該何去何從？實際上華沙公約組織解體後，中東歐國家陷入安全真空狀態，北約因此採取東擴政策，一方面控制中東歐國家，鞏固北約勢力，另一方面則是防止俄羅斯東山再起，加強北約在歐洲的戰略地位。冷戰結束後，北約東擴行動分別有 1999 年的捷克、匈牙利、波蘭，2004 年的愛沙尼亞、拉脫維亞、立陶宛、斯洛伐克、斯洛維尼亞、保加利亞和羅馬尼亞，2009 年 4 月的阿爾巴尼亞、克羅埃西亞。加上冷戰期間加入的希臘、土耳其、西德（1990 年兩德統一後以德國名義加入）、西班牙，北約已從 1949 年時 12 個創始成員國，增加至目前的 28 個成員國。[4]

除此之外，北約也積極調整後冷戰的戰略概念，在 1999 年發表《北約戰略概念》中肯定集體防衛仍是北約的核心目標，但從遏止共產勢力威脅的集體防衛，轉變為關注歐洲與全球安全的組織；北約將致力實行民主、自由、人權與法治價值觀念，且北約的功能不再侷限於領土完整和不受侵犯的傳統軍事問題，而是擴張到維持和平、危機處理、預防衝突，與對抗恐怖主義的問題。未來北約不僅將在成員國疆界範圍內採取行動，還會接受歐洲安全暨合作組織與聯合國所授權的軍事維和任務，打破該組織任務之地理疆界。

三、歐洲安全暨合作組織

倘若說北約是美蘇陣營對峙下的產物，那麼歐安會議就是在 1970 年代雙方進入緩和狀態下所成立的另一個產物。歐安會議依據《赫爾辛基最

---

[4] 下一波可能加入北約的國家為烏克蘭與喬治亞。

終決議文》在歐洲地區扮演橋樑與對話論壇的角色，舒緩冷戰時期雙方的緊張對峙情勢。然而，隨著 1990 年代共產勢力瓦解，歐安會議也面臨到未來的轉型問題。由於歐安會議不像歐洲共同體或北約有地理侷限性，因此可以做為中立與不結盟國家與其他歐洲國家討論安全與合作的平台，並且就中東歐國家而言，在華沙公約組織解體與未加入北約的權力真空期，歐安會議是唯一可以讓其藉由各項規範而獲得安全保障的組織。（吳萬寶，2002：33）

　　1994 年，歐洲安全暨合作會議在布達佩斯召開第四屆高峰會，各成員國在會中決議將歐安會議制度化，遂成立了「歐洲安全暨合作組織」（Organization for Security and Cooperation in Europe, OSCE），簡稱「歐安組織」，總部設於奧地利維也納，其宗旨為：「促進歐洲地區的民主，尊重人權和少數民族利益，建設法治國家」。歐安組織是由歐美共 56 個國家組成，是世界目前唯一包括所有歐洲國家在內的國際組織，也是全世界最大的區域安全組織，主要從事早期預警、預防衝突、危機管理和衝突後重建等工作。歐安組織強調透過綜合安全和合作安全來處理廣泛的安全問題，綜合性包括軍備控制、預防外交、信任與安全建立措施、人權、民主化、選舉觀察、經濟和環境安全等；而合作性則是指歐安組織的所有成員國享有平等地位，在相互協商的基礎上作出決定。

　　歐安組織機構分為政治性與行政性單位，前者主要作用是在組織目的、政策目標、政策選擇，以及行動方案的決定，包括高峰會議（Summit）、部長理事會（The Ministerial Council）、資深官員理事會／經濟論壇（The Senior Council/Economic Forum）、常設理事會（The Permanent Council）及安全合作論壇（The Forum for Security Cooperation）；後者則是提供資訊和情報、協助決策擬定和執行決策，包括輪值主席（The Chairman-in-Office）、秘書長（The Secretary-General）、秘書處（The Secretariat）、民主制度與人權中心（The Office for Democratic Institutions and Human Right）、少數民族高級委員會（The High Commissioner of National Minorities），以及媒體自由代表（The Representative on Freedom of the Media）。

　　後冷戰時期北約與歐安組織皆積極尋求組織轉型，兩者同樣都是涵蓋主要歐美國家的安全性國際組織，所涉及的議題範圍亦有重疊之處，為了能更有效解決國際或區域安全問題，兩者攜手合作並且相互補足彼此功能不足的地方，透過持續性的政治對話處理東南歐、高加索地區、中亞和地中海地區的安全問題，提供彼此一個合作安全的平台，為重建民主、繁榮且穩定的歐洲而努力。

四、東協區域論壇

　　東協區域論壇（ARF）是後冷戰時期為因應國際政治生態與亞太區域安全環境變遷的產物。1990 年代初期，美國正式撤離菲律賓駐軍，俄羅斯也由於國內經濟因素而退出越南，造成整個南中國海呈現權力真空的情況，順勢為亞洲區域新興強權帶來絕佳的發展契機，例如中國、日本、印度與東協各國，無不希望藉此機會拓展各自的區域影響力。因此，當時經濟發展較為順遂的東協各國除了展開一連串武器更新競賽外，有識之士亦藉此呼籲在東亞區域建立有關安全合作之協商管道，成為「東協區域論壇」的重要發展起源。

　　「東協區域論壇」是重要的安全對話論壇，被視為亞太地區合作安全的實踐。東協區域論壇的建立始於 1990 年由東協戰略與國際研究中心以非正式管道所提出，1991 年 6 月又再度建議東協應該擴大「東協擴大外長會議」（Post-Ministerial Conference, PMC），邀請具貴賓或是觀察員身分的國家一同討論區域安全議題。同年 7 月，東協部長會議肯定 PMC 是1990 年代討論區域、安全議題的適當平台。1993 年東協國家體認到聚集區域內的國家討論政治與安全問題的重要性，決議於 1994 年成立東協區域論壇。（林正義，1996：1-8）

　　東協區域論壇的成立是在沒有假想敵的情況下，希望各國基於共同利益與安全，以合作安全概念為基礎，透過正式或非正式的組織或機制，進行對等的雙邊或多邊協商合作，增加互信、防止威脅發生，降低國家間衝突的可能性，以穩定亞太區域的安全。東協區域論壇第二屆部長會議通過

亞太安全合作理事會（CSCAP）

　　亞太安全合作理事會於 1993 年成立於馬來西亞首都吉隆坡，目的是為亞太區域的國家及地區間提供一個區域性信心建立和安全合作之結構性的流程，屬於第二軌（Track II）的外交運作模式。亞太安全合作理事會扮演著東協區域論壇（ARF）的智庫角色，不少亞太安全合作理事會工作小組的議題，已建議提供 ARF 討論參酌，更突顯出亞太安全合作理事會的重要性。此外，由於中共的杯葛與抵制，我國於 1997 年只能以「個別身分參與者」（participant with individual capacity）的名義加入運作。

的《概念報告書》（Concept Paper），宣示了東協區域論壇的具體目標、運作模式與決策方式。首先，其主要目標在確保亞太地區和平、繁榮與穩定的環境。其次，東協區域論壇推動區域安全合作大致上可以分為信心建立措施（confidence-building measures）、預防外交（preventive diplomacy）與衝突解決途徑（approaches to conflict resolution）三個階段，並以雙軌並行做為主要的組織運作模式，意即除了國家之間的「第一軌」合作外，還必須要由戰略機構如東協戰略與國際研究中心，與相關的非政府組織像是亞太安全合作理事會（Council for Security Cooperation in the Asia Pacific, CSCAP）的「第二軌」活動相互配合。東協區域論壇亦強調應該循序漸進地透過廣泛且深入協商後，經由共識決的方式做成決策，且為避免誤會產生，主張政策透明化，因此整個決策過程並不採行投票的方式。（林正義，1996：1-8；楊永明，1999：8-9）

五、上海合作組織

　　上海合作組織的前身是由中國、俄羅斯、哈薩克斯坦、吉爾吉斯坦和塔吉克斯坦組成的「上海五國」會晤機制。2001 年 6 月 14 日，「上海五國」元首在上海舉行第六次會晤，烏茲別克斯坦以完全平等的身分加入「上海五國」，次日，六國元首舉行首次會晤，並簽署《上海合作組織成

立宣言》，宣告上海合作組織正式成立。

　　根據《上海合作組織憲章》和《上海合作組織成立宣言》，其宗旨為：加強成員國之間的相互信任與睦鄰友好；發展成員國在政治、經濟、科技、文化、教育、能源、交通、環保及其他領域的有效合作；維護和保障地區的和平、安全與穩定；推動建立民主、公正、合理的國際政治經濟新秩序。此外，上海合作組織對內遵循「互信、互利、平等、協商、尊重文明多樣性、謀求共同發展」的「上海精神」，對外奉行「不結盟、不針對其他國家和地區、具有開放性」等原則。

　　上海合作組織的主要機構包括：（1）元首理事會：其為上海合作組織最高權力機構，每年舉行一次會議，由各成員國按國名的俄文字母順序輪流舉行；（2）政府首腦（總理）理事會：每年舉行一次例會，關注在組織架構內多邊合作的戰略與優先方向，解決經濟合作等領域的原則和迫切問題，並批准組織年度預算；（3）外交部長理事會：由上海合作組織各成員國外交部長共同參與，主要功能在於為每年的元首理事會會議進行準備，針對會議議程與秘書處的工作報告先行審議；（4）國家協調員理事會：為日常活動的協調和管理機構，每年至少舉行三次；（5）秘書處：主要職能在為組織活動提供組織、技術保障，參與組織機構的研究與執行，及就編列組織年度預算提出建議，秘書長由元首會議任命，由各成員國按國名的俄文字母順序輪流擔任，任期三年，不得連任；（6）地區反恐怖機構：主要任務和職能是打擊恐怖主義、分裂主義、極端主義與加強組織成員國主管機關及國際組織的工作聯繫與協調。

　　由上述內容可見，安全概念會隨著時代背景的變遷與不同區域的特性而有所差異，因此，安全性國際組織的成立同樣反映出當時國際社會、特定區域對於安全概念的看法。經由表7-1，我們將更清楚理解關於各安全概念提出的時代背景、主要的安全內容與各安全概念之代表性國際組織及運作模式。

表 7-1　安全概念與其代表性國際組織之比較

安全概念	集體安全	集體防衛	共同安全	合作安全	新型安全觀
代表組織	聯合國（UN）	北大西洋公約組織（NATO）	歐洲安全暨合作組織（OSCE）	東協區域論壇（ARF）	上海合作組織（SCO）
成立時間	1945 年	1949 年	1975 年	1994 年	2001 年
成員國數目	192	28	56	27	6
提出背景	二次世界大戰後，希望建立穩定和平的世界，避免生靈塗炭，重蹈覆轍。	美國在冷戰期間企圖防堵蘇聯共產勢力在歐洲擴散而成立。	1982 年「共同安全」報告，避免戰爭是共同的責任，以減緩冷戰期間美蘇對立情勢進而引發核戰的可能性。	1990 年加拿大外長提出仿效歐安會議的「合作安全」概念，以解決冷戰後的亞太安全問題。	1996-2001 年上海五國就邊境地區安全、區域合作、恐怖主義、分裂主義等問題舉行會議討論解決辦法。
安全理念	在集體安全之下，國家同意遵守中心規範與規則以維持平衡，必要之時，會聯合起來對抗侵略。	當某個成員受到攻擊，這個軍事聯盟的所有成員國都可以進行反擊。	國家在國際體系中的安全是相互依存的，藉由正式合作的方式，降低戰爭發生的機率。	透過正式或非正式的組織或機構，進行對等的雙邊或多邊協商和合作，增加互信、預防威脅發生。	互信、互利、平等、協商、尊重多樣文明、謀求共同發展，並且奉行不結盟、無特定對象和開放的原則。
具體作法	安理會可調查和處理任何爭端或可能引起國際磨擦或引起爭端之任何情勢。得以決定非武力或武力之解決辦法，以維持或恢復國際和平及安全。	成員國在集體防衛和維持和平與安全方面共同努力，由軍事委員會在各主要地區成立司令部進行防衛行動。	包括軍備控制、預防外交、信任和安全建立措施、人權、民主化、選舉觀察、經濟和環境安全等，以及所有成員國皆平等且以協商決策。	安全合作有三個階段：信心建立措施、預防性外交與衝突解決途徑，並且以雙軌為主要的運作模式。	加強相互信任與睦鄰友好；鼓勵各領域的有效合作；共同維護和保障地區的和平、安全與穩定；推動建立民主、公正、合理的國際政治經濟新秩序。

資料來源：李文志（2004：46）、相關國際組織網站。

第三節　安全領域國際組織面臨的課題與挑戰

　　隨著全球化時代的來臨，以及國際局勢的瞬息萬變，既有的國際組織必須面臨組織轉型與組織再造的問題。由於國際安全合作的特性開始出現轉變，加上新安全觀逐漸成為當前國際社會矚目的焦點，傳統國際組織的組織結構與運作成效都受到相當程度的挑戰。因此，安全性國際組織該如何因應國際局勢的變遷，才不至於消失在時代變化的洪流之中，即為本章另一探討的焦點。

一、國際安全合作的新特色

　　受到全球化與新興安全概念的影響，冷戰後的國際安全合作出現有別傳統安全概念的幾點特色：第一，國際安全合作的行為者增加，國家不再是唯一且最重要的行為者，非國家行為者的出現（如個人、公民團體、非政府組織），讓國際安全合作關注安全的層次擴大，打破以往國家安全包含所有安全的意涵，提升其他層面安全的重要性；第二，國際安全合作領域的拓展，傳統安全範圍主要是在於國家軍事領域，即軍事武器的控制與運用或軍事層面的國際合作，但是隨著非傳統安全的威脅出現，如政治、社會、經濟與環境威脅，使得國際安全合作範圍擴大，除了軍事領域的合作外，還增加如對抗恐怖主義、打擊毒品與犯罪以及保障人權等領域。

　　第三，國際安全合作模式更新，從國家的生存與安全由國家自行負擔，到國家相互結盟，甚至是集體安全、共同安全、合作安全等安全合作方式，安全合作的模式一直不斷在更新與調整；第四，國際安全合作性質轉變。傳統安全概念認為，安全對於國際體系而言是一種具有相對性與對抗性的概念，為「一方之得即為另一方之失」的零和遊戲（zero-sum game），而北約與華沙公約組織成立之初即有這種認知。然而，在安全概念逐漸演變下，安全概念轉變為共同利益而非競爭性、是互賴而非對抗性的想法，且逐漸成為國際社會普遍認知的觀念。

　　由此可見，隨著安全概念出現了本質上的轉變，傳統安全領域國際組

零和遊戲

　　零和遊戲為博奕理論中的一個概念，屬於非合作博奕。零和遊戲是指參與博奕各方在嚴格的競爭之下，一方的獲益必然為另一方的損失，而參與博奕各方的損益總和永遠為「零」。換言之，在零和遊戲中，由於一方的快樂是建築在另一方的痛苦之上，雙方都會為了獲得自身利益而做出「損人利己」的行為，導致雙方之間無法存在合作的可能。

織在組織運作上就面臨到相當直接的衝擊，傳統安全領域國際組織的功能運作與結構設計，已逐漸無法適應當前新安全概念興起所造成的轉變。總體來看，傳統安全領域國際組織的建立宗旨，往往是以維護成員國間政治與軍事力量的平衡為主要目標。然而，隨著新安全概念的興起讓國際組織必須處理的議題領域隨之擴大，傳統安全領域的國際組織唯有採取組織再造等必要措施，才能順應重心逐漸移轉的國際安全議題，並持續發揮安全領域國際組織的角色與功能。因此，國際安全合作的新特色與新型態，就成為安全領域國際組織所面臨的重要課題。

二、人類安全與綜合安全

　　在第一節安全概念發展沿革中，前文提到集體安全、集體防衛、共同安全、合作安全與新型安全觀等安全概念的轉變。此外，國際社會中仍有其他新安全概念的興起，如人類安全（human security）與綜合安全（comprehensive security）。

（一）人類安全

　　1994 年由「聯合國開發計劃署」（United Nations Development Programme, UNDP）所出版的《人類發展報告》（Human Development Report, HDR）是形塑人類安全概念的重要文件，開啟以「人」為中心的國際安全觀，挑戰傳統以「國家」為主體的政策方向，明白宣示有積極推動「人類安全」概念以取代傳統安全概念的必要。該報告界定人類安全應

包含「免於長期威脅的安全」和「防止日常生活突然崩潰的危害」兩個面向。更廣泛地說，人類安全所涵蓋的範疇，包含七大內容：經濟安全、糧食安全、衛生安全、環境安全、個人安全、社群安全與政治安全。此外，人類安全也具有下列四項特質：第一，人類安全是有關全球所有人、是普世所關切的；第二，人類安全的組成要素是相互關聯及依存的；第三，事前預防較事後介入更容易實現人類安全；第四，以人類為中心，關切人類如何生存等問題。[5] 綜言之，人類安全是一種以「人」為中心，積極維護人類生存的一切所需，並致力於消除危害人類生存的所有威脅來源之概念。

（二）綜合安全

　　綜合安全是源自於 1970 年代末期日本所提出的《綜合安全保障戰略》，而 1980 年日本政府的《國家綜合安全保障報告》中則是對安全概念做了廣泛的定義。根據報告書的內容，其所認定的安全範圍是從國家安全的軍事問題，擴充到經濟、環境安全等領域，就安全層次而言，不只是國家之間的安全，也將國內、雙邊、地區和全球層次的變數共同納入考量範圍。1996 年「亞太安全合作理事會」（CSCAP）的工作小組對綜合安全提出較為詳細的闡述，點明綜合安全的七項原則，其中包括：綜合性（comprehensiveness）、互賴（mutual interdependence）、合作和平與共享安全（cooperative peace and shared security）、自立（self-reliance）、包容性（inclusiveness）、和平交往（peaceful engagement）與良好公民（good citizenship）原則。綜合安全認為國家規劃安全政策時，要兼顧其他安全主體的利益，包括地區、國際與國內次行為者，要同時重視軍事、政治、經濟、社會、文化與環境等領域的安全，並且藉由多元的安全手段以達到各種安全的目標。（李學保，2006：24-26）

　　從人類安全與綜合安全的發展趨勢來看，可以觀察到安全概念已逐漸

---

5 United Nations Development Programme, *Human Development Report*,（New York：United Nations, 1994）

從傳統政治與軍事領域的安全，擴展至傳統安全概念所無法顧及的其他領域，例如經濟、社會、文化與環境等議題。由此可見，傳統安全領域國際組織往往缺乏針對相關議題的處理或討論，使得傳統安全領域國際組織在安全事務上所能發揮的功能愈來愈受到限制，一旦這些組織無法適時調整組織運作上的不足之處，就很有可能會造成組織本身趨於沒落的情形。因此，人類安全與綜合安全等新興安全概念的持續發展，就成為傳統安全領域國際組織必須重視的焦點。

三、安全性國際組織的發展趨勢、課題與挑戰

而安全性的國際組織又是怎麼因應冷戰後國際安全合作的改變，從參與者、議題領域、組織功能以及運作模式等面向觀之，安全性國際組織有下列發展趨勢，及面臨的課題與挑戰。

（一）參與者面向

隨著非國家行為者的參與，國際安全方面之行為者日趨多樣化，安全的層次也朝向多元化發展。雖然國際組織的成員大多仍以國家為主，但是為了符合時代需求，有愈來愈多的國際組織讓非政府組織或公民社會能夠以觀察員身分參與國際組織運作，針對各項專業議題提供有別國家思維的觀點。

國際組織本身也是重要的行為者之一，各國際組織之間也經常就特定議題進行合作，有時也以會員或觀察員身分參與其他相關國際組織的討論與運作。以聯合國安理會為例，依據聯合國憲章之規定，區域組織得以自行或在聯合國授權下，採取適當措施，以維護國際和平安全，而 1993 年聯合國與西非國家經濟共同體（Economic Community of West African States）進行合作，在賴比瑞亞執行維持和平的任務，即為國際組織合作的案例之一。（吳萬寶，2006：61-62）

另外，除了非國家行為者開始嶄露頭角之外，國家行為者的增加也是國際組織所面臨的另一項課題，國際組織在草創初期大多是由少數幾個國

家所倡議與推動，經由一段運作時間或是特殊時空背景環境的刺激下，會吸引其他國家的加入，如冷戰結束後，中東歐國家擔心處於安全真空的狀態，而積極想要加入北約以尋求安全保護。國際組織該如何面對組織規模的擴大？在參與者日漸增多的情況下，國際組織積極要避免發生「人多嘴雜」而影響國際組織運作的情形，但卻又必須要能充分尊重各造的見解並取得折衝，此種「效率」與「平等」的平衡問題，在國際組織日益擴大的情況之下，顯得格外困難。

（二）議題領域面向

在傳統安全觀之中，軍事威脅是主要的威脅來源。因此，安全性國際組織會藉由集體安全、集體防衛、共同安全與合作安全的方式採取裁減軍備、武器控制的措施。然而，受到全球化與冷戰結束的影響，安全性國際組織體認到軍事安全只是安全的一部分，非傳統安全的威脅（如經濟、政治、社會與環境等方面）正逐漸增加擴大。國家所受到的安全威脅大致上可區分為國際與國內兩個層次：國際層次的威脅包括國際恐怖主義、地區衝突、跨國犯罪與毒品走私、經濟危機、環境保護、能源危機、資源匱乏與難民潮等；而就國內層次而言，國內經濟發展與社會不穩定所造成的衝突、種族矛盾、宗教衝突、分裂主義等問題都成了國家邁向永續發展之路所必須面臨的挑戰。

以北約與歐安組織為例，冷戰期間北約與歐安組織主要著重在成員國的領土完整和不受侵犯的傳統軍事問題，在歐美各地成立區域司令部以維護該地區的安全或是安全責任交由所有國家一同分擔。然而，蘇聯解體後，北約頓時失去主要敵人，北約與歐安組織都面臨到組織存廢問題，於是兩者都積極轉型與調整其戰略概念。北約主張要從遏止共產勢力威脅的集體防衛，轉變為關注歐洲與全球安全的組織，將致力實行民主、自由、人權與法治價值觀念，並且將關注議題從傳統軍事安全擴張到維持和平、危機處理、預防衝突與反恐議題；而歐安組織則是在冷戰結束後擴大所重視的安全議題，包括軍備控制、人權、民主化、選舉觀察、經濟和環境等

安全問題。

　　從北約與歐安組織所擴大的安全議題來看，除了原先重視國家安全層次的軍事問題外，還拓展到其他層次的安全問題，如個人層次的人權保護、社會層次的民主提倡、選舉觀察與法治觀念、國內層次的種族衝突與分裂主義，甚至是國際層次的打擊恐怖主義等。國際組織所涉及的議題範圍逐漸增加，勢必提升國際組織的行政成本與複雜性。因此，國際組織在面對議題領域擴充時，也必須同時注意組織本身是否具備處理能力。

（三）組織功能與運作模式面向

　　前兩項課題與挑戰也衍生出組織功能與運作面向的問題。參與者的增加，有時的確會影響到組織決策的困難，尤其是以建立共識目標的決策過程將面臨更大考驗，如東協區域論壇。然而，當參與者數量增多時，除形成決議的困難度相對提高外，組織本身的執行單位工作量也會因此增加。這些因參與者增加而必須進行組織結構改革的問題都是國際組織必須考量的課題。

　　此外，全球性安全議題出現，如跨國犯罪、走私毒品、打擊恐怖主義等，皆非單一國際組織就可以完全解決的問題，但不同國際組織各自為政的結果，往往事倍功半。因此，如何促使相關議題領域的政府與非政府組織資源共享、進行跨組織合作，如何讓各行為者在彼此的崗位上發揮最大的功能，將會是未來國際關係中必須面對的課題。以亞太地區安全運作模式為例，東協區域論壇與亞太安全合作理事會合作模式即為相當有意義的組合，透過東協區域論壇為主的政府間相互合作的「第一軌」外交，和亞太安全合作理事會以非政府部門為主的「第二軌」外交，雙管齊下為亞太安全合作帶來彈性的運作空間。

　　而北約與歐安組織則都是歐美地區重要的安全性國際組織。冷戰結束後，兩者都調整原先的組織目標與戰略，積極解決區域衝突與維護區域和平，有鑑於在部分議題上有共同目標，因此，雙方展開持續性的對話，為彼此建設一個討論合作的平台。

　　在全球化的影響下，各國與國際事務的關係更加密切，威脅的種類日益多元，而安全的觀念也不斷地轉型。在此背景之下，安全性國際組織也面臨到成員擴充、組織再造、內部平等、公私協力、跨領域整合、威信建立、國際組織間合作等多重挑戰。

第八章　人權與人道救援領域之國際組織

第一節　人權與人道救援之緣起與發展

一、人權概念之發展沿革

　　人權概念的開端，可以回溯到近代資產階級革命的時代。當時引發革命風潮最主要的原因在於人們對於不合理的封建制度以及「神聖不可侵犯」的君權與神權感到疑惑與矛盾，同時也開始挑戰這些固有的制度與迷信。（孫哲，1995：21-22）17 世紀，新興資產階級用以反對封建制度與僧侶神學的政治主張之一，就是後來廣為流傳的「天賦人權」學說。「天賦人權」的核心價值在於對平等與自由的要求。雖然當時所謂的「人權」主要是反映資產階級的經濟利益與政治訴求，其目的主要在於維護資產階級的私有財產制，並確立資產階級的統治地位，（孫哲，1995：23）但卻是人權概念發展很重要的一個起點。

　　18 世紀，美國獨立所發表之《獨立宣言》（United States Declaration of Independence）揭示了相當重要的人權原則，即「人生而自由平等」。[1]《獨立宣言》的發布也代表著人權已從一種思想提升為具有普遍性的政治宣言，成為資產階級革命的口號。而法國大革命所頒布的《人權宣言》則是進一步闡述平等、自由、法律與權利等相關原則，以法律的形式確立資產階級的人權概念。隨著美國《獨立宣言》與法國《人權宣言》的發表，

---

[1] 美國《獨立宣言》所刊載之原文為 "We hold these truths to be self-evident, that all men are created equal, that they are endowed by their Creator with certain unalienable Rights, that among these are Life, Liberty, and the pursuit of Happiness."

同時也宣告人權發展史邁入了一個新的階段。（Lauren, 2008: 38-46；孫哲，1995：23-25）

　　19 世紀，隨著民族主義與帝國主義的思潮在歐洲蔓延，人們對於人權的看法也逐漸開始改變，變得更加務實且強調和平。因而出現許多主張個人利益應服從集體利益，在政治與經濟方面要求採取自由放任政策的觀點與理論，進而影響了 20 世紀的人權發展。第一次世界大戰後，國際聯盟與國際勞工組織的設立，使勞工權利在有限的範圍內受到了保障。雖然僅限於特定領域的保障，但卻由於其為國際法直接地對個人權利進行保障的開端，因此被視為國際人權法制化的重要里程碑。

　　歷經兩次世界大戰的摧殘，世界各國對於戰爭更加戒慎恐懼，而人權的價值也越來越受到國際社會的矚目。第二次世界大戰結束後，《聯合國憲章》重申關於基本人權、人類尊嚴與價值、男女平等、國家主權平等之信念，並設立「人權委員會」（Commission on Human Rights），使其擔負保障人權的工作。1948 年，聯合國大會通過《世界人權宣言》（Universal Declaration of Human Rights），將個人的人身、公民、政治、工作、財產與社會權利，列為所有人民與國家力求實現的共同人權標準。隨後，聯合國更接連通過《公民暨政治權利國際公約》（International Covenant on Civil and Political Rights）、《經濟、社會暨文化權利國際公約》（International Covenant on Economic, Social and Culture Rights）[2]、《發展權宣言》（The Declaration on the Rights to Development）等國際公約與宣言，足見國際社會對於人權保障之重視。（Forsythe, 2008: 55；余寬賜，2005：274-280）

二、人道救援概念之興起

　　一般而言，所謂「人道救援」指的是在戰爭、自然災害等緊急情況下，為了保護受難者之性命與其尊嚴，進行之救援活動。若把人道進行更廣義的解釋，則不只包括人命搭救，甚至還包括禁止使用殘忍的武器（生

---

[2]　我國雖非聯合國會員，但立法院於 2009 年 3 月通過了《公民及政治權利國際公約》與《經濟、社會及文化權利國際公約》的施行法，將這兩個國際公約轉化成國內法。

物毒素、化學武器、地雷）進行戰鬥、禁止虐待戰俘、傷兵保障等內涵。

現代人道救援概念的發展，主要是以亨利杜南（Henry Dunant）創立紅十字會為起點，他認為發揚人性中「利他」與「博愛」的精神，應由尊重他人做起，即使是國家之間的戰爭，也都必須尊重人權並予以保護。1859 年，亨利杜南親眼目睹法國與奧地利的索法利諾（Solferino）戰役，有感於戰爭所造成的慘烈傷亡，讓亨利杜南立即投入了救難的行列，派遣自己的馬車載運醫療補給品，並寫信給瑞士的朋友求援。如此悲慘的景象不僅改變了亨利杜南的一生，也使得現代化與制度化人道救援活動開始興起。

1863 年，杜南提出的志工訓練與國際人道事務合作機制建議，獲得日內瓦公共福利協會的支持，遂與另外四人共同組成「救援傷兵國際委員會」（International Committee for the Relief of the Wounded），也就是紅十字會的前身。該委員會確立了三項基本原則，成為其後國際人道救援事務發展的基礎：第一，尊重戰爭期間受難者，採取中立原則，使救援物資開放給所有在戰場上受難的人員使用，不因其國籍而有差別待遇；第二，應成立獨立超然的國際救難組織，免於政治與軍事力量的干預，在戰爭期間發揮人道精神，這也成為紅十字會的發展源起；第三，應盡速簽訂「戰爭期間傷患救援」、「籌組國際人道救援組織」、「救難中立原則」等相關國際人道法。（王振軒，2003：6-7）

在杜南與「永久國際委員會」的努力下，1864 年於瑞士日內瓦所召開的國際會議共有十六個國家參與，並簽署第一次《日內瓦公約》（Geneva Convention），確立紅十字會白底紅十字的徽章，而紅十字會也在同年爆發的普魯士與丹麥戰爭中發揮功能。[3] 第一次世界大戰時，紅十字會的功能與國際人道救援法律的執行成效受到考驗，原因在於第一次世界大戰是歷史上首度爆發的總體戰爭，參戰國家、受戰爭波及的範圍與人口數也是前所未見。第一次世界大戰期間，國際紅十字會的主要功能在於戰俘的安置、遣返與追蹤聯繫，儘管工程浩大，但紅十字會仍然發揮了相

---

[3] 參閱紅十字會網站 "From the battle of Solferino to the eve of the First World War."

當重要的功能，因而獲頒 1917 年的諾貝爾和平獎。不過儘管國際上種族
屠殺事件頻傳，但國際紅十字會並無力干預平民事務，成為人道救援工作
上的重大遺憾，這也成為第四次日內瓦公約將平民納入保護範圍的重要推
手。[4]

　　對於人道救援的內涵，各國學者或政府都持有各自的一套見解。綜合
而言，人道救援屬於一種自發性的行動，具有政治中立與非營利之特性，
目的在於確保遭受自然災害與人為災難侵襲之難民生存權，並協助難民脫
離當前的各種苦難。由於發生上述情形之地區或國家往往無法有效發揮政
府的治理功能，進而導致當地社會呈現失序狀態，包括經濟活動停滯、衛
生環境破壞、疾病傳染、食物短缺等問題也可能迅速竄升。因此，這些遭
受災難的地區或國家就非常需要外界的資源來協助難民重建家園，提供緊
急的食物、醫療與其他維持生存的基本要素，並協助當地政府安置大量的
失業人口，舒緩高居不下的通貨膨脹問題，同時規劃中長期發展計畫以建
構永續經營的能力。

三、人權與國家主權

　　佛塞斯（David Forsythe）認為國家主權概念必須被視為一種社會建
構的結果，會隨著環境的改變而有所轉變。就如同人權概念本身，國家主
權的概念是一種公共權威所運用的主張，也是一種需要由國際社會中的其
他行為者所賦予公評的主張。因此，國家主權並非一旦成立就永遠無法變
動的原則，相對地，國家主權之意涵與範圍，往往可以一再地接受檢視。
同樣地，多數的人權概念也會不斷地隨著環境而有所變遷。（Forsythe,
2002: 27-28）

　　在 1945 年以前，個人與國家控制其人民的關係，屬於國內的事務，
國家幾乎擁有絕對的主權。國際法的存在，只是希望藉由確認國家之獨立
管轄範圍，來避免衝突的發生。雖然許多歐洲強權主張，當國際衝突事件

4　參閱紅十字會網站 "The ICRC and the First War."

影響到公共道德的時候，它們有權在他國境內採取必要的行動。然而，這類關於「人道干預」的主張，從來就沒有得到國家之間的集體認同。直到1945 年以後，隨著國際人權趨勢的發展，國家主權的特性也開始產生根本上的重塑。人權不再像過去只是屬於國內事務，而成為一個為國際社會所共同關注的焦點。（Forsythe, 2002: 28-29）

　　人權與國家主權的互動觀念是不同國家基於各自的社會制度、經濟發展程度、國際政治與經濟地位、歷史文化傳統等方面，對於人權保護與主權維護所形成的雙向價值判斷，不僅規範著國家內部有關人權保護的組織、原則、規則與運作方式，更直接或間接地決定了國家的對外人權政策與立場。主權國家是人權保障的基本主體，但國際人權組織的協調性與補充性也愈來愈被各國認同與接受。

　　事實上，發展程度不同的國家對於人權與主權概念的認知也會有所差異。例如美國政府做為當今全球最具代表性的已開發國家，於 2002 年所提出的《美國國家安全戰略》（National Security Strategy）報告中，明確表達美國對於當前國際人權、國家主權與兩者之間相互關係的立場。然而，觀察當前美國在人權議題之政策作為，不難發現其對於人權與主權兩者互動上的矛盾之處：美國不斷公開宣示維護人權之堅定立場，對於其他國家違反人權之舉動進行干預，以捍衛人類應有的基本權利；然而，美國卻又藉由保護國內人權的名義，堅決維護國家主權的完整性，反對其他國家對於美國內政進行干預。換言之，美國在人權議題上只允許對於其他國家主權的侵犯，卻不允許他國對於美國內政進行干預。

　　相對而言，面對已開發國家在政治、經濟、軍事方面的強勢壓迫，以及這些國家所採取的對外人權政策，發展中國家在人權議題上受到愈來愈嚴峻的考驗，特別是為主權地位帶來極大的挑戰。一方面，發展中國家為了維護國家自主性，必須堅持本身主權獨立、不受干預的政治立場；另一方面，為了國內經濟發展考量，卻又不得不在已開發國家的壓力下對於人權議題做出讓步。因此，發展中國家若要在主權問題上獲得進展，就必須對於傳統人權與主權的互動模式進行修正，採取適當的人權政策來維護國家主權的獨立，同時也利用經濟全球化所帶來的機會持續改善國內的人權

狀況。

　　儘管「人權」已經由過去單純的國內事務轉而成為國際性議題，但無論從已開發國家或是發展中國家的立場來看，即使「人道干預」（humanitarian intervention）的最終目的是「人權保護」，這樣的行為卻仍然是對於國家主權的一種侵犯。無論這種行為是合法亦或是非法，在本質上，「干預」就是妨礙、削弱、限制、取消國家行使主權的行為。因此，有些學者認為不干涉主權國家的內部事務是國際法的基本準則，唯有遵守並維護該準則的運作，才能確保國際社會的秩序與正義。（李少軍，2002：308-309）

　　然而，主張「人道干預有其必要性」者認為，只要能夠遵守下列原則，該行動便具有正當性：第一，遵照《聯合國憲章》的規定，唯有當形勢發展到足以威脅地區或全球的和平時，才採取人道干預行動；第二，只有聯合國安理會才有權判定該侵害人權情勢，是否構成對於地區或全球和平的威脅；第三，只有聯合國安理會才有權決定是否有需要採取人道干預行動；第四，人道干預行動必須尊重國家主權與領土的完整，並秉持公正與平等的原則來對待衝突雙方。（錢文榮，2002：403-405）只是如此的人道干預原則設定，其實只是再次確認「強權國家」在國際秩序維持上的角色與地位。所以，人權、人道與主權的關係，似乎仍難以在目前的國際體系安排中找到舉世認同的平衡點。

第二節　人權與人道救援領域國際組織之功能與比較

一、聯合國體系之人權與人道救援機構

（一）安全理事會

　　根據 1945 年所通過的《聯合國憲章》來看，聯合國安全理事會（Security Council）是承擔國際和平與安全責任的主要角色，其主要功能雖是防止戰爭與維持和平，但對於經濟、社會、文化與人權等議題也相當

重視。事實上,《聯合國憲章》確實授權安理會在適當時機採取必要的措施,以消弭所有不利於國際和平的因素,而這些對和平造成威脅的行動,往往都與人權侵害息息相關。

在 1960 年代至冷戰結束期間,安理會開始越來越有計劃地處理一切有關人權議題之事務,消除種族主義、關心武裝衝突中的人權議題、發動人道干預行動,以及針對選舉與公投採取武裝監控等具體行動,在在顯示安理會對於人權議題也相當重視。在這段期間內,安理會也不時公開宣示人權議題與跨國暴力行為的關聯性。冷戰結束後,安理會在推動人權規範方面,確實較以往積極、主動,且更為具全面性。儘管安理會成員國並無法在所有人權政策上取得共識,但安理會的存在仍然對於國際人權保護與和平具有相當大的幫助。

（二）　大會

聯合國大會（General Assembly）是所有聯合國成員國的代表機構。在人權領域方面,大會負責審議國際人權公約的內容,並做出決議,大會的最終職責在於根據決議內容,決定人權公約應如何被實踐。由於大會在運作上難以針對所有細節進行辯論,因此必須授權其他機構來負責細節事宜,而大多數的人權議題事實上是由「社會、人道主義與文化事務委員會」（Social, Humanitarian and Cultural Affairs Committee）來負責運作。儘管大會的許多政策目標都相當模糊,但是大會在特定情況下的特定人權議題上,仍然扮演了相當重要的角色。一旦大會明確宣示,凡是針對特定國家內部之特定人權情勢所做的各項外交討論,都會成為準則,對於特定國家的主權行使具有規範的效力。（Forsythe, 2002: 100-101）

（三）　經濟暨社會理事會

依據《聯合國憲章》第 62 條第 2 款規定,經濟暨社會理事會（Economic and Social Council, ECOSOC）針對人權及基本自由議題,具有做出決議案之權限。而基於《聯合國憲章》之相關規範,經社理事會也

鼓勵研究，並舉辦各類會議，以增進人們對於人權的認識。同時經社理事會也向聯合國大會提交人權議題的報告，並鼓勵成員國及其他機構向經社理事會提出報告，再提交給大會或安理會。

（四）人權事務高級專員

聯合國於 1993 年的維也納會議中，決定成立人權事務高級專員（High Commissioner for Human Rights, OHCHR）一職，直接對聯合國秘書長負責。聯合國之所以決定要設立這項職位，主要原因之一就是為了要分擔秘書長的工作，讓秘書長能夠專心處理各種安全上的議題，不必同時處理其他公共外交事務。聯合國人權事務高級專員為聯合國最高階的人權事務官員，其主要職權在於管理與維護《聯合國憲章》與其他國際人權法規、條約對於人權保障之各項規範，包括防止對於人權之侵犯、維護對於人權之尊重、推動人權保護之國際合作、協調聯合國人權領域之相關事務、增強與促進聯合國體系於人權領域之運作效能等。[5]

（五）人權理事會

「人權理事會」（Human Rights Council）之前身為 1946 年所成立，隸屬於經社理事會的「人權委員會」。人權委員會曾是聯合國負責人權促進與保護工作最主要的機構，主要任務為提供全面性的政策指導、研究人權問題，制訂符合時代潮流的人權規範與準則，並監督全世界人權落實的情況。[6] 然而，由於人權委員會長期以來被人權記錄惡劣的國家所把持，導致人權委員會之運作效能不彰。例如經常受到各界指為人權記錄不佳的中國，不斷聯合其他人權委員會成員阻撓對於中國人權問題的討論；被普遍認為人權記錄極差的利比亞甚至能夠成為人權委員會主席；人權委員會

---

[5] 目前的人權事務高級專員是由皮萊（Navanethem Pillay）所擔任，她曾經擔任過南非高等法院法官，並於 1995 年當選為盧安達問題國際刑事法庭法官，也從 2003 年起擔任總部設在荷蘭海牙的國際刑事法院法官。

[6] 相關說明請參閱聯合國「資料背景：人權委員會」。http://www.un.org/chinese/hr/issue/chr.htm

未能針對嚴重侵犯人權的蘇丹採取較積極的反制行動，反而讓蘇丹獲選成為人權委員會成員等事件，都是導致聯合國人權委員會無法確實維護世界人權的主要原因，也迫使聯合國必須對此提出因應之道。

有鑑於此，聯合國前秘書長安南（Kofi Annan）遂於 2005 年 3 月 21 日發表一篇名為《大自由：朝向全民安全、發展與人權之目標邁進》（In Larger Freedom: Towards Security, Development and Human Rights for All）的報告書，其中就提出設立人權理事會來取代人權委員會的建議。此外，安南於 4 月 7 日在人權委員會的演說中，又再度強調聯合國體系內應設立一個與安理會相同層級且由人權紀錄優良國家所組成的人權理事會，以跳脫人權委員會運作效率不彰的窘境，並藉此強化聯合國的人權保障機制。

2006 年 3 月 14 日，聯合國大會以 170 票贊成、4 票反對與 3 票棄權的壓倒性多數，決議正式成立「人權理事會」，取代原先的「人權委員會」。人權理事會為了避免重蹈過去的覆轍，因此在理事會的規模大小、成員國的條件與產生方式，以及未來的運作模式等方面，做出適度的修正。（見表 8-1 及表 5-1）

（六）聯合國難民總署

聯合國難民總署（UN High Commissioner for Refugees, UNHCR）是聯合國大會的附屬機構，於 1951 年 1 月在日內瓦成立，[7] 難民事務高級專員為「聯合國難民總署辦公室」（Office of the UNHCR）的最高負責人。UNHCR 主要功能包括以下三種：第一，對難民給予國際性的保護，提供人道救援；第二，以保護難民為目的，促進國際條約之締結與批准，並監督其運作，透過與政府之協定改善難民處境，減少尋求保護之難民數目；第三，協助政府與民間促進難民自發性回歸或同化之活動，尋求難民的入境許可，使難民再定居之財產得以轉移。（Forsythe, 1996: 199）

---

[7] 請參考 UNHCR 網站。http://www.unhcr.org/

表 8-1　聯合國人權理事會改革事項列表

改革部分	改革方式
規模大小	人權委員會由 53 個成員國所組成，而人權理事會則縮減為 47 個成員國；
組織歸屬	人權委員會隸屬於經社理事會，而人權理事會則升格為聯合國大會的附屬機構；
組成方式	人權委員會由經社理事會 54 個成員國出席，並獲投票成員半數以上支持產生，而人權理事會則須獲得聯合國會員國半數以上的支持，方能取得資格；
成員任期	人權委員會並無任期之限制，而人權理事會成員的任期為三年，連選得連任二次，不得立即再任；
會議召開	人權委員會每年僅須召開一次會議，會議為期六週。依據聯合國相關規定，人權理事會每年至少必須召開三次會議，且總會期不得低於十週；
人權審查機制	人權審查機制為新成立之人權理事會的特色，人權理事會每年定期檢視成員國的人權紀錄。另外，若發現理事會成員國侵犯人權之情節重大時，經出席聯合國大會三分之二以上國家投票通過，即可暫停其理事會成員的資格，而原先的人權委員會並沒有這種機制；
席次分配	人權理事會席次以地域公平分配為原則，進行適當之席次分配。

資料來源：蘇芳誼（2006: 117-118）。

二、區域性人權與人道救援組織

（一）歐洲理事會

　　歐洲從 1940 年代開始區域化之後，西歐國家明確地將「公民與政治權利的推展與保護」列為該區域的主要發展目標。這些國家為了協調彼此的社會政策，遂於 1949 年成立了「歐洲理事會」（Council of Europe, COE），並於隔年通過了《歐洲保障人權與基本自由公約》（European Convention for the Protection of Human Rights and Fundamental Freedom，簡稱歐洲人權公約）。

　　《歐洲人權公約》之運作包含五項基本原則：第一，平等原則，在各國主權管轄範圍內，無論國籍是否為歐洲理事會會員國之國民，均受到公約之保障；第二，集體保障原則，透過集體保障辦法，促使《世界人權宣

言》中所載明之各項權利獲得保障；第三，不歧視原則，如公約第 14 條
所言，人權之享有不因性別、種族、膚色、語言或宗教等因素而有所不
同；第四，不溯及既往原則，於公約正式生效日前，各成員國之行為不受
公約拘束；第五，限定原則，公約中所保障之權利與自由採取列舉模式呈
現，而非採用例示模式，列舉之外之權利及自由不受公約之保障。（廖福
特，1999：58）

　　繼《歐洲人權公約》之後，歐洲理事會又相繼通過了其他有關人
權的國際公約，包括 1961 年通過的《歐洲社會憲章》（European Social
Charter）、1986 年通過的《歐洲禁止酷刑與不人道或污辱之待遇或懲
處公約》（European Convention for the Prevention of Torture and Inhuman or
Degrading Treatment or Punishment），以及 1995 年通過的《歐洲保護國內
少數民族架構公約》（Framework Convention for the Protection of National
Minorities）。然而，歐洲理事會於 1950 年所通過的《歐洲人權公約》至今
仍然是影響歐洲人權發展最重要的國際公約。

（二）歐洲聯盟

　　從 1950 年代開始，西歐各國就嘗試以經濟整合的方式來提高該區域
的經濟利益與集體實力，其過程中所簽署的一些條約，儘管為後來「歐洲
聯盟」（European Union, EU）的成立奠定穩固的基礎，但在人權保障部分
則有所遺漏。直到 1992 年所簽署的《歐洲聯盟條約》（Treaty on European
Union），如此的窘境才獲得改善。該條約明確指出：「歐盟應該要尊重個
人的基本權利，因為那是受到《歐洲人權公約》所保障的，而且這是基於
各成員國所共有之固有傳統而來，同時也是歐體法律的普遍原則之一。」[8]
　　由此可見，《歐洲人權公約》對於歐洲人權之發展具有強大的影響
力，而歐盟一直以來也相當重視人權之推廣與保護。事實上，歐盟自 1992
年成立以來，不僅透過其司法審查制度來保護人權，同時也希望藉由「共
同外交與安全政策」（Common Foreign and Security Policy, CFSP）進一步

---

[8] 相關內容請參閱《歐洲聯盟條約》第 F 條第二款。

地保障人權。（Napoli, 1995: 297-312）在處理與其他國家的關係上，歐盟也承諾要遵守「發展並鞏固民主政治、法治體系，以及對人權與基本自由的尊重」之原則，因此歐盟在與他國簽署條約時，必然會將人權相關的規範列入條約當中。

（三）美洲國家組織

成立於 1948 年的美洲國家組織（Organization of American States, OAS），為了提倡人權保護運動，遂於同年簽署了《美洲人權與義務宣言》（American Declaration on Human Rights and Duties of Man），1969 年則是進一步將該宣言法律化，通過《美洲人權公約》（Inter-American Convention on Human Rights）。《美洲人權公約》在運作上具有五項內涵：首先，其主要之功能在於保護公民與政治權利；第二，基於此宣言，設立美洲人權委員會（Inter-American Commission on Human Rights）與美洲人權法院（Inter-American Court of Human Rights）；第三，美洲人權委員會為美洲國家組織（OAS）之隸屬機構，為了提倡人權保護，因此即便是對

美洲國家組織（OAS）

美洲國家組織的前身為美國及其他 17 個拉美國家，於 1889 年在華府舉行「第一次美洲國家間會議」（又稱「泛美會議」）時決議，並在 1890 年成立的「美洲共和國國際聯盟」（International Union of American Republics）及其執行機構「美洲共和國商務局」，目的在推動美洲各國之間的團結與合作，且可說是當時非軍事同盟性質國際組織的先例；1910 年的「第四次泛美會議」又決議將其改組為「美洲共和國聯盟」（Union of American Republics）。1948 年的第九次泛美會議上，通過了《美洲國家組織憲章》，遂改稱為美洲國家組織。古巴原本是美洲國家組織成員國，但 1962 年後由於美國孤立古巴的政策，古巴一直未再參加該組織活動，直到 2009 年 6 月第 39 屆美洲國家組織大會宣布廢除 1962 年通過的驅逐古巴決議。

於沒有簽署《美洲人權公約》之美洲國家組織成員國，仍具有一定程度的管轄權限；第四，其內容規定美洲人權委員會應受理各項違反人權之通報與請願，同時也可以主動針對美洲國家組織成員國之人權狀況進行調查，並給予適當之建議；第五，美洲人權法院對於侵害人權情節重大之事件，得以頒布臨時之處置辦法。（橫田洋三，1996：205）

三、全球性人權與人道救援非政府組織

（一） 國際特赦組織

國際特赦組織（Amnesty International, AI）由本南森（Peter Benenson）於 1961 年所創立，屬於人權領域之全球性非政府組織，其主要功能在於監察國際間違反人權的事件。國際特赦組織在全球已經有超過 220 萬名的會員，並於 150 個國家及地區設有辦事處，是目前全球最大的人權類非政府組織。該組織獨立於任何國家政府、政治意識形態、經濟利益與宗教信仰之外，依據謹慎的研究成果與國際社會所協議的國際規範，從事各項維護人權之行動。此外，國際特赦組織也於 1977 年獲頒諾貝爾和平獎，台灣則是自 1989 年起正式參與國際特赦組織之運作。

國際特赦組織的主要行動目標包括下列五項：第一，釋放所有的良心犯；第二，確保所有的政治犯能獲得公平與及時的審判；第三，廢除死刑、刑求和其他殘酷、非人道或羞辱的待遇與懲罰；第四，終止非法處決與失蹤；第五，確保讓侵害人權者能依照符合國際規範的方式受到法律制裁，以對抗免責。而國際特赦組織通常會派遣專家和受害人會談，並觀察審判進行。同時也針對當地人權工作者與官員進行訪談，在確認有特定的侵害人權事件存在後，就會適時發動全球會員行動。透過遊說、公眾示威遊行、募款音樂會或人權教育等方式，對各國政府或其他具有影響力者施壓，以終止侵害人權之行為。國際特赦組織的關注對象則是包含了個人、特定國家，或任何侵害人權之議題（特別是良心犯與政治犯）。[9]

---

[9] 關於國際特赦組織的更多資訊，請參閱其官方網站。http://www.amnesty.org/

（二）人權觀察組織

　　人權觀察組織（Human Rights Watch, HRW）創立於 1978 年，當時名為「赫爾辛基觀察」（Helsinki Watch），目的在於監察蘇聯陣營中各國的人權狀況是否符合《赫爾辛基協定》／《赫爾辛基最終決議文》（Helsinki Accords /Helsinki Final Act）的要求。隨著組織規模日益擴大，不僅相繼成立了各種相關的委員會，運作範圍也觸及全球各地，包括赫爾辛基觀察、美洲觀察、亞洲觀察與監獄工程。1988 年各觀察委員會遂聯合起來，組成人權觀察組織，並接連成立了非洲觀察、中東觀察、婦女權利工程、武器工程、兒童權利工程、學術自由工程與全球難民項目等相關機構。

　　人權觀察組織基本上根據《世界人權宣言》等廣為國際社會所接受的人權標準，針對全球各地侵害人權的行為展開深入調查，每年定期將調查結果發表於各類書籍與期刊，同時也會撰寫違反國際人權的研究報告，透過國際社會對於暴行的關注，進而推動政府與國際組織對於人權保護的改革。而為了確保組織活動的獨立性，人權觀察組織不接受各國政府或政府資助機構的經濟援助，主要的資金來源係來自私人基金或個人的志願捐助。

　　人權觀察組織的總部設於美國紐約，並於全球主要城市設立辦事處，例如華盛頓、舊金山、洛杉磯、布魯塞爾、倫敦、莫斯科與香港等地，而人權觀察組織也針對超過 70 個國家的人權狀況進行追蹤調查，在調查規模較大的地區通常還設有臨時辦事處。人權觀察組織主要關注的議題則是包括：大規模處決、人為造成的失蹤、酷刑、政治監禁、歧視、不公正審判，以及侵犯言論、結社和宗教自由等行為。同時，人權觀察組織也相當重視當今全球矚目的各項議題，諸如：婦女權利、兒童權利、武器擴散、國際正義、企業的人權責任、學術自由、罪犯與同性戀權利、難民事務等議題，皆在其觀察之列。[10]

---

[10] 關於人權觀察組織的更多資訊，請參閱其官方網站。http://hrw.org/

（三）紅十字國際委員會

　　紅十字國際委員會（International Committee of the Red Cross, ICRC）的成立可回溯到 1859 年，當時瑞士銀行家亨利杜南親眼目睹奧地利與法國在索法利諾（Solferino）戰役中雙方死傷慘重的景象，許多傷兵由於缺乏照顧而平白喪生。因此，亨利杜南呼籲成立一個中立的民間救援組織，以便及時救助戰場上的傷兵，遂於 1863 年號召其他四位人士聯合創立「救援傷兵國際委員會」（International Committee for the Relief of the Wounded），隨後才轉型為「紅十字國際委員會」。

　　就在「救援傷兵國際委員會」創立的隔年，瑞士政府邀集 12 個國家代表在日內瓦召開外交會議，會議中除了確立了紅十字名稱外，也無異議通過《日內瓦公約》，規範戰時交戰雙方承認戰爭中的傷兵與救援人員為中立者的特別地位。《日內瓦公約》在經歷了 1906 年與 1929 年的兩次修訂與增補，終於在 1949 年重新增訂為四個公約，且至今仍然有效，四項公約分別為：《改善戰地武裝部隊傷兵員境遇公約》（第一公約）、《改善海上武裝部隊傷兵員及遇船難者境遇公約》（第二公約）、《關於戰俘待遇公約》（第三公約），以及《關於戰爭中平民保護公約》（第四公約）。1977年，則是又簽署了兩份附加議定書，包括《關於國際性武裝衝突中平民的保護》（第一附加議定書）與《關於非國際性武裝衝突中平民的保護》（第二附加議定書）。這些公約皆與紅十字會日後之業務內容有著密不可分的關係。

　　1875 年，救援傷兵國際委員會改名為紅十字國際委員會，並向外擴張至伊斯蘭國家，但由於十字是基督教的宗教符號，伊斯蘭教徒不願意接受，於 1876 年土耳其與俄羅斯戰爭時，土耳其通知瑞士政府紅十字標幟冒犯了該國軍隊的信仰，因此該國即改採紅新月標幟（見圖 8-1）。其後許多阿拉伯國家或是信奉回教為主的國家，也陸續改採紅新月符號做為識別標幟，日內瓦公約於 1929 年承認這個符號。國際紅十字運動也於 1986 年改名為「紅十字與紅新月運動」，而紅十字會國際聯合會則於 1991 年改名為「紅十字會與紅新月會國際聯合會」。

國際紅十字運動

　　廣泛的國際紅十字運動成員，除了有紅十字國際委員會（ICRC）的參與外，也包括「紅十字會與紅新月會國際聯合會」（The International Federation of Red Cross and Red Crescent Societies, IFRC）以及「各國國家紅十字（紅新月）會」（National Red Cross or Red Crescent Societies），上述三者皆為獨立的組織，且具有各自的地位，但在國際紅十字運動中相互合作交流。其關係如下圖所示：

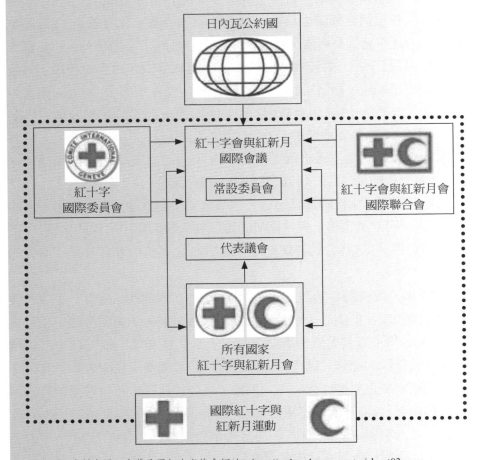

資料來源：中華民國紅十字總會網站。http://web.redcross.org.tw/about03.aspx

圖 8-1　紅十字會識別標幟

　　此外，自 1949 年以來，以色列以宗教原因，拒絕使用紅十字或紅新月標幟，一直尋求以該國緊急救援組織「紅色大衛盾」（見圖 8-1）為標幟加入成為國際紅十字組織成員的一份子。國際紅十字運動成員之簽約國代表（政府）與各國代表（紅十字會或紅新月會）終於在 2005 年 12 月假日內瓦召開特別會議通過《日內瓦公約第三附加議定書》，通過接受以色列以紅水晶作為識別標幟加入國際紅十字組織，並於 2007 年 1 月 14 日起正式啟用，因此，紅水晶與紅十字、紅新月一樣，享有日內瓦公約的同等地位。[11]

　　更重要的是，在紅十字會的發展下，《日內瓦公約》的內容規範不僅成為《國際人道法》（International Humanitarian Law, IHL）的主要內容，也賦予各國紅十字會（或紅新月會）在國際社會之正當性與特殊地位。正因為《日內瓦公約》與紅十字會之間密不可分的關係，因此紅十字會的一項重要經常性任務就是宣揚《日內瓦公約》。而紅十字國際委員會的主要資金來源包括《日內瓦公約》的締約國、各國紅十字會和紅新月會、超國家組織，以及私人捐助，所有的捐助都是自願的。[12] 值得注意的是，我國雖然設有紅十字會，但卻不被紅十字國際委員會所承認。

（四）慈濟功德會

　　慈濟功德會是在 1966 年由證嚴法師於台灣花蓮所創立，證嚴法師以

---

11 參閱中華民國紅十字總會網站。http://web.redcross.org.tw/about04.aspx
12 關於紅十字國際委員會的更多資訊，請參閱其官方網站。http://www.icrc.org/

「集合五百人就是一尊千手千眼觀世音」的精神，成立了「佛教克難慈濟功德會」（簡稱慈濟功德會），目的在於引導社會大眾心存善念，進入佛學領域。儘管慈濟功德會最初是源自於台灣，但隨著組織運作範圍逐漸擴大，參與慈濟的志工人數也越來越多，1985 年開始便由許多旅居不同國家的志工將慈濟的運作延伸至海外地區。2003 年，台灣的一群企業家志工為了讓慈濟的急難救援更能掌握時效，及時配合供應災區志工的援助工作及物資需求，發起成立「慈濟國際人道援助會」（Tzu Chi International Humanitarian Aid Association, TIHAA），該機構也成為一個有系統的後勤行政與研發志工團隊，以環保理念研發各種利於救災之物資，來提高慈濟在全球賑災的效率。

　　慈濟功德會的運作範圍相當廣泛，主要可區分為「四大志業、八大腳印」。就慈濟在各領域的發展來看，「四大志業」指的是慈善、醫療、教育與人文領域，屬於慈濟目前在全球的主要發展重心，並且極力朝向「慈善志業國際化、醫療志業普遍化、教育志業完全化、人文志業深度化」的目標邁進。而慈濟所提出的「八大腳印」，則是除了上述的「四大志業」外，再加上國際賑災、骨髓捐贈、社區志工與環境保護，也就是慈濟在運作上所觸及的領域。目前，慈濟所屬的「佛教慈濟慈善事業基金會」是台灣擁有最多基金之慈善非營利組織。而為了提昇在全球各地的運作效率，慈濟在 33 個國家設立了海外分會。由此可見，無論是在國內或是全球領域，慈濟都是相當重要的人權與人道救援組織。[13]

第三節　人權與人道救援領域國際組織之課題與挑戰

　　自 1945 年聯合國成立以來，《聯合國憲章》成為新的人權規範指標，國際社會也陸續通過了許多保障人權之國際公約，但這些人權條約與相關規範卻很明顯地必須依賴傳統的外交方式，也就是以國家主權為依歸來加以實踐。大多數的國家仍相當重視決策的優先性，認為主權的重要性遠勝

---

13 關於慈濟功德會的更多資訊，請參閱其官方網站。http://www.tzuchi.org.tw/

表 8-2　人權與人道救援領域代表性政府間國際組織比較表

	聯合國	歐洲理事會	歐洲聯盟	美洲國家組織
成立時間	1945 年	1949 年	1992 年	1948 年
成員國數目	192	47	27	35
重要人權條約或機構	聯合國憲章 世界人權宣言 人權理事會 人權事務高級專員 難民事務高級專員	歐洲人權公約 歐洲人權委員會 歐洲人權法院	歐洲人權宣言 歐洲法院 歐洲議會	美洲人權公約 美洲人權委員會 美洲人權法院
運作模式	人權理事會為最高監督與決策機構，人權事務高級專員與難民事務高級專員則是以相關行政工作為主。	歐洲人權委員會負責監督與落實人權保護政策，歐洲人權法院則負責審理侵害人權之行為。	歐洲法院為主要之人權維護機構，歐洲議會則是承擔監督責任。	美洲人權委員會負責監督與落實人權保護政策，美洲人權法院則負責審理侵害人權之行為。
組織特性	成員國數目龐大，運作範圍擴及全球，且分工細膩。	以人權維護為宗旨，成員國數目較歐盟為多，運作範圍較廣。	歐盟之發展涉及主權讓渡，因此成員國凝聚力較強，組織結構與運作較為謹慎。	以人權維護為主要宗旨，成員國包含美國與加拿大，有助於組織在人權領域之發展。
運作成效	擁有龐大的成員國與資金為後盾，是全球最大的人權與人道救援政府間組織，能夠發揮極大的功能與影響力。	對於歐洲國家之人權保護具有相當大的助益。	除了有助於成員國本身之人權保護，同時也關注其他國家或地區之人權狀況，並給予適時援助。	由於政策與判決缺乏法律約束力，儘管提出許多人權保護之作為，卻無法約束成員國，亦不被重視。

資料來源：作者整理。

於人權的落實。換言之，各國在實踐國際人權時最優先的選擇，就是足以展現國家利益的政府間國際組織（IGOs）。然而，隨著時代的演變，對於國家主權的看法也不斷地在改變，人權觀念逐漸成為世界的核心價值，在此過程之中，國家獨立性則逐漸式微，這也就意味著自由主義在國際關係中的地位已有所提升，非國家行為者的重要性也不可同日而語。以下就人權與人道救援領域國際組織所面臨之課題與挑戰分述之：

表 8-3　人權與人道救援領域代表性國際非政府組織比較表

	國際特赦組織	人權觀察組織	紅十字國際委員會	慈濟功德會
成立時間	1961 年	1978 年	1863 年	1966 年
分布國家	150 個以上	70 個以上	約 80 個	33 個
工作內容	主要關注焦點為政治犯與良心犯之對待與審判	關注於各種人權相關議題之發展	主要任務為參與戰爭之人道救援行動	主要任務在於提供災難發生時的人道救援行動
重要人權條約或機構	總部設於倫敦	總部設於紐約	日內瓦公約國際人道法總部設於日內瓦	總部設於台灣
運作模式	發動全球各地的支持者進行大規模示威、遊行或直接向有關政府遊說	針對侵害人權之暴行進行調查研究，並發表於報章雜誌，製造國際社會之輿論	在戰爭爆發時，進入戰場提供適當之救援行動，避免造成傷兵的死亡	於災難發生後，立即組織全球各地志工，提供必要之人道救援行動
組織特性	全球據點眾多，會員數目龐大，有利於組織運作	主要是以美國為運作基地，會員中不乏各領域之專業人士，有助於各項調查行動	以非政府組織形式創立，但依據日內瓦公約規定，由國際社會賦予戰爭時救援行動之職責，並具有國際法人格	為台灣最大的國際人道救援非政府組織，以宗教目的為號召，會員之凝聚力強
運作成效	透過全球會員各種方式之行動，在政治犯與良心犯之對待與審判方面，能夠發揮其影響力	透過專業之調查行動，對於組織的公信力有所提升，對於人權之維護也有所助益	在戰爭時，通常能夠位居第一線進行救援工作，對於戰場之人權維護與人道救援有極大作用	透過宗教力量為號召，除了物質上之人道救援，往往也能夠提供難民精神上之慰藉

資料來源：作者整理

一、政府間國際組織的侷限

（一）全球化對政府間國際組織的影響

　　傳統國家主權概念指的是國家在對外關係上擁有獨立自主權，在對內治理上則享有至高無上的統治權。然而，隨著經濟、社會、文化、生態等方面全球化的發展，國家之間的互賴程度逐漸提高，且互賴的議題領域也越趨廣泛，使得國家的自主性開始受到影響。過去，國家對於國內事務的

重視程度較高，且傳統的國際事務較現今更為單純，因此國家往往能夠透過政府間國際組織的運作與協調，來解決當時所面臨的各種國際問題，也都有相當不錯的成效。但當今國際社會所面對的問題比過去更加複雜且難以應付，許多問題甚至已經無法單純地透過政府間國際組織來獲得解決之道。就人權與人道救援領域來看，當今的自然災難與戰爭、衝突之強度與廣度已經較過去大幅提升，而政府間國際組織受制於成員國各自的國家利益考量，再加上人權問題涉及的內政程度更為複雜，因此在面對這些國際問題時，往往無法迅速且有效的做出回應，造成政府間國際組織在人權維護與人道救援工作方面，缺乏應有的效能。

（二）政府間國際組織之人道救援挑戰

　　人道救援為聯合國重要的機能之一，最主要的目的是希望透過人道救援活動，減少因戰亂而生的難民、貧窮與飢餓。但人道救援活動也往往為了搭救受害者，而不得不行使武力，演變為人道干預。然而，通常這也意味著會有另一批無辜者的犧牲。舉例而言，科索沃（Kosovo）戰爭中，聯合國進行空襲之前的難民人數約為 23 萬人，空襲後難民人數激增為 140 萬人，其中甚至還包括許多本來應為救援對象的阿爾巴尼亞人。（中澤和男、上村信幸，2004：152）

　　另外，政府間國際組織所面臨的另外一項挑戰，即是否能適時介入人道危機事件。舉例而言，1994 年盧安達發生大規模虐殺事件，聯合國安理會以「大屠殺」如此強烈字眼予以非難，然而聯合國最後卻沒有介入。此大屠殺之犧牲者約達 80 萬人，可謂是真正的人道危機，但聯合國卻無所作為，引來國際社會的指責。而當年北約主張干預科索沃戰爭為「道德義務」，因此在未獲聯合國安理會的明示同意之下，便直接展開軍事行動，雖事後獲得聯合國的追認，但仍然受到國際社會種種的非難。由此案例來看，人道干預時機的掌握，也將是政府間國際組織未來必須謹慎應對的課題。

二、國際非政府組織的興起

　　就以人權與人道救援領域來看，政府間國際組織所具有的功能有逐漸衰退的趨勢。全球化對於國家主權的削弱，以及成員國國家利益的差異所導致組織運作效率的低落，都是讓政府間國際組織無法確實達到人權維護與提供適時人道救援的主因。相對而言，國際非政府組織由於不受國家利益與政府官僚等種種限制，且組織目標與凝聚力往往更為明確與強烈，使得國際非政府組織在運作上通常也較具有效率。

　　總體而言，國際非政府組織對於人權保護與人道援助，在以下四項功能的發揮上，政府間國際組織往往無法確實執行：[14]

（一）國際非政府組織能夠廣泛而精確地搜集各國人權資訊，並且及時將這些資訊加以散播。由於政府間國際組織的成員國未必會將國內之人權狀況據實以報，使得有些侵害人權的行為被刻意地隱瞞，而國際非政府組織則能夠適時扮演監督的角色，將這些暴行公諸於世。

（二）國際非政府組織在獲悉各種侵害人權的資訊後，除了將資訊加以分析與傳播外，也會試圖勸說該國政府停止侵害人權的行為，或是請求政府確實執行相關之人權規範，以落實人權保護的目的。而這些國際非政府組織通常是以示威遊行、對政府遊說，或採用書信等非暴力手段以求達成目標。

（三）國際非政府組織透過將各國侵害人權的暴行公諸於世，並製造國際社會的譴責輿論，以期國際社會的每個成員都能夠在這樣的潛移默化環境下，逐漸接受人權保護的觀念，以減少人權迫害問題。

（四）國際非政府組織有時也會對於人權侵害的受難者，提供適當且直接的服務。這些非政府組織可能會採取「司法遊說」（judicial lobbying）、採取訴訟手段、擔任受難者的法律顧問、協助受難者尋求政治庇護等，以使受難者能獲得適當的幫助。

---

[14] 關於非政府組織與人權之論述，可參閱高德源譯（2002），《人權與國際關係》，頁 261-307。

在政府間國際組織運作成效有限的情況下，國際非政府組織成為國際人權保障中相當重要的一股勢力，也因而其影響力逐漸提升。國際非政府組織的興起可說是當代國際人權領域的重要特徵。然而，國際非政府組織也並非能夠完全取代政府與政府間國際組織的功能與角色，國際非政府組織更無法取代國家所具備之武力與軍事動員能力。因此，儘管國際非政府組織之地位近年來逐漸提升，但國家政府仍然是國際關係中無可取代的重要行為者。

三、國際組織發展程度不均

人權與人道救援領域之國際組織，在發展上存在的關鍵問題，就是政府間組織與國際非政府組織出現發展程度不均的情況。由於政府間國際組織皆由國家所組成，在資源與資金上通常不虞匱乏，且政府間國際組織所具有的法律約束力對於組織運作有相當大的助益；但也由於政府間國際組織皆由國家所組成，故在各自國家利益的考量下，組織運作就顯得缺乏效率與影響力。相對而言，由於國際非政府組織大多是具有相同理念的個人或小型社會團體所組成，組織的運作效率與成員的凝聚力皆優於政府間國際組織，再加上能夠靈活運用各種行動來達到目標，理論上國際非政府組織是更具有影響力的。但在實務操作面上，國際非政府組織在行動上欠缺法律約束力，也往往沒有雄厚的資金做為行動上的奧援，使得國際非政府組織時常面臨「心有餘而力不足」的窘境。

四、人權與人道救援之未來

政府間與非政府國際組織各自面臨不同的困境，然而這並不表示人權性國際組織未來沒有發展空間。以下三項方針，將會成為未來人權性國際組織發展的趨勢：（1）政府間國際組織應與國際非政府組織彼此截長補短，將政府間國際組織所擁有的資源，與國際非政府組織所具有的彈性，進行有效整合；（2）國際非政府組織應該將不同層次但性質相同的組織做「垂直整合」，或將不同性質但層次相同的組織做「水平整合」，以避免資

源過度分散；（3）無論是政府間國際組織或是國際非政府組織都可進行跨領域整合，以提升組織處理議題的能力及影響力。[15]

---

[15] 關於政府間國際組織與非政府組織的合作與改革議題，可參閱張子揚。（2006），《非政府組織與人權：挑戰與回應》，第三篇、第四篇。

第九章　衛生、環境與資源領域之國際組織

第一節　衛生領域之國際組織

一、公共衛生議題的國際化與全球化

　　衛生議題國際化最早起源於 14 世紀所爆發的「鼠疫」，造成歐洲地區相當嚴重的疫情。為了避免鼠疫的疫情不斷擴大，當時威尼斯共和國採取「隔離檢疫」措施，將所有來自疫區的人民隔離在義大利羅格薩（Rogusa）港，1397 年時的隔離檢疫時效甚至長達 40 天。此後，許多歐洲國家紛紛仿效威尼斯共和國的作法，也開始採納這類的防疫措施，各個城市甚至指定專門的機構針對防疫措施來進行協調。17 至 18 世紀，歐美國家則是持續針對鼠疫防治工作而努力。

　　19 世紀「霍亂」爆發，導致第二波國際衛生議題的發展。當時霍亂在全世界的散播引發相當嚴重的疫情，在亞洲、非洲、歐洲與拉丁美洲地區，都造成大量的人口死亡以及經濟上的嚴重損失，同時也引發社會恐慌、阻礙社會與經濟的發展、威脅疫區人民的生活，甚至帶來國際上的極端行為。20 世紀初期，「天花」則成為第三波的國際性大規模傳染病，當時世界許多國家都已經淪為天花的疫區，自 1950 至 1970 年代在全球造成相當嚴重的疫情。直到 1979 年，天花疫情才終於在全球被根除殆盡。[1]

　　近年來，隨著經濟全球化的快速發展，政治、社會與文化等層面的國

---

[1] 關於全球公共衛生安全的發展歷程，可參閱世界衛生組織 2007 年出版的《世界衛生報告》（The World Health Report 2007）。

際交流也愈趨頻繁，人與人之間的接觸與過去相較之下更有相當大幅度的提升。然而，這卻也使得各項衛生議題有了本質上的改變，儘管過去的疾病或傳染病也有可能因為疫情擴大，而在世界各地蔓延開來，但是隨著人類互動網絡愈趨綿密，互動頻率日益提高，各種疾病與衛生問題在全球蔓延的機會也大幅增加，且蔓延的速度更是史無前例，一旦各國缺乏良善的預防措施便很有可能在短時間內讓疫情升溫並蔓延全球。有鑑於此，處理國際衛生議題的國際組織就顯得格外重要。全球化下的疾病或衛生問題，其影響範圍所及幾乎可以涵蓋全球，只是程度上會有所差異。因此，各國是否能夠透過衛生領域的國際組織來處理當前的衛生議題，或是協調彼此的衛生與防疫政策，就成為國際社會穩定與否的關鍵因素，而國際組織的重要性也就不言可喻。

二、世界衛生組織的發展與運作

（一）世界衛生組織的發展歷程

　　縱觀歷史上國際衛生議題的發展，不同時期的傳染病對於國家之間的疾病防治措施都具有相當大的推力，例如鼠疫帶來「隔離檢疫措施」、霍亂帶來「衛生環境改善措施」，天花則是直接促成「接種疫苗」的盛行。儘管如此，國際傳染疾病卻仍然無法從人類生活中根除，也讓各國意識到必須成立一個衛生領域之國際組織，使國家之間的防疫政策與措施能夠彼此協調與合作，才能進一步達到確保國際衛生安全的目的。

　　1945 年 4 月 25 日，聯合國國際組織會議在美國舊金山召開，主要目的在「因應第二次大戰所造成的重大傷亡，並解決戰後的國際衛生問題」，加上考量到未來可能出現的生化戰爭，當時我國與巴西代表便主張應在聯合國的架構下建立一個新的國際衛生組織，而這項提議獲得與會各國代表的贊同。因此，聯合國經社理事會決定，由 51 個聯合國創始成員國派遣代表團，以及 13 個非成員國派遣觀察員，於 1946 年 7 月在紐約舉行一次國際衛生會議，與會各國在會議結束後共同簽署《世界衛生組織憲章》（Constitution of the World Health Organization）。1948 年 4 月 7 日，該

憲章經由聯合國過半數成員國政府（26 國）的批准後生效，「世界衛生組織」（World Health Organization, WHO）正式宣告成立，而每年的 4 月 7 日就成為「世界衛生日」（World Health Day）。

在世界衛生組織正式成立後，各成員國有感於疾病、傳染病、自然環境與人類活動的日新月異，對於全球公共衛生安全造成極大威脅，遂於 1950 年通過《國際衛生規範》，並於 1969 年擴充後更名為《國際衛生條例》（International Health Regulations, IHR）。《國際衛生條例》的主要目的在於促進全球公共衛生安全的發展，使全體人類的健康達到最高水準。隨著全球環境的不斷變化，世界衛生組織也在 2005 年針對《國際衛生條例》進行修定，並頒佈新版的《國際衛生條例 2005》。有別於舊版的《條例》，新版的《國際衛生條例 2005》將全球公共衛生之範圍擴大，取代過去僅規範三項國際傳染病之限制。同時，有鑑於 2003 年 SARS 疫情對全球造成的嚴重傷害，《國際衛生條例 2005》亦要求每個成員國必須有基本的監測與應變能力，以確保全球公共衛生安全。[2]

（二）世界衛生組織的成立宗旨與核心職能

世界衛生組織為聯合國體系中的專門機構，也是目前全球最大的國際公共衛生組織，總部設立於瑞士的日內瓦。《世界衛生組織憲章》第 1 條就開宗明義指出：「享有可能獲得的最高健康標準，是每個人的基本權利之一，不因種族、宗教、政治、經濟與社會條件而有所區別。」易言之，世界衛生組織的成立目的在於「將全人類提昇至最高階段的健康水準」，[3] 也彰顯世界衛生組織對於人類的健康與衛生議題所抱持的積極態度。此外，世界衛生組織也對於「健康」提出以下定義：健康「不僅僅在於生理上疾病的消失，或者虛弱狀態的解除，更包括了生理層面、心理層面、社會層面等全面的安寧狀態」，[4] 該組織也以此做為運作原則，藉此來擬定和推動

---

[2] 我國目前雖非 WHO 之成員國，疾病管制局仍宣布主動配合《國際衛生條例 2005》之規範。

[3] 原文為 the attainment by all peoples of the highest possible level of health.

[4] 原 文 為 a state of complete physical, mental and social well-being and not merely the absence or infirmly.

各種相關的國際衛生政策。

　　而世界衛生組織具有六項核心職能，並透過這些職能來實現其政策目標：[5]

1. 在國際公共衛生議題上扮演領導角色，並適時參與聯合行動，同時與其他行為者發展夥伴關係。
2. 制定國際公共衛生之研究議程，促進具有價值的相關知識與資訊得以被發展、傳播與應用。
3. 制定國際公共衛生規範與標準，並持續推動與監控其落實成效。
4. 推動符合倫理且具有實證基礎的政策方案。
5. 提供相關機構在國際公共衛生上的技術支援，並適度推動改革，培養永續發展的能力。
6. 監控國際公共衛生之現況，並推測未來之發展趨勢。

（三）世界衛生組織的組織與運作

　　世界衛生組織的主要運作機構，包括世界衛生大會（World Health Assembly, WHA）、執行委員會（The Executive Board）、秘書處、專家委員會以及區域委員會（區域辦公室）等五大機制。其中，「世界衛生大會」與「執行委員會」更是主導了世界衛生組織的發展。世界衛生大會為世界衛生組織的最高決策機構，由成員國代表所組成，每年 5 月定期在瑞士日內瓦舉行會議，並由全體成員國派遣代表出席參與。世界衛生大會的主要任務在於審議秘書長的工作報告、工作規劃、批准兩年一度的活動預算、接納新成員國，以及討論其他重要問題等，同時也制定當前世界衛生組織的主要政策。而執行委員會則是世界衛生組織的最高行政機構，由 34 名來自國際公共衛生領域之專業人士所組成，這些專業人士都是由各成員國透過世界衛生大會之選舉程序所推選而來。執行委員會的主要職能則是執行世界衛生大會的各項決議和政策，並提供相關建議以促進政策之落實成效。

5　相關說明與文獻請參閱「WHO 之公共衛生角色」。http://www.who.int/about/role/en/index.html

　　在全球運籌方面（見圖 9-1），世界衛生組織則是將全球工作範圍區分為六個區域，每一個區域設立一個區域委員會和一個區域辦公室，而世界衛生組織大部分的活動都是經由這六個區域性分部進行。這六個區域辦公室分別為：非洲區域辦公室、美洲區域辦公室、東地中海區域辦公室、歐洲區域辦公室、東南亞區域辦公室，以及西太平洋區域辦公室。[6] 同時，

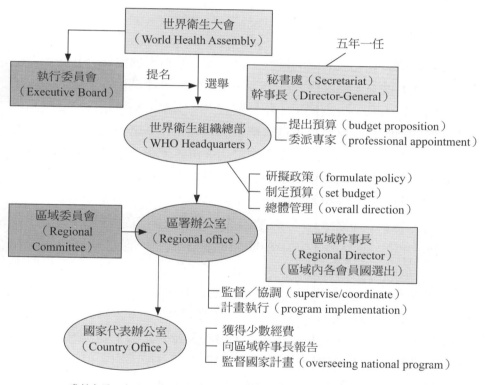

資料來源：邱亞文（2008），《世界衛生組織—體制、功能與發展》，頁 74。

圖 9-1　世界衛生組織架構圖

---

[6] 非洲區域（AFRO）之總部設立於剛果共和國，包含大部分的非洲國家，僅索馬利亞與西撒哈拉地區因沒有代表而未能加入。美洲區域（AMRO）之總部設立於美國，由於美洲地區早已成立「泛美衛生組織」（Pan American Health Organization, PAHO），且較 WHO 的歷史更為悠久，因此美洲區域的自主性極高。東地中海區域（EMRO）之總部設立於埃及，包含中東地區的所有國家。歐洲區域（EURO）之總部設立於丹麥。東南亞區域（SEARO）之總部設立於印度，北韓特別被 WHO 編列為此區域之成員。西太平洋區域（WPRO）之總部設立於菲律賓，幾乎所有太平洋國家都已加入運作，但目前我國並未參與其中。

這些區域辦公室聘用相當多來自不同領域的專業工作人員，除了醫生、公共衛生專家、科學家與流行病學家等衛生領域人士之外，也包括受過培訓而能夠掌管行政、財務與資訊系統的人員，以及一些在衛生統計學、經濟學與緊急援救領域學有專精的專家。

三、世界衛生組織當今的課題與挑戰

（一）傳染病與新興疾病的威脅

　　儘管醫療科技已有長足的發展，世界衛生組織對於全球公共衛生安全也有相當大的助益，但許多舊的傳染病（如瘧疾、肺結核等）依然造成為數不小的傷亡人數，特別是在一些低度發展的國家，不僅是持續受到舊傳染病所苦，同時也沒有能力來抵抗傳染病的威脅。其原因在於低度發展的國家所擁有的資源極為匱乏，在國家之間的貧富差距不斷擴大的情況下，這些國家很難有翻身的機會，已開發國家所提供的援助卻仍嫌不足，而資源也未達到最有效之分配與運用。

　　此外，新興疾病對於世界衛生組織在全球公共衛生安全的維護工作上也造成相當大的挑戰，其中最明顯的例子就是「愛滋病」（Acquired Immunode-ficiency Syndrome, AIDS，後天免疫缺乏症候群）。就如同許多舊的傳染疾病一樣，低度發展的國家對於疾病可以說毫無招架之力，不僅受到舊傳染病的荼毒，同時也不斷遭受新興疾病的侵害。（紀駿輝，2004：26）在新舊疾病的交互作用下，對於全球公共衛生安全的威脅也日益提高，而世界衛生組織對於這樣的情況必然要有所因應，否則從貧富差距逐漸拉大的發展趨勢來看，各國施行醫療保健條件的落差也不斷擴大，若低度發展國家無法有效控制或根除這些傳染疾病，已開發國家勢必也會無可避免地遭受波及。

（二）世界衛生組織結構層面之問題

　　世界衛生組織於世界各地設立分部，在組織結構上積極落實分權制度

之運作，使其成為聯合國體系中最典型的地方分權組織。透過在各區域所設立之分部辦公室，世界衛生組織得以在各項決策與運作上更加符合當地民意需求，如此設計亦有助於世界衛生組織在全球運籌方面的實質運作成效。然而，區域分部的地方分權制度在經年累月的運作之後，卻無法發揮原先所預期的功能，反而被外界認為是造成世界衛生組織窒礙難行的主要原因，其產生之問題包括過於官僚、行政無效率、區域分部與世界衛生組織總部的功能重疊，以及無法脫離地方政治權力干擾等。其中，世界衛生組織的分權制度最為人所詬病之處，在於分權架構下的治理問題與資源分配不均問題。（邱亞文，2008：302-308）

（三）世界衛生組織財務層面之問題

世界衛生組織於發展中國家的主要工作內容，大多聚焦於提升與當地政府之衛生技術合作，而維持這些衛生技術合作通常仰賴組織預算以外之經費來源，使得世界衛生組織必須積極向外尋求資金援助。然而，世界衛生組織往往無法有效控管預算以外的經費流動，造成組織本身難以確保各項合作計畫之主導權。當各國政府的捐款來源出現停滯時，世界衛生組織就必須向私人企業進行募款，如此卻使得世界衛生組織與私部門之間容易產生利益輸送或衝突的問題，例如目前世界衛生組織過於重視醫藥科技之發展，卻忽略與各國進行醫療技術合作計畫之發展。（邱亞文，2008：308-311）

（四）世界衛生組織行政層面之問題

近年來，世界衛生組織在行政層面屢屢受到外界批判，其中最顯著的問題在於許多政策本身缺乏科學證據輔佐，以及利益團體對世界衛生組織產生的政策影響。前者主要是世界衛生組織被批評在推行全球策略時缺乏科學連結，且計畫優先順序往往是由全球衛生領域相互競爭而決定，加上組織政策缺乏同儕專業審核導致品質參差不齊。後者則是由於世界衛生組織原則上不應接受具有利益關係之資金來源，但事實上卻並非如此，許多

醫療機構或藥商會透過第三團體名義向世界衛生組織提供捐款，進而對世界衛生組織產生決策影響力。（邱亞文，2008：311-316）這些都是構成世界衛生組織難以獨立決策與行政的重要因素。

（五）世界衛生組織政治層面之問題

　　世界衛生組織做為國際社會中最主要的衛生領域國際組織，勢必會受到國際政治局勢之干擾，而國際政治事件對組織運作造成影響之案例亦屢見不鮮。觀察政治因素對於世界衛生組織的影響範圍，主要可區分為兩個重要切入層面，其一為強權國家利用國際政治影響力來左右世界衛生組織的各項決策，其次則是經濟上的已開發國家透過本身的經濟力量改變世界衛生組織之政策執行。舉例而言，許多國際地位與主權未明之地區與國家，往往會由於世界衛生組織成員國的政治經濟利益而影響其申請入會案，包括巴勒斯坦、東德、北韓、越南與台灣等，都曾受到上述因素之影響而在參與世界衛生組織運作上出現波折。（邱亞文，2008：316-319）

四、世界衛生組織與台灣

（一）台灣參與世界衛生組織的歷程

　　世界衛生組織於 1948 年正式成立，我國即為當時的創始成員國之一，但 1971 年我國退出聯合國及其專門機構（包括世界衛生組織）之後，受到政治因素之影響與干擾，自此我國在爭取參與世界衛生組織運作的過程並不順利，整個歷史發展脈絡甚至可用「一波三折」來形容。綜觀我國過去的參與歷程，主要可分為以下三個階段：（1）1948 年至 1972 年：正式成員時期；（2）1972 年至 1997 年：因政治因素退出時期；（3）1997 年至今：重新參與時期。

　　在第一個階段，我國為倡議成立世界衛生組織的主要國家之一，亦為該組織的創始成員國，自 1948 年世界衛生組織正式成立以後，我國積極參與世界衛生組織各項活動近 25 年之久。我國於此階段大多能夠順利參與世界衛生組織的運作，儘管在 1950 年至 1951 年間我國曾因無法如期

繳交會費而自願停止出席世界衛生大會，但隨後仍受到美、英等友好國家之協助而能夠繼續參與運作。總體來看，我國於此階段之參與過程大致平順，並未出現太大的參與問題。

然而，我國參與世界衛生組織之運作在第二階段出現變化。受到蘇聯與其他共產主義國家成為世界衛生組織正式成員，加上許多發展中國家亦於隨後加入組織運作，使得傳統西方國家的影響力大幅下降，進而使得中華人民共和國的參與問題成為各國矚目的焦點。因此，聯合國於 1971 年的成員國大會中通過「2758 號決議文」，該決議文表示中華人民共和國為中國在聯合國中唯一的合法代表，我國因而被迫退出聯合國體系，也連帶退出我國於世界衛生組織的各項運作。此外，我國政府在 1980 年代基於「漢賊不兩立」的政策立場，拒絕在國際社會中採取雙重承認之作法，使得我國於此階段幾乎斷絕多邊參與的國際組織場合。

1997 年，我國退出世界衛生組織運作的 25 年後，才又開始推動一系列申請參與世界衛生組織的政策與相關行動。從 1997 年至 2008 年間，由於我國特殊的國際地位使然，我國試圖透過許多不同的途徑參與世界衛生組織運作，過程中充滿相當多的曲折。其中，我國曾經採用「中華民國（台灣）」、「台灣（中華民國）」、「台灣」等名義申請成為世界衛生大會觀察員，亦曾採用有別於主權國家的「衛生實體」身分提出申請（見表9-1）。直到 2009 年，我國以「中華台北」（Chinese Taipei）名義獲得世界衛生組織幹事長之邀請，順利參與該年召開之世界衛生大會，也是我國自1971 年退出該組織後再次參與世界衛生組織之運作。

表 9-1　1997 年至 2011 年我國申請參與世界衛生大會歷程表

年代	名稱	身分	參與之地位
1997 年～ 2000 年	中華民國（台灣）	主權國家	觀察員
2001 年	台灣（中華民國）	主權國家	觀察員
2002 年～ 2006 年	台灣	衛生實體	觀察員
2007 年～ 2008 年	台灣	主權國家	正式成員、觀察員
2009 年～ 2011 年	中華台北	主權國家	觀察員

資料來源：作者整理。

（二）台灣參與世界衛生組織的提案重點

　　我國自 1997 年起便積極推動參與世界衛生組織運作之提案，歷經長達 12 年的努力推動下，我國終於在 2009 年以「中華台北」名義受邀參與該年度的世界衛生大會（WHA），象徵著我國在世界衛生組織參與上的重大突破。事實上，我國自 1997 年至 2009 年間曾不斷嘗試各種可行的參與提案，使得在這段期間內我國的提案內容皆不盡相同，其中的發展與轉變如下：

1. 1997 年，行政院衛生署張博雅署長率團前往日內瓦，首次以「中華民國」名義宣達我國的入會意願。WHA 大會首度就台灣入會案進行投票。

2. 1998 年，行政院衛生署由詹啟賢署長率團，赴日內瓦宣達我國以觀察員身分入會意願。

3. 1999 年，行政院衛生署詹啟賢署長率團，赴日內瓦宣達我國以觀察員身分入會意願。

4. 2000 年，行政院衛生署由詹啟賢署長率團，赴日內瓦宣達我國入會意願。

5. 2001 年，衛生署署長李明亮於「日內瓦新聞俱樂部」發表演講，呼籲各國政府及世界衛生組織正視及支持我國參與世界衛生組織之合理權益。行政院亦推動成立「參與世界衛生組織跨部會專案小組」。

6. 2002 年，行政院衛生署由署長李明亮率團，赴日內瓦宣達我國以觀察員身分入會意願。

7. 2003 年，台灣爆發 SARS 疫情，行政院衛生署由署長陳建仁前往日內瓦，呼籲會員國加強國際間的合作，防堵全球性傳染病，勿使台灣成為防疫漏洞。

8. 2004 年，行政院衛生署由署長陳建仁率團，以「衛生實體」概念推動成為 WHA 觀察員。外交部及衛生署亦共同發表「四大主軸」訴求：第一，台灣人民健康人權不應被政治阻擾；第二，台灣願意與世界分享台灣公衛經驗；第三，台灣願意提供各國衛生人道援助；第

四，台灣願意積極參與 WHO 推動的各項工作。

9. 2005 年，行政院衛生署侯勝茂署長率團，赴日內瓦宣達我國以觀察員身分入會意願。我國訴請國際衛生條例（IHR）實質案修正後之「普世原則」將台灣納入。

10. 2006 年，行政院衛生署侯勝茂署長率團，赴日內瓦宣達以觀察員身分我國入會意願，並宣布我國自願提前實施新版國際衛生條例。

11. 2007 年，總統陳水扁於 4 月 11 日致函世界衛生組織總幹事陳馮富珍，提出以台灣名義申請成為 WHO 會員國。行政院衛生署侯勝茂署長率團，赴日內瓦宣達以「會員」身分申請入會。總統府秘書長邱義仁則宣布該年推案作法主要採取「三管齊下」的方式：第一，爭取成為 WHA 觀察員；第二，希望「有意義參與」一些技術性會議；第三，爭取以台灣名義正式申請成為 WHO 會員。

12. 2008 年，我國仍然以兩案並陳的方式推動世界衛生組織的參與，包括「爭取成為 WHA 觀察員案」以及「爭取成為 WHO 會員案」。

13. 2009 年，我國首度以「中華台北」（Chinese Taipei）名義受邀參與 WHA 成為觀察員，有別於過去長期以來所採用的「台灣」與「中華民國」名義，是為我國參與世界衛生組織運作的重大突破。

14. 2010 年，我國第二度以「中華台北」名義，以觀察員身分獲邀參與 WHA。我國由衛生署長楊志良率團出席 WHA，代表團員積極參與會場的各項周邊活動，與各國進行交流，並秉持與會訴求「專業參與，促進國際合作」的精神。

15. 2011 年，我國持續以「中華台北」名義受邀成為 WHA 觀察員。衛生署長邱文達於會場中表示，WHO 應將台灣參與 WHA 的模式，適用在 WHO 的其他會議、機制、資訊來源及文件之中，以使相關程序及用語能符合 WHA 的一貫做法。此外，邱署長亦重申我國參與 WHO，促進國際衛生合作的決心，不僅為造福台灣人民福祉，也盼望協助強化全球防疫網絡。

（三）美國、日本與歐盟對我國參與世界衛生組織的立場

　　美國國會的參眾兩院對於我國參與國際組織，一向採取肯定與支持的積極立場，針對我國參與世界衛生組織運作之提案，美國國會亦透過各種管道表示對於我國推動參與世界衛生組織的贊同，包括法案（bills）、聯合決議文（joint resolutions）、共同決議文（concurrent resolutions）與簡單決議文（simple resolutions）等（見表 9-2）。而在 1999 年、2001 年與 2004

表 9-2　美國國會對我國參與世界衛生組織提案之相關決議文

年度	事件
1998	眾議院通過支持我國之第 219 號共同決議文
	眾議院通過支持我國之第 126 號聯合決議文
	眾議院通過支持我國之第 334 號共同決議文
1999	參議院通過第 26 號簡單決議文
	眾議院通過第 70 號聯合決議文
	眾議院通過第 1794 號法案
2000	眾議院通過第 390 號共同決議文
2001	眾議院通過第 428 號法案
	美國首次於世界衛生大會期間公開說明支持我國參與世界衛生組織
2002	美國修正「支持台灣參與 WHO」議案以延長對我國支持之法源年限
2003	眾議院通過第 441 號法案
	參議院通過第 243 號法案
	美國國務院發布新聞指出，支持我國參與及取得 WHA 觀察員地位，並呼籲 WHO 及其他會員國就此目標給予共同協助
2004	眾議院通過第 3793 號法案
	眾議院通過第 4019 號法案
	美國國務院亞太助卿柯立金指出，美國持續支持台灣參與國際組織
	眾議院通過第 2092 號法案
	美國於 WHA 公開投票表示支持我國之參與
2005	眾議院通過第 154 號共同決議文
2006	14 位參議員呼籲 WHO 幹事長協助我國以觀察員身分參與 WHA
2007	美國國務院向國會提出「台灣與 WHO」的專題報告
2008	美國持續支持我國取得 WHA 觀察員資格

資料來源：邱亞文（2008），《世界衛生組織－體制、功能與發展》，頁 383-384。

年，美國前總統柯林頓（Bill Clinton）與小布希（George W. Bush）也都曾針對我國參與世界衛生組織之提案表達關切之意，分別透過簽署相關法案與公開發言來宣示立場。此外，美國更幾度於世界衛生大會中公開投下贊成票，支持我國推動參與世界衛生組織之提案，希望我國能夠以觀察員身分參與世界衛生組織運作。

　　日本對於我國參與世界衛生組織的立場，則是以 2003 年為主要的分水嶺。自 2003 年開始，日本便對於我國之參與提案公開表示支持的政策立場，更於 2004 年的世界衛生大會中，公開投票贊成我國取得世界衛生大會觀察員身分。2008 年，日本更積極表示願意盡最大的努力，協助台灣成為世界衛生大會的觀察員。時至今日，日本仍然對於台灣參與世界衛生組織之提案給予相當大的支持。

表 9-3　歐盟對對我國參與世界衛生組織提案之相關決議文

年度	國家／機構	事件
2002	歐洲議會	通過「支持台灣以觀察員身分出席 2002 年世界衛生大會」決議文
2003	歐洲議會	通過決議，內容與 2002 年決議文相似
2005	歐洲議會	通過「歐盟、中國與台灣關係及遠東安全」決議文
	荷蘭	國會首次通過決議以具體行動支持台灣
2006	歐洲議會	通過台灣與世界衛生組織緊急決議文
	歐洲議會友台小組	籲請歐盟支持台灣以觀察員身分參與世界衛生組織
	捷克	眾議院外交委員會支持台灣參與世界衛生組織
	波蘭	參議院外交委員會支持台灣參與世界衛生組織
2007	比利時	眾議院全會通過「台灣在世界衛生組織之地位」決議文
	瑞士	下議院投票通過支持台灣加入世界衛生組織案
	歐洲議會友台小組	主席致函世界衛生組織幹事長表達支持之意
2008	歐盟	支持我國「有意義參與」世界衛生組織
	英國國會台英國會小組	共同主席溫斯特於下議院提出支持「台灣參與世界衛生組織」動議案，獲得其他八名國會議員連署支持

資料來源：邱亞文（2008），《世界衛生組織─體制、功能與發展》，頁 386。

在歐盟方面，歐盟執委會認為台灣參與世界衛生組織的議題，並非單純的國際衛生議題，而是牽涉敏感的政治事件，加上中國在此議題上給予歐盟極大的政經壓力，使得儘管美國與日本都曾公開支持我國參與WHO，但歐盟執委會仍然堅守一個中國原則，對於我國參與WHO之提案保持低調態度。然而，歐洲議會對於我國參與WHO之提案則是顯得格外積極，在2002年至2008年都曾以通過決議文的方式公開表示支持台灣參與WHO。（見表9-3）

第二節　環境領域之國際組織

一、國際環境議題的發展沿革

地球的自然環境包括土地、陽光、空氣與水資源，這些自然環境賦予人們維繫生命的要素，成為人們不可或缺的自然資源，亦為人類日常生活中的重要瑰寶。自然資源被視為地球上所有人類共同享有的「公共財」（common goods），必須在全體人民共同維護的情況下，才能維繫自然資源的永續使用。所謂「公共財」是指具有「共享性」與「非排他性」等特性的物品，共享性就是當公共財被某人使用之後，並不會減少其他人對該項物品的使用權利；非排他性則是物品可提供多人使用而不會減少效用，同時也無法禁止某人在沒有付出代價的情況下使用該物品。當只有少數人無償使用公共財而成為搭便車者（free rider）時，公共財仍可維持正常運作；一旦搭便車者的數量愈來愈多，就很可能造成公共財的運作失衡，最終將導致公共財體系的崩毀，發生所謂「公共財的悲劇」（Tragedy of Commons）。

公共財的悲劇（Tragedy of Commons）

「公共財的悲劇」是 Garrett Hardin（1968）所提出的概念，說明任何公共財若缺乏有效的管理，人們便會竭盡所能地使用公共財，並且無視於過度消耗公共財所帶來的外部性問題，最後往往是造成災難性的結果。Hardin 曾舉出以下例子，在某個村莊裡有一個公共牧場，人們可以在牧場中任意放養牛群而不需付費，因為沒有人對這個牧場擁有財產權。然而，這個牧場所能供養的牛群數量有限，只要任何人在自己的牛群中多養一隻牛，就會減少其他牛群吃草的機會，但是沒有人有權阻止其他人這麼做。因此，人們為追求自利而設法增加自己放養的牛群，最後導致整個牧場的草地生長無法負荷牛群的食量，全部的牛群被迫餓死，而村民的生計也一併被斷送，造成公共財的悲劇。

就以自然資源這項對人類生存具有重要地位的公共財來說，由於人們能夠輕易地獲得這些自然資源，導致人們開始在只為了自身利益而枉顧他人權益之下，對這些公共財的永續發展造成損害，對於地球生態與人類生存都帶來相當大的影響。因此，國際社會紛紛出現共同處理國際環境問題的聲浪，許多探討、處理環境問題的國際會議、政府間國際組織、非政府組織都逐漸受到矚目，也成為觀察當代環境領域國際組織發展必須聚焦的重點。

（一）聯合國人類環境會議──斯德哥爾摩會議

1972 年 6 月 5 日，113 個國家以及來自環境相關組織的 1,300 多名代表，聚集於斯德哥爾摩，舉行「聯合國人類環境會議」（United Nations Conference on Human Environment），亦稱為「斯德哥爾摩會議」，針對人類生存環境保護的理論、實務與政策進行廣泛討論，會中提出「地球只有一個」（only one earth）的口號，呼籲各國政府與人民能夠對於地球環境的維護與改善盡一己之力，以造福全人類。「斯德哥爾摩會議」是國際社會對於環境議題所召開的第一次國際性會議，顯示出人類對於環境問題開始

有所重視，也是國際環境保護史上第一個里程碑。

　　此外，該會議通過了《人類環境宣言》（Stockholm Declaration of the United Nations Conference on the Environment 1972），除了提出當前最嚴重的污染問題，亦將污染問題與人口、資源、工業、發展落差、都市化等相關議題加以連結，進行全面性的探討。此宣言並提出在自然資源保護、可再生資源、野生動物保育、有害物質排放規範、海洋污染防制、經濟社會開發援助、一級產品價格穩定、環境政策等領域，各國所應享的權利與應盡之責任，也針對大規模毀滅性武器的問題做出了討論。會議結束之後，國際社會也陸續通過倫敦海洋投棄條約（1972 年簽署、1975 年生效）、華盛頓公約（1973 年簽署、1975 年生效）、世界遺產條約（1972 年簽署、1975 年生效）、遠距離跨境大氣污染條約（1979 年簽署、1983 年生效）等與環境保護息息相關的條約，足以證明此會議的影響相當深遠。（橫田洋三，2005）

（二）聯合國環境發展會議──里約會議、約翰尼斯堡會議

1. 里約會議

　　由於「斯德哥爾摩會議」的成效趕不上地球環境惡化的速度及規模，全球環境破壞的情況有增無減，全球暖化、臭氧層破裂及酸雨問題日益惡化，影響擴及全球。因此，聯合國大會決定於 1992 年 6 月在巴西里約熱內盧召開「聯合國環境發展會議」（United Nations Conference on Environment and Development），共有 172 個國家與 70 個聯合國專門機構代表出席參與，其中有 108 位國家元首或政府領袖親自與會。[7] 該會議主要探討日趨嚴重的空氣污染、酸雨、水源短缺、土壤流失、沙漠化、森林濫伐、生物多樣性銳減、臭氧層破壞、危險廢棄物與全球暖化等問題，並共商有效對策。

　　會後各與會代表通過了《里約環境發展宣言》（Rio Declaration on

7　請參考聯合國網站。http://www.un.org/geninfo/bp/enviro.html

Environment and Development）與《21 世紀議程》（Agenda 21）兩項綱領
文件，發表《森林保育原則聲明》（Declaration on Forest Preservation），
亦簽署《聯合國氣候變化綱要公約》（UN Framework Convention on
Climate Change, UNFCCC）（1994 年 3 月生效）以及《生物多樣性公約》
（Convention on the Preservation of Biological Diversity）（1993 年 12 月生
效）。「里約會議」的召開反映了國際社會對於環境問題的關切，也強化了
國際社會對於環境保護的意識，是為國際環境保護史上第二個里程碑。

2. 約翰尼斯堡會議

2002 年的「約翰尼斯堡高峰會議」（Johannesburg Summit）則是希
望在《21 世紀議程》的基礎上，透過各國領袖的磋商，提出更加具體的
執行步驟，並擬定更為明確的目標，進而落實《21 世紀議程》的各項主
張。參與這次會議的人士包含各國元首或政府首長、非政府組織代表、企
業代表與其他相關團體代表。該會議最後則是通過了一項執行計畫書，其
中關於具體行動的目標與時間表涵蓋的範圍相當廣泛，包括了水資源、衛
生、健康、能源、農業生產與生物多樣性等領域，儘管會議中對於再生能
源之相關議題並未達成具體的共識，但該計畫書仍為國際社會的地球環境
保護工作規劃出未來的藍圖。

（三）聯合國氣候變化綱要公約——京都議定書、峇里島氣候 變遷高峰會議

1. 聯合國氣候變化綱要公約

近年來，全球暖化逐漸成為全球性的環境問題，而減緩全球氣候變
遷需要世界各國的共同努力。然而，全球溫室氣體（如二氧化碳）減量
與各國能源結構和能源使用方式直接相關，加上能源問題牽動著許多國
家的經濟命脈，使得全球氣候變遷這個環境問題亦成為當前相當敏感的
國際政治問題。事實上，全球氣候變遷議題首次在聯合國大會被廣泛討論
始於 1988 年，隨後全球氣候變遷議題就開始引起國際社會的關注。1994
年，遂由 150 個國家在聯合國總部通過了「聯合國氣候變化綱要公約」

（UNFCCC），同時也立即展開每年一度的「締約國大會」（Conference of Parties, COP），為各個締約國提供一個進行談判磋商的會議平台。

2. 京都議定書

根據科學家的研究，隨著大氣中的二氧化碳與溫室氣體濃度不斷增加，全球暖化的問題日趨嚴重，也造成海平面上升與極端天氣的異常現象（如洪水、旱災、熱浪、颶風等現象出現頻率的增加）。1997 年 12 月，為了避免情況持續惡化，160 個國家於日本京都召開《聯合國氣候變化綱要公約》（UNFCCC）第三次締約國大會（COP3），通過《京都議定書》（Kyoto Protocol）。該議定書規定，已開發國家必須於 2008 至 2012 年間將溫室氣體排放量在 1990 年的基礎上平均減少 5.2%，其中美國必須減少 7%、歐盟 8%、日本則是 6%。

根據「京都議定書」的生效規定，須要經各國國內批准「議定書」的國家達 55 國，並且在批准「議定書」的國家中，「附件一國家」成員在 1990 年二氧化碳排放量至少須占全體「附件一國家」成員在 1990 年總排放量的 55%。當這兩項條件滿足之後的第 90 天，該「議定書」則正式生效。然而，因許多締約國在執行的規則與條件等細節問題無法達成共識，再加上美國遲遲不願意批准，使得其他國家也對於應否批准產生猶豫。直到 2004 年 11 月 18 日俄羅斯批准《京都議定書》，終於使得《京都議定書》生效的前提條件達成，並於 2005 年 2 月 16 日正式上路。

3. 峇里島氣候變遷高峰會議

2007 年 12 月 3 日，第 13 次《聯合國氣候變化綱要公約》締約國大會（COP 13）於印尼峇里島召開，共計 192 個 UNFCCC 締約國參加，其中也包括京都議定書的 176 個締約國。該會議的主要目的是為了針對 2012 年後的「後京都議定書架構」的談判問題進行準備。由於《京都議定書》的效期將於 2012 年屆滿，各國希望藉由本次會議延續過去降低溫室氣體排放議題的成果，制定一套新的氣候變遷問題處理架構。在各國的相互妥協下，於會議中通過了《峇里島路徑圖》（Bali Roadmap），路徑圖一方面強調「共同但有區別的責任原則」（The Principle of Common

我國與《京都議定書》

　　就國際法地位來說，由於我國並非聯合國會員國，並未獲邀參加成為《京都議定書》的締約國，使得我國不必如同已簽字的歐盟國家必須立即受到議定書的約束；相反地，我國卻也不需要如美、澳因拒絕簽字而承受來自國際社會的壓力，甚至不致如同中、印等國要被討論是否也應一併適用。綜言之，我國在國際上缺乏角色扮演，反而成為《京都議定書》的三不管地帶與化外之民。然而，就現實面來說，未來可能有愈來愈多國家將商品製程是否符合環保標準納入貿易規範，成為新型態的非關稅貿易障礙，而我國惟有持續遵守《京都議定書》中各項規定，才有可能與全球經貿市場接軌。如此一來，就形成我國雖非《京都議定書》締約國，卻同樣必須遵守規範的特殊情況。

表 9-2　《京都議定書》附件 B 締約國溫室氣體削減承諾表

國家	削減承諾	國家	削減承諾
澳洲	−8%	奧地利	8%
比利時	8%	保加利亞	8%
加拿大	8%	克羅埃西亞	8%
捷克	8%	丹麥	8%
愛沙尼亞	8%	歐洲共同體	8%
芬蘭	8%	法國	8%
德國	8%	希臘	8%
匈牙利	6%	冰島	−10%
愛爾蘭	8%	義大利	8%
日本	6%	拉脫維亞	8%
列支敦士登	8%	立陶宛	8%
盧森堡	8%	摩洛哥	8%
荷蘭	8%	紐西蘭	0%
挪威	−1%	波蘭	6%
葡萄牙	8%	羅馬尼亞	8%
俄羅斯聯邦	0%	斯洛伐克	8%
斯洛文尼亞	8%	西班牙	8%

表 9-2（續）《京都議定書》附件 B 締約國溫室氣體削減承諾表

國家	削減承諾	國家	削減承諾
瑞典	8%	瑞士	8%
烏克蘭	0%	英國	8%
美國	7%		

資料來源：京都議定書。

but Differentiated Responsibility），亦即要考慮社會經濟條件以及其他相關因素，針對不同的國家課予不同的責任；另一方面，路徑圖強調「務實性」，指出參與公約的所有已開發國家締約國皆要設定可測量（measurable）、可報告（reportable）、可查證（verifiable）之減量承諾，並充分落實行動。會中也強調「適應氣候變遷」、「技術轉移」以及「適調基金」（adaptation fund）等三項命題，認為這將會是未來後京都議定書架構的重要課題。峇里島會議不但揭開後京都議定書時代的談判序幕，同時也明確地設定了後京都議定書架構的基本課題，峇里島國際會議的重要性自然不言而喻。

二、環境領域國際組織之功能與運作

（一）聯合國環境規劃署

聯合國環境規劃署（United Nations Environmental Programme, UNEP）可謂目前全球最重要的環境領域之政府間國際組織，成立於 1973 年 1 月，隸屬於聯合國經濟暨社會理事會，是聯合國體系內負責全球環境事務的專門機構與權威機構。其總部設立於肯亞首都奈洛比（Nairobi），在全球各地設立了六個區域辦事處（包括非洲、亞太、歐洲、北美、西亞、拉美與加勒比海等區域），也在布魯塞爾、紐約、開羅與日內瓦設立四個聯絡處。UNEP 有五個主要宗旨：第一，促進環境領域內的國際合作，並提出相關之政策建議；第二，指導並協調聯合國體系內環境相關機構之政策規劃，並針對所提出之政策進行定期報告；第三，監控當前的國際環境狀況，以確保具有國際影響力的環境問題能夠獲得各國政府的適度關注；第

四，監控各國環境政策與措施對發展中國家所帶來的負面影響，並適時考量可能的社會成本問題；第五，促進國際社會對於環境知識的取得以及相關資訊的交流。

在成員方面，聯合國環境規劃署之參與資格包括了聯合國會員國、專門機構成員與國際原子能機構成員等，環境規劃署的成員則是由聯合國大會選任，任期4年，共計58個委員國，席位則是依照不同的區域來進行分配，其中非洲占16席、亞洲13席、東歐6席、拉丁美洲10席，以及西歐與其他國家共13席。[9] 依據1972年12月聯合國大會2997號決議文，58個成員組成聯合國環境規劃署的「治理理事會」（Governing Council），負責聯合國環境規劃署的大政方針與推動國際環境合作，是UNEP的最高指導單位，主要是由環境部長參與。

至於聯合國環境規劃署的主要運作機構則為「常駐代表理事會」（Committee of Permanent Representatives），負責指揮「執行辦公室」（Executive Office），其下則設有「預警與評估」（Early Warning and Assessment）、「環境政策執行」（Environmental Policy Implementation）、「技術、工業與經濟」（Technology, Industry and Economics）、「區域合作」（Regional Cooperation）、「環境法律與公約」（Environmental Law and Conventions）、「交流與公共資訊」（Communications and Public Information），以及「全球環境設施協調」（Global Environment Facility Coordination）等七個環境領域之相關業務司，[10] 共同促進與推動全球性的環境保護工作。根據聯合國環境規劃署理事會所制定的中長期規劃，其主要活動領域包括：臭氧層監控、氣象研究與評估、環境廢棄物之相關法律制定、各海域之海洋環境政策規劃、水資源監控、土壤保育、森林保育、生物繁育、工業管制政策、促進潔淨生產、能源政策、人類安置與健康政策、危險性毒性化學物之管理、環境法規制定、人員培訓、促進

9　參照 UNEP 網站，http://www. unep.org
10 參照 UNEP 網站，http://www. unep.org

環境計畫與合作之發展等。[11] 此外，聯合國環境規劃署亦出版全球性環境評估刊物，例如《全球環境瞭望》（Global Environment Outlook, GEO）與《UNEP 年度報告》（UNEP Annual Report），針對當前主要的環境問題因應與管理之道提供建議，並協助各國有效降低國際環境問題之可能衝擊。

（二）綠色和平組織

　　綠色和平組織（Green Peace）是一個全球性的非政府組織，主要從事環保工作，總部設立於荷蘭阿姆斯特丹，在全球 41 個國家設有辦事處。綠色和平組織的前身為「別興風作浪委員會」（Don't Make A Wave Committee），由五位社會運動人士於 1970 年所創立，該名稱是取自於抗議美國核武試爆遊行中的一句口號，當時的主要任務是為了阻止美國的核爆行為。1971 年，一位加拿大社會工作者達奈爾（Bill Darnell）提出將「綠色」與「和平」結合的建議，此舉也獲得了其他成員的支持，於是該組織便正式更名為「綠色和平組織」。

　　綠色和平組織的主要使命在於保護地球環境與各種生物的安全及永續發展，並以積極的實際行動做出改變。他們希望各領域的科技研究與發明，都能夠對全球環境保護工作有所助益，一旦國際社會出現違背這些原則的行為，綠色和平組織便會盡力加以阻止。在上述考量之下，綠色和平組織成立初期的主要活動，大多是以非暴力的方式來阻止各種大氣與地下核武試爆行為，以及反對漁船於公海捕鯨的行為；之後，綠色和平組織也開始關注到其他的全球環境問題，同時也發起反捕鯨與反捕殺海豹運動。而綠色和平組織最為人所稱道的就是反捕鯨行動，藉由該組織所擁有的「彩虹戰士號」（Rainbow Warrior）拖船，對試圖捕殺鯨魚的各國船隻進行非暴力抗議行動，此舉不僅打響了綠色和平組織的國際知名度，也帶來相當不錯的實際成效。[12]

---

11 參閱台灣環境資訊協會之「聯合國環境規劃署」簡介。http://wpc.e-info.org.tw/
12 關於「彩虹戰士號」反捕鯨行動的相關說明，以及所遭受的各種批評與攻擊，請參閱 Green Peace 網站。http://www.greenpeace.org/china/ch/about/greenpeace/rainbow-warrior-debut

　　除了較著名的國際反捕鯨行動外，綠色和平組織也關注其他環境相關議題，包括了氣候變遷、海洋保育、森林維護、裁減軍備、禁止基因工程、降低有毒化學物質排放、終止核能使用，以及鼓勵永續貿易等議題。綠色和平組織可說是過去以來國際非政府組織在環境保護領域的代表。

三、環境領域國際組織的問題與挑戰

（一）氣候變遷帶來的環境惡化

　　全球氣候變遷是目前最重要的國際環境問題，無論是聯合國環境規劃署、相關政府間國際組織，或是其他的環境非政府組織，當前最關注的問題就是全球氣候變遷現象。「政府間氣候變遷小組」（Intergovernmental Panel on Climate Change, IPCC）指出，許多地方已經變得愈來愈溫暖，旱災、水災與其他形式的極端天氣也變得更加頻繁，對於糧食供應也造成影響，無法適應氣候變化的動植物也將會逐漸瀕臨絕種。IPCC 也指出，目前全球海平面正不斷上升，未來也將會朝向這種趨勢持續發展，這將會使居住於沿海地區的龐大人口被迫進行遷移。

政府間氣候變遷小組 （IPCC）

　　於 1988 年由聯合國世界氣象組織（World Meteorological Organization, WMO）、聯合國環境規劃署（UNEP）共同成立，旨在評估氣候變遷，以科學的觀點提供世界關於氣候邊變遷的資訊與現況，以及其可能帶來的環境與社會經濟影響。政府間氣候變遷小組為一科學機構，但其本身並不進行研究工作，也不對氣候或其相關現象進行監測，而是以收集、檢視、評析最新的世界各地有關氣候變遷的科學、技術研究為其主要工作。政府間氣候變遷小組會員限於世界氣象組織及聯合國環境署之會員國。2007 年因為刺激各國採取行動對抗全球暖化有功，IPCC 與美國前副總統高爾同獲諾貝爾和平獎。

　　造成全球氣候變遷的主要原因，是人類排放的溫室氣體不斷增加所造成，其中二氧化碳濃度提高是最主要的影響因素。就以聯合國環境規劃署的資料來看，地球大氣中的二氧化碳含量較過去大幅增加，1750 年正值歐洲工業革命開始之際，當時的二氧化碳濃度大約為 280 ppm，目前大氣中的二氧化碳濃度則是提高到了 390 ppm。[13] 由此來看，倘若國際社會仍然無視於這樣的發展趨勢，勢必會造成全人類的生存浩劫。因此，如何避免全球暖化造成氣候變遷所引發的其他生態環境惡化問題，即成為當今環境領域國際組織最主要的使命與挑戰，尤其是對國際組織而言，如何推動政策協調、訂定法律條約、兌現國家承諾，以避免氣候變遷可能帶給人類的浩劫將是現在開始最艱鉅的任務。

（二）綠色政治與永續發展運動

　　隨著全球環境問題對人類生活影響的擴大，國際社會開始出現「綠色政治」（Green Politics）與「永續發展運動」的思潮。在綠色政治方面，可以區分為兩種行動類型：第一種類型主要是致力於籌組綠色政黨，以生態學、社會責任、草根民主與非暴力為四個基本原則，以重鑄政治性與社會性的繁衍做為政黨的綱領；第二種類型則是採取各種的直接行動，例如綠色和平組織（Greenpeace）或地球優先組織（Earth First）等環境保護組織，試圖將生態學的生物中心論轉化為政治行動，以捍衛地球環境資源。（孫國祥，2003：412）

　　在永續發展運動方面，倡議者希望尋求新的資源利用途徑，防止人類生產活動對生態造成破壞，例如提倡永續農業、生物控制與復原生態學（restoration ecology）等。[14] 而生態區域主義（Bioregionalism）與全球永

---

[13] 相關資料來源請參閱聯合國環境規劃署網站。http://www.unep.org/chinese/Themes/climatechange/whatis/index.asp

[14] 「復原生態學」（restoration ecology）屬於新興的科學，其定義至今仍未完全確立。大多數的科學家認為復原生態學的目標在於：有計畫地將某個地區重建出具有一定性質的、原來的、歷史的生態體系的過程。此外，也特別強調盡量使生態系統恢復到原有的組成狀態及展現其生態功能。

續發展運動即為該運動的主軸，生態區域主義認為，無論人類生活的環境
為何，都應該將自己與環境相結合，必須了解生活環境的特性以及支撐人
類生活的承載力。此外，生態區域主義也主張尋求一種生態永續、穩定與
自給自足的生活方式，讓這些小規模的多樣化社群得以與當地環境結合，
進而發展出各種適合不同生態環境的政策，使政治與社會結構能夠與環境
完全的相融。（孫國祥，2003：412-413）

　　由此可見，環保議題不再是由特定少數人民發起的社會運動，而是逐
漸朝向國際化與全球化及跨領域方向發展，這就意味著關注全球環境議題
的人數與過去相較之下已有顯著的提升。此外，隨著各國環境領域政黨的
籌組，以及國內環境保護意識抬頭，使得環境議題開始從過去較不受重視
的「低階政治」（low politics）逐漸提高為愈趨敏感的「高階政治」（high
politics）。在這種全球環保意識高漲的情況下，環境領域國際組織所扮演
的角色就顯得相當重要，不僅能夠成為國家政府協調環保政策的平台，亦
能提供許多環保非政府組織參與各項議題的絕佳途徑。當然，此也意味環
境領域國際組織必須面對的議題與議程、參與者、行為者、利益團體等，
都將日趨多元廣泛，共識或協議勢必也將更難達成。

（三）全球環境議題對國際關係行為者的影響

　　傳統來說，由於國家對外擁有獨立平等的外交權，對內則擁有至高
無上的統治權，在處理全球環境議題時，國家仍具有相對優勢的地位。然
而，隨著全球化在各個領域的快速發展，全球環境議題的影響層面也不斷
深化與廣化，國家的政策與法律受制於政府體制的運作，無法即時順應國
際潮流，專門機構之間往往也難以有效地合作，而政府間國際組織的效能
也連帶受到影響。由此可見，國家與國際組織在面對全球化下的環境議題
時，所能夠發揮的影響力已無法和過去比擬。儘管國家仍是最主要的行為
者，但國際關係中其他非國家行為者在全球問題治理中的影響力也逐漸提
升。為了有效解決問題以維持人類的永續發展，國家與非國家行為者之間
的合作已經成為不可避免的趨勢；但此並不代表國家與非國家行者之間就

將因此只有合作、沒有衝突。而全球環境議題對國際關係行為者的最大挑戰即在於如何增加國家與非國家行為者的合作，減少不必要的對立與衝突。

第三節　能源領域之國際組織

一、能源使用與國際關係

地球的環境是個脆弱且需要維護的生態系統，同時也蘊藏了各種的資源。資源的開發能夠為國家帶來權力與財富，但卻也造成國際社會中為了爭奪資源而產生衝突的現象屢見不鮮。由於每個國家所擁有的與所缺乏的天然資源皆不盡相同，因此如何運用現有的資源來獲得與其他國家談判時的優勢，往往成為國家政策最主要的考量。

自然資源在國際政治中所扮演的角色，主要可從下列的三點得知：第一，某些資源是國家發展過程中不可或缺的要素，無論是已開發國家或發展中國家都是如此，例如石油、煤、鐵等幾乎是各國發展與穩定不可或缺的資源；第二，地球資源的分布情形並不均衡，許多資源蘊藏豐富的山脈、河川、海域等地區就成為各國競相爭奪的目標；第三，自然資源分布的不均，因此造成有些國家擁有大量自然資源，有些國家卻極為匱乏。綜觀以上三點，就不難理解自然資源在國際社會與國際政治中所扮演的重要角色，國家之間無不希望藉由資源交易來獲得更多財富，或是藉此來彌補本身資源匱乏的窘境。因此，自然資源的管理與交易無形中就成為國際政治運作下極具影響力的一環。（Goldstein, 2004: 430）

自然資源在國家發展過程中扮演相當重要的角色，而其中又以能源（或燃料）的取得最受人矚目，一旦國家缺乏能源的助益，各種經濟活動的運作就可能完全停擺。就目前的情況來看，全球主要能源的使用比例依序為石油占 41.6%、煤炭占 9.8%、天然氣占 15.6%、再生能源占 12.7%。在以上各種能源當中，石油、煤炭與天然氣皆屬於化石燃料，使用量占目前全球能源的 67%，是所有能源種類中最主要的消耗來源。若單純就電力

方面來看，儘管水力、風力或核能都可做為發電使用，但化石燃料仍是主要的發電原料。[15]

在國際市場上，國家之間進行著各種不同類型的能源交易，但石油仍是目前各國公認最重要的交易項目。在科學與技術的快速發展下，國際石油交易的程序大為簡化，透過輸油管或油輪的運輸，可降低國際石油交易時的風險與時間，因此國際石油價格過去曾相當低廉。然而，廉價的石油雖然有利於工業國家的經濟發展，但卻可能造成極為嚴重的後果：第一，廉價的石油會造成國際社會對於以石油做為燃料的過度依賴，如此不僅會使全球暖化的情況加速惡化，同時也會因為石油價格低廉，連帶降低石油的使用效率，大幅增加石油的消耗量；第二，油價下跌會減少產油國的外匯收入，雖然對於擁有龐大外匯存底與豐富石油蘊藏量的阿拉伯產油國家可能不致造成影響，但對於墨西哥或委內瑞拉等必需藉由石油輸出收入來支撐國內經濟發展的國家而言，一旦油價下跌讓石油收入減少，便可能造成這些國家面臨債台高築的窘境。（Goldstein, 2004: 434）

而事實上，近年來許多專家或學者不斷提出石油即將耗盡的警訊，過去人類所習慣的廉價石化燃料時代已經逐漸遠離，取而代之的是難以逆轉的高油價時代。過去，由於人們太過醉心於大自然所賜予的廉價石化燃料，並且沉浸在這些廉價能源所帶來的高度物質享受，卻忽略了地球上的石化燃料蘊藏有限，且無法再生，同時也並非平均分布在世界各地等重要的本質。（Kunstler, 2007: 13-15）因此，儘管近年來有許多替代能源的構想不斷地被發明或提出，例如利用水力、風力、太陽能等潔淨能源發電的模式，但卻因為成本或者易取得性的考量，一直無法受到世人的矚目或普及化。

石化燃料的產量衰退，勢必會在競逐現有能源供給的各國之間，造成長期性的衝突。事實上，國際間的能源爭奪戰早已展開，且有愈演愈烈的趨勢，未來的數十年間恐怕難以休止。有鑒於此，能源領域的國際組織做為國際社會能源控管與能源政策協調的平台，因而佔有極為重要的地位，

---

[15] 相關數據參閱 International Energy Agency (2010), *Key World Energy Statistics*.

若能夠透過國際組織來協調各國的能源政策，不僅有助於石化能源的使用效率與替代能源的開發，亦能降低各國之間因能源問題而可能引發的衝突。

二、能源領域之國際組織

（一）國際能源總署

國際能源總署（International Energy Agency, IEA）成立於 1974 年 11 月，屬於經濟合作暨發展組織（Organization for Economic Co-operation and Development, OECD）旗下之獨立機構，目前共有 28 個成員國，總部位於法國巴黎。國際能源總署的主要任務，在於透過「國際能源計畫」（International Energy Program）之執行，研擬緊急時期的石油供需政策，並負責建立因應國際石油市場變化之資訊體系，同時也致力於替代能源的開發。近年來，國際能源總署藉由舉辦能源發展相關會議，提供成員國與其他國家一個良好的溝通平台，加強國際能源技術之合作，並就再生能源、能源永續發展、與區域組織交流及合作、能源市場改革等議題進行討論。

而國際能源總署的運作目標主要可區分為以下 9 點：[16]

1. 追求各國能源取得之多樣性、能源使用之效能以及能源政策之彈性，其目的在於建立起長期且穩定的能源體系。
2. 所建立的能源體系必須能夠迅速而靈活地對於各種能源危機做出反應。
3. 能源的供給與使用必須以環境保護為主要考量，降低對於環境的衝擊。
4. 鼓勵各國使用潔淨替代能源，以此做為當前落實環境保護之可行方案。
5. 提高各國能源使用之效能。

---

[16] 參閱 IEA 網站之「共同目標」（Shared Goals）。http://www.iea.org/about/sharedgoals.htm

6. 持續研究與開發更新且更有效率的能源。

7. 透過能源價格的穩定機制，來追求更有效率的能源使用。

8. 推動更加自由與開放的國際貿易環境。

9. 除了追求國際能源總署成員國之間的合作，同時也希望將所有能源市場的參與者納入國際能源總署合作範圍。

　　總體而言，國際能源總署在能源合作領域扮演著舉足輕重的角色，為28 個成員國提供討論能源領域相關議題的論壇場域。值得注意的是，國際能源總署特別針對防止石油危機爆發做出協議，所有成員國皆以正式條約的方式採取共同應對措施，同時也協議分享相關能源資訊，協調成員國之間的能源政策，以及積極建立成員國之間的能源安全環境。因此，國際能源總署在國際能源領域的功能與角色可謂相當重要。

（二）石油輸出國家組織

　　1960 年 9 月 10 日，當時全球主要的石油生產國為了共同對抗西方石油公司以維護本國之石油收入，遂由伊拉克、伊朗、科威特、沙烏地阿拉伯與委內瑞拉等國之代表，於伊拉克首都巴格達開會商討成立一個石油政策協調機構的構想。同年的 9 月 14 日，這 5 個國家正式成立「石油輸出國家組織」（Organization of the Petroleum Exporting Countries, OPEC），隨後該組織的成員國數目便由最初的 5 個，逐漸增加到之後的 13 個，後續加入該組織的成員國包括：卡達（1961）、印尼（1962）、利比亞（1962）、阿拉伯聯合大公國（1967）、阿爾及利亞（1969）、奈及利亞（1971）、厄瓜多（1973）、加彭（1975）與安哥拉（2007）。[17] 石油輸出國家組織成立的前五年，其總部設立於瑞士日內瓦，自 1965 年起則是轉移至奧地利首都維也納。

　　根據石油輸出國組織的相關法律規範，其成立之目的在於協調與統一各成員國的石油政策與輸出價格，並採用最符合各成員國利益的措施，來

---

[17] 厄瓜多於 1992 年退出，並於 2007 年再度加入該組織；加彭於 1994 年退出該組織；印尼則是於 2008 年起暫時中止其成員國資格。因此，OPEC 目前的成員國數目為 12 個。

維護成員國的個別利益與組織的整體目標。石油輸出國組織也希望藉由提出各種因應對策以確保國際油價的穩定，進而減少油價波動對成員國可能造成的損害。此外，石油輸出國組織亦會給予全球的石油進口國有效、經濟而穩定的石油供應，並給予石油工業投資者應有的報酬。[18]

不過1970年代世界對於石油的需求急遽上升，再加上1973年中東戰爭的爆發（第一次石油危機），使得油價飆漲四倍；其後，1978至1979年間伊朗革命引發波斯灣戰爭，造成第二次石油危機，也造成OPEC國家之間的分裂。故國際社會曾一度懷疑石油輸出國組織的治理功能。然而，不可否認石油輸出國組織對於石油的供需與價格具有相當大的影響力，該組織的石油產量大約占全球石油產量的45%，而該組織至今卻仍未將其所產出的石油完全提供給國際市場進行交易，大約有55%的石油產出是被該組織的成員國所擁有。因此，石油輸出國組織可謂目前全球石油交易市場最主要的「卡特爾」（Cartel）。

卡特爾

卡特爾（Cartel）是壟斷組織的一種表現形式，主要是由一系列生產類似產品的企業或機構所組成的聯盟，並通過某些協議或規定來控制該產品的產量和價格。事實上，OPEC也被認為是具有卡特爾性質的組織，雖然OPEC是由若干國家所組成，而非傳統卡特爾所定義的企業聯盟，但是OPEC在石油價格上協調運作優異，組織成員各方也能夠從中獲益，因而被視為典型卡特爾的組織運作形式。

（三）世界能源理事會

世界能源理事會（World Energy Council, WEC）成立於1924年7月11日，為當今全球重要的能源國際組織之一，該組織在將近100個國家設有委員會（member committee），成員更涵蓋了全球大部分的能源業界，

包括煤炭、石油、天然氣、核能、水與再生能源等。此外，該組織亦為聯合國立案之非政府、非商業性與非結盟性之國際組織。世界能源理事會於創立初期被命名為「世界動力大會」（World Power Conference），當時有 24 個成員國。第二次世界大戰期間，該組織的各項活動被迫中止，直到 1950 年才又再度恢復運作。1968 年，該組織更名為「世界能源會議」（World Energy Conference），至 1990 年 1 月正式改名為「世界能源理事會」。

　　世界能源理事會的主要宗旨為：推動永續能源的發展與運用，以增進全體人民的最大利益。而世界能源理事會目前的主要運作目標包括：

1. 匯集各種促進能源發展與運用方法的相關研究資訊，透過發表或宣導所得到的研究成果，追求最大的社會利益以及減少損害自然環境的目標。

2. 由世界能源理事會舉辦各類能源議題之相關活動，包括組織代表大會、學術研討會、專題討論會等，以促進能源發展與運用之相關研究活動。

3. 推動世界能源理事會與其他能源相關組織進行適度的合作。

　　世界能源理事會除為成員、能源產業與一般大眾提供各類服務，以及舉辦各種相關活動外，並以發表權威性報告、中長期能源規劃與政策建議等專業文件聞名於能源領域。[19] 有鑑於該組織的重要性，我國遂於 1969 年正式加入運作，並於 1984 年立案成立世界能源理事會中華民國總會。

三、能源領域國際組織面對之課題與挑戰

（一）全球能源需求持續增加

　　目前全球對於能源的消耗量，每年以 2% 至 3% 的比例持續增加，已普遍處於資源短缺的狀態（見圖 9-2）。就從已開發國家為主的「經濟合作暨發展組織」（OECD）來觀察，其人口約占全世界總人口的 18%，但其

---

[19] 關於世界能源理事會的歷史與運作，可參閱該組織官方網站。http://www.worldenergy.org/

能源消耗的比例卻高達全世界的 33%，顯示出全球能源消耗情況分布不均，以及已開發國家能源消耗過度的問題。[20] 除此之外，一些主要的發展中國家（如巴西、俄羅斯、印度與中國等）目前的國家政策就是致力於國內經濟的發展，使得這些國家的能源進口比例也大幅攀升。從全球能源消耗分布圖來觀察，可以發現俄羅斯、中國、亞洲（不含中國）、拉丁美洲等地區都是當前能源消耗量較多的區域，且消耗量也不斷地向上攀升（見圖 9-3）。進一步觀察，目前全球能源消耗來源仍然集中在石油、煤、鋼、天然氣、電力等非再生能源，再生能源的使用比例至今仍有相當大幅度的落差。

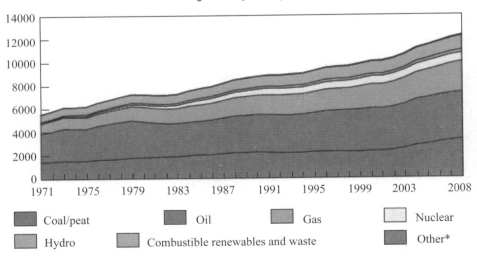

資料來源：International Energy Agency (2010), Key World Energy Statistics.

圖 9-2　1971 **年至** 2008 **年全球能源消耗成長趨勢圖**

---

[20] 相關數據參閱 International Energy Agency (2008), Key World Energy Statistics.

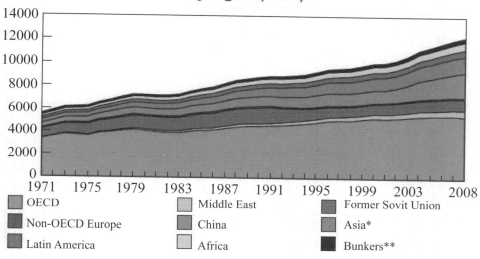

資料來源：International Energy Agency (2010), Key World Energy Statistics.

圖 9-3　1971 年至 2008 年全球能源消耗區域分布圖

　　因此，能源領域之國際組織當前所必須面對的一個重要問題，就是在全球能源需求不斷增加的情況下，如何協調世界各國的能源政策，並適度監控當前全球能源供需的發展趨勢。除了要將現有的全球能源產出做最有效率的運用之外，更要預防各國在能源爭奪之下引發大規模戰爭的可能。

（二）低估全球能源問題的思維落差

　　目前世界各國對於日益嚴重的能源問題存在一個更為嚴重的思維落差，這個落差甚至造成產、官、學界的思維謬誤，以致於全球能源問題無法受到應有的重視：（Leeb & Strathy, 2007: 208-226）

1. 在各國政府方面，為了解決長期的能源需求問題，勢必要擺脫人類對

於石油的依賴，並積極發展替代能源的使用。然而，目前大部分的政府仍然將較多的注意力放在支持石油增產方面，並且認為目前的油價比實際上應有的油價是較為偏高的。不僅如此，政府為了落實平價石油的政策，於是對於國內油價給予高比例的補貼，造成全球石油出現短缺問題，國內油價卻仍維持平價的現象。

2. 在產業方面，尤其是全球的石油產業，原油價格的提高對於石油產業的獲利有相當大的幫助，以致於石油業對於全球油價逐漸攀升的情況持樂觀其成的立場。如此一來，石油產業不僅不會提倡替代能源的發展，甚至可能向各國政府遊說以促使政府對油價進行補貼，來獲得更大的產業利益。

3. 在學術界方面，雖然目前許多學者對於氣候變遷議題的重視度逐漸提高，對於能源議題的關注卻是意外地低落。在李柏所著之《石油衝擊》一書，就提到一份學者普遍重視的議題排名，其中氣候變遷位居首位，而能源問題卻被排除在前十名之外。由此可見，學術界對於全球能源問題的關注遠不及氣候變遷議題所吸引的目光。（Leeb & Strathy, 2007: 208-226）但其實氣候變遷與能源問題兩者之間存在密不可分的關係。

從上述三種思維謬誤來看，能源領域之國際組織就扮演相當重要的角色，相關的國際組織必須適時針對當前的能源問題向國際社會提出建議與警告，使人們在潛移默化的環境下了解到能源問題的嚴重性。此外，能源領域之國際組織也必須主導國際輿論的議題設定，透過國際輿論對於能源議題的廣泛討論，讓產、官、學界能夠對於能源議題有更廣泛的視野與關心。

（三）再生能源發展的不確定性

由於傳統的石化能源即將耗盡，積極開發新能源來解決這項危機成為目前國際社會必須面對的當務之急。有鑑於再生能源的來源不虞匱乏、對環境破壞最小，當國家面臨緊急狀況時，也能透過再生能源維持能源供

給，進而保障國家安全。因此，能源領域之國際組織可以做為各國相關研究之交流平台，促進再生能源的發展與推廣，做為未來替代能源的發展基石。然而，雖然替代性能源具有可以不斷循環利用的特性，但由於各國地緣環境不盡相同，亦或者利用該項再生能源所需的成本過高，導致再生能源的利用率至今仍然偏低，非再生能源的使用比例則是居高不下。因此，如何降低再生能源的成本、減少再生能源利用之障礙，仍將是未來能源性國際組織所必須面對的課題，唯有積極發展再生能源做為當前全球能源市場的替代產品，才能有助於避免未來爆發能源危機的可能，或減緩未來能源危機的衝突。

第十章　國際組織與全球治理

　　回顧人類歷史發展的過程，為了因應瞬息萬變的大環境與人事物，人類社會必須試圖尋求因地制宜的治理（governance）模式，以維持良好的秩序。而國際社會由於處於缺乏一個最高中央權威的無政府狀態，國際社會成員會隨著不同的時空背景而試圖尋找與制定一套共同認定的治理標準、規範與機制。單極多元及兩極體系對立都曾維持國際社會的穩定與秩序。但是隨著冷戰的結束、全球化浪潮的推進、全球性議題的興起，以及行為者的增加，國際社會中治理的內涵變得更為廣泛且繁雜。然而，面對這樣的時空背景，「國際社會該採取何種治理模式」、「對於既有的行為者（如國家和國際組織）又會產生哪些影響」都將是國際關係研究中必須面對的課題。尤其是近年來所謂「全球治理」概念的出現，不僅引發各界的探討，更對當今國際社會與國際關係的發展產生理論與實際的影響。而在20 世紀國際關係上扮演日益重要角色的國際組織，勢必亦將隨人類治理內涵的轉變而有所變化。

第一節　全球化與國際組織的挑戰

　　「全球化」（globalization）一詞首次被使用大約是在 1960 年代初期，但直到 1990 年代才開始頻繁地出現在各種不同的報章雜誌與媒體。但什麼是「全球化的意涵」則是見仁見智：可以是意味著時間與空間的大幅壓縮，也可能指涉降低國家間障礙與鼓勵更緊密的政治、經濟、社會與文化的交流。重點是驅動全球化的動力及其所衍生的全球性問題，已改變

人類傳統的治理內涵，並對國際社會過去的治理模式及國際組織產生影響與挑戰。

一、全球化的動力

　　冷戰結束讓國際政治局勢改變，兩極壁壘的緊張局面不再，國際體系不斷地在調整適應，以尋找和建立新的國際秩序。加上在全球化浪潮的帶動下，國家彼此間的距離更加緊密。一般而言，推動全球化的動力至少包含科技進步、經濟型態的改變、議題增加、國家解決問題的能力衰退，與非國家行為者的出現等五大動力。（Rosenau, 1990: 12-16；江啟臣，2003：272-294）

　　第一、拜科技進步之賜，讓資訊流通與傳播的速度、成本、數量，甚是品質部分都產生相當大的變化。舉例而言，早期寄一封信需要手寫內容後，經由郵局依照重量、數量與送達地點收取費用，透過交通運輸設備運送達目的地，最後再送至收件人手中，這樣的過程不僅耗時費力且成本高。然而，現在只要有資通訊科技的乘載工具（如網路電腦或 3G 行動電話）就可以迅速將資訊傳達給同樣擁有資訊乘載工具的接收者，大大減少所必須花費的時間與金錢成本，並且這樣的改變正快速地普及到世界各個角落。又隨著交通運輸技術的發達與成本的降低，舉辦國際會議、進行國際交流的難度降低，不只各國元首及重要官員更容易坐下來面對面溝通，一般民眾的生意往來、社會交流頻率也驟然上升。而也是因為科技的進步，透過網際網路就可以搜尋到任何想要獲得的資訊，使得「知識」的進化與淘汰更加快速。透過即時通訊軟體（MSN、SKYPE）、視訊會議等網路通訊媒介，更降低了個人對個人、個人對政府、國家與國家之間的溝通障礙，同時也使得彼此間相互依存的關係更密切。

　　第二、在技術進步的帶動下，經濟型態也隨之產生重大改變。無論是商品、貨物、人員與資金得以不受時空的限制快速流通於世界各地，關稅與非關稅障礙的消除不僅加速了貿易自由化，同時也加深行為者間的互賴關係。加上後福特主義（post-Fordism）的出現，不同於傳統福特主

義在一國之內大規模生產的模式，如今生產線分散到不同國家或區域的現象已相當普遍。經濟型態的改變也幾乎讓所有國家難以完全置身於全球經貿體系之外，經濟就如同科技一般，將世界連結得更加緊密。誠如佛里曼（Friedman）在《世界是平的》（*The World is Flat*）一書中提到美國企業將部分客服業務外包給印度公司，利用時差以達成 24 小時服務的目標，這正是科技進步所帶來的經濟型態轉變的例證之一。

　　第三、所謂議題的增加，是指因科技的進步與經濟互賴程度的提升所衍生的眾多具跨國性質、全球性質與互賴性質的問題，如毒品走私、跨國犯罪、恐怖主義、金融危機、環境衛生與疾病的全球性蔓延等現象，讓國際社會各行為者必須處理的議題變得更加廣泛。此外，由於議題層次環環相扣，這些議題有時候不僅僅是存在國內或地方層次，更向上提升到區域或全球層次，增添解決議題的複雜度與困難度。就以 2008 年至 2009 年的全球金融海嘯為例，起因是美國的次級房貸，但在世界經濟互賴程度史無前例的今天，其效應最後擴散到世界各國，釀成全球性經濟危機，甚至使若干國家如冰島宣告破產。在議題增加與擴散的趨勢之下，全球化的現象也更加明顯。

　　第四、隨著跨疆界與全球性議題的增加，傳統主權國家與政府解決問題的能力出現衰退的現象。由於議題具有跨域性與互賴性，國家難以再依靠單一力量或領域管轄權來處理問題，必須尋求與其他行為者的合作。這樣的現象也導致民眾對於政府的信任或是順從度降低，開始質疑國家、政府治理的能力。美國在遭受 911 恐怖攻擊後，曾大力推動反恐怖主義與國土安全政策，然而當今的恐怖主義已非昔日單純的恐怖份子作為，其對象、範圍、手段都有了大幅度改變，如今恐怖組織更加嚴謹複雜，因為互賴程度的提高，恐怖行動的影響也更為廣泛。因此，美國推動反恐政策並無法只靠自身力量，還是需要藉由與其他多邊國際機制的合作，以強化打擊恐怖主義的成效。不僅打擊恐怖主義的議題如此，日益增加的全球性問題，諸如氣候變遷、全球暖化、能源危機、傳染病等，也都在在證明國家的能力遇到挑戰，無法單獨面對、處理這些問題。而全球化的現象也勢必更無法避免。

　　第五、非國家行為者（如非政府組織、公民社會、跨國公司及個人等）的興起。藉由科技進步與資訊快速流通讓非國家行為者可以更便捷且大量獲取知識、資訊，提升其思考、批判的能力，並開始會質疑、挑戰傳統權威的正當性與合法性。同時，非國家行為者（尤其是非政府組織、專家社群）也開始在國際社會發揮專長、提供諮詢、嶄露頭角，積極參與各類跨國性議題之處理，其影響力也因而日益提升。例如綠黨（Green Party）或綠色和平組織（Green Peace）等環保組織，無論是實際參與政策運作與執行，或以身為公民團體施加壓力影響政策制定，都積極在各個層次推動環境保護的議題。

　　綜言之，由於上述源源不絕的推動力，讓全球化在 1990 年代以來有了相當豐碩的進展，也改變了國際社會的結構，及國與國、國家與非國家行為者的互動關係。全球性議題也因而大量興起，對國際社會的治理帶來影響與挑戰。

二、全球性議題之特質與挑戰

　　在全球化動力的帶動下，人類社會與國際體系可說面臨第二次世界大戰之後最大的轉折，尤其是國際社會被迫關注與面對的議題範圍越來越廣泛，層次也更加複雜多元，甚至有些議題影響擴及全球。一般來說，伴隨全球化過程而來的全球性議題具有以下的特質：（袁鶴齡，2003：28）

（一）具全球的公共性：全球性議題發展的範圍往往是超出單一國家的管轄權與處理能力之外，必須藉由與其他行為者的合作才能真正有效管理或解決問題，甚至與所有行為者息息相關。例如：全球氣候變遷議題，姑且不論究竟是誰的行為造成全球氣候發生異常現象，但要真正有效管理氣候變遷議題的關鍵，就是必須仰賴所有行為者的參與及合作，否則都將只是控制部分因素，而無法發揮最大效果。

（二）具有穿越疆界的外部效應：即一國之某項作為的後果或影響，有可能會是由他國所承擔。舉例來說，河川上游的國家若未嚴格規範保護河川水質之政策，則會使得連接河川下游的國家必須付出額外成

本以改善受污染的河川水質。全球化的效應導致國家間實質疆界的模糊化，在此情況下的行為者，再也不能只考量到自身利益，而是必須顧及到世界整體的福利。

（三）具有政治性：正因全球性議題具有全球的公共性與無法分割的特性，因此無論是追求共同利益（如 WTO 全球貿易利益）或避免共同災難（如全球氣候變遷問題）時，都需要仰賴所有行為者的參與及合作，並且透過某種政治性的制度安排，像是單邊的霸權力量、雙邊的議題連結和多邊機制的建立，才能夠真正有效管理和解決問題。簡言之，全球性議題無論是否直接與政治相關，其背後都代表著某種政治的意涵，譬如由《京都議定書》的簽署、批准過程觀之，美國基於國內政治的考量不願意批准京都議定書，主張透過其他方法及機制來緩解碳排放與暖化問題；而國際政治的角力也使美國主張中國、印度等當今溫室氣體排放量龐大的發展中國家也必須共同負起氣候變遷的責任。牽涉到的國家數量越多，利益糾結也就更為複雜，「政治性」正是全球性議題不可抹滅的重要特徵。

　　由於全球性議題具有公共性、跨疆界的外部效應和政治性的特質，故也為國際社會的治理問題帶來下列挑戰。首先，主權國家的權力受到其他非國家行為者稀釋，國家再也不是唯一的行為者，單一主權國家無力處理全球性議題，須要透過與非政府組織、跨國企業、公民團體和個人的合作，才能解決問題。然而，全球性議題就必然會擴大國家與國家間的實質合作或促使國家與非國家行為者共同處理全球性問題嗎？答案似乎很明顯，因為仍有不少全球性的問題無法獲得有效的處置，甚至繼續惡化當中。因為全球性議題的政治性與外部性讓國家與非國家行為者有其各自的利益盤算，加上國際社會中的行為者有增無減，就更添合作的難度。

　　其次，面對國際公共問題，雖然有時候必須藉由霸權提供公共財（common goods）的方式促成集體行動，但是隨著全球性議題涉及行為者的範圍日漸廣泛以及內容的複雜度不斷加大，一方面霸權或強權國家已逐漸無力提供公共財，另一方面則是出現多頭馬車試圖影響議題發展、各取

所需，以致缺乏共同的領導（leadership）。加上許多全球性議題幾乎涉及地球上每一行為者，所以擔心搭便車（free rider）的情況也讓全球性議題的處理雪上加霜。這些無一不在挑戰當今全球性問題的治理，當然也包括國際組織的運作與成效。因此，國際組織的功能是否能夠發揮效用、會遭遇到哪些難題、如何與其他非國家行為者互動等都是值得探討的問題。

三、現今國際組織面臨之問題與挑戰

　　國際組織做為國際社會的行為者，能夠獨立參與國際事務、行使國際權利和承擔國際義務，同時也在某方面限縮了國家行使主權的範圍。國家也為了降低國家之間的交易成本、增進彼此間共同利益以克服集體行動的困境（如搭便車、囚徒困境），願意釋放部分主權給國際組織，以最小的代價換取最大的利益。而國際組織則利用國家所讓渡的部分主權、國際社會的道德規範、國際法的權威，以及其自身所擁有的經濟、技術等權力來源，讓國際組織得以順利運作。

　　冷戰的結束還曾經讓人以為新的世界秩序就要形成，尤其認為以聯合國做為一種解決國際治理問題的政府間機制將最終成為事實；但隨著聯合國在波士尼亞、盧安達、索馬利亞維和行動的接連失敗，突顯出國際組織處理國際和平與安全議題的能力問題與侷限。如今，在全球化的浪潮之下，國際組織又面臨哪些問題與挑戰？

　　首先，由於科技進步與經濟相互依賴程度的增加，使得議題發展有明顯廣化與深化的趨勢。然而，大部分的國際組織僅能進行特定議題的管理，使得在面對科際整合的趨勢與議題多元化的情況下，既存的國際組織未必得以有效解決全球性、跨領域的問題。

　　其次，除了聯合國架構下的國際組織具有全球範圍的特性，其餘的國際組織多為區域性組織。因此，要如何讓區域層次的國際組織與全球層次的國際組織進行搭配、合作，就成為問題能否有效解決的關鍵因素。甚至部分行為者因對聯合國架構下的國際組織運作不具信心而另起爐灶，成立新的國際組織，結果反而導致資源的分散。相對地，區域性國際組織必須

思考如何有效利用有限的資源與其他相關國際組織合作，在議題行動上進行整合，以順利彌補區域性國際組織在面對全球性議題的功能缺陷。

　　只是，倘若想要進一步改善國際組織在面臨全球性議題時的種種缺陷，就會涉及到對既存國際組織進行改革的問題。國際組織本身就具有高度的政治性，誰都不願自身利益在改革的過程中被犧牲。以聯合國改革為例，聯合國前秘書長安南於 1997 年指出，聯合國應該減少功能重疊、改善組織協調性與可靠性，以應付 21 世紀多邊主義的挑戰。他認為改革應該從組織重整、維持和平、人員與管理，以及提升公民社會和私人企業的參與等四方面著手，其中以組織重整最為繁雜，因為要整合聯合國架構下相關領域的功能、對組織進行瘦身合併，牽涉到許多政治性或是技術層面的問題。因此，從提出改革的意見（1997 年），到實際上進行改革（2004 年）也產生了將近十年的落差。

　　第三項國際組織所要面臨的挑戰，就是其他非國家行為者的興起。現今若國際組織未能在決策過程中納入非國家行為者的意見，單以國家或國際組織立場處理全球性議題，就可能無法真實反映出所有行為者的立場與利益。以現階段發展來看，有國際組織希冀以有效率的方式處理全球議題，卻往往造成非國家行為者無法有效參與決策過程，亦無法充分表達其立場與意見，最後導致政策與實際需求上的落差。因此，隨著其他非國家行為者的興起，「國際組織如何彌補其代表性侷限」的問題也成為當今國際組織的另一大挑戰。

　　隨著全球化的興起與全球性問題的增加，現今國際社會似乎已逐步地發展出一套新的治理模式——全球治理（global governance），而這是什麼樣的治理模式？具有哪些特性？與原先既有的國際建制的治理有何差異？對於全世界秩序發展的影響為何？值得吾人進一步關注。

第二節　全球治理的源起與發展

　　全球化不只是改變了全世界的市場經濟活動，對於傳統國家政府治

理的模式同樣也帶來了刺激。傳統上，主權國家在國際社會中被視為最主要，甚至是唯一的行為者，但隨著全球性事務日趨複雜及人員高度交流的情況下，逐漸走向「主權分享」的非排他性治理。在進一步研析影響治理模式轉變的因素與過程之前，先要釐清治理（governance）與政府（government）的差異。

一、治理與政府

　　國際關係學者羅斯諾（James N. Rosenau）在 1992 年出版的《沒有政府的治理：世界政治中的秩序與變遷》（*Governance Without Government: Order and Change in World Politics*）一書中，定義「治理即是秩序加上意圖性」（governance is order plus intentionality），意指國際關係中的行為者，彼此間的互動會影響各自的決策行為，進而加以處理安排形成某種秩序，以解決共同問題。（Rosenau, 1992: 5）換言之，「治理」就是將無政府狀態下各種自利行為者所做出的脫離常規且不受到限制的行為，進行有意圖的系統性規範。（Bruhl & Rittberger, 2001: 5）

　　申言之，「治理」具有下列特徵：（1）治理不是一套規則，或是一種活動，而是一個過程；（2）治理過程的基礎不是控制（domination），而是協調與包容（accommodation）；（3）治理的範圍同時涉及公共部門與私部門；（4）治理不是一種正式的制度，而是持續性的互動。（Smouts, 1998: 84；袁鶴齡，2003：33-34）

　　根據上述的說明，不難看出「政府」（government）與「治理」（governance）有著本質上的差異。「政府」擁有合法的權威性、擁有警察權，且對政策的執行必須負起責任，而「治理」則未必是透過法律途徑來進行、不需透過警察權來強制執行，且未必具有法律上的責任。也就是說，「治理」所涵蓋的範圍比「政府」更加廣泛，除了政府機構外，同時也包含了其他非政府的行為者。「政府」在大多數人反對時仍可執行政策，但成效不一；而「治理」的政策執行則需要大多數人的共識，因此往往會比政府更有成效。（Rosenau, 1992: 4）

不過，國際社會不像國家內部擁有最高權威的中央政府，掌握合法的警察權與軍隊力量。因此，當治理概念從國內層次向上延伸到國際層次，國家必須透過國際建制或國際組織等讓渡主權的相互合作方式，來處理主要的國際議題，以彌補無政府狀態所帶來的治理困境。

二、國際建制與治理

隨著各種議題領域的層次逐漸提高以及科際整合的趨勢發展，國家治理的侷限性也愈來愈顯著，國家層次已逐漸無法負荷國際議題所帶來的衝擊與影響。因此，世界各國便希望尋求政府間的合作，透過彼此之間的合作交流平台來處理各種國際性議題，也就進一步開始形成所謂的國際建制（international regimes）。克瑞斯納（Stephen D. Krasner）認為「國際建制」是指在特定的議題領域中一套明示或暗示的原則（principles）、準則（norms）、規則（rules）與決策程序（decision-making procedures）的組合。「原則」指的是對於事實所持的信念；「準則」是指權利與義務之判定標準；「規則」是指對於行為的具體規定；而「決策程序」是指執行集體選擇（collective choice）的實踐。[1]

國家行為者期待藉由參與國際建制或國際組織，以解決國際層次的治理問題。克拉托赫維爾（Friedman Kratochwil）與魯基（John Ruggie）認為國際建制和國際治理是密不可分的，是以國家為中心的概念與作法，且通常是以較狹隘的「議題領域」（issue-areas）為焦點。（Kratochwil & Ruggie, 1986: 754）不過，楊格（Oran R. Young）則不以狹隘的議題領域（narrow issue-area）為限，而是將相關議題的建制放在一起，以多重的系統性觀點來探究國際環境議題與國際治理的關係，開始以國際治理體系

---

[1] 原文為 " Regimes can be defined as sets of implicit or explicit principles, norms, rules, and decision-making procedures around which actors' expectations converge in a given area of international relations. Principles are beliefs of fact, causation, and rectitude. Norms are standards of behavior defined in terms of rights and obligations. Rules are specific prescriptions or proscriptions for action. Decision-making procedures are prevailing practices for making and implementing collective choice."（Krasner, 1983:2）

的概念去分析國際環境議題的問題所在。因此，國際建制成立初期以特定的個別議題為主，然而，相關議題範疇的重疊與深化將逐漸促成國際治理體系的形成（the system of international governance）。（Hewson & Sinclair, 1999: 11-12）

但是，隨著冷戰結束、科技革命與全球化的發展，全球性議題的逐漸興起已影響到國際建制與國際治理體系的發展。世界各國除了透過原先的國際治理模式來處理這些相關的全球事務外，也期望將其他的非國家行為者納入運作範圍之內，使這些全球性議題處理的運作機制能夠更臻完善。這也形成了「全球治理」（global governance）的雛形，除了「國家」這個原先主要的行為者之外，其他的非國家行為者也逐漸成為全球治理之下的重要角色。

三、邁向全球治理

對於「何種模式才能符合現今國際社會的治理需求」此一課題，國際關係的研究各有不同的見解，有的是提出改革現有聯合國等傳統國際建制的缺陷，增強其處理全球性議題的能力；也有主張提出跨國建制（transnational regimes）的看法，認為非國家行為者在國際社會中應當扮演更重要的角色；再者，則是將前兩者合併，同時將國家與非國家行為者納入治理運作，提出所謂全球治理的概念，即是將全球治理視為是治理概念在全球範疇上的擴展。

以羅斯諾（Rosenau）的論點為例，全球治理的基本內涵係各國政府並不完全壟斷一切合法權力、不再壟斷指揮和仲裁的政治職能。除政府以外，社會上還有一些其他機構和組織，如企業或非政府組織等，負責維持秩序，共同構成本國的和國際的某些政治、經濟和社會協調形式。

申言之，全球治理的「治理」至少有下列四點意涵：第一，單一主權國家無法獨立解決全球性議題所衍生的問題，必須仰賴所有行為者的參與才能夠有效達成目標；第二，參與全球治理的主體相當多元，包括國家、國際組織、國際建制、非政府組織（NGOs）、跨國公司（MNCs）等國家

和非國家行為者，其中非國家機制的影響力提升，共同分享治理的責任；第三，全球治理包含全球、區域、國家與次國家（地方、社區治理）等不同的治理層次，彼此間相互連結與影響，是屬於無階級制度架構的多層面運作；第四，治理形式除了傳統以國家為中心、「由上而下」的決策過程外，同時也有「由下而上」的解決方式。（袁鶴齡，2003：34-36）

　　由上述有關全球治理概念各層面（包括行為者、層次、過程）之闡述說明觀之，全球治理最重要的特色與發展，可說是非國家行為者的興起，與國際社會出現全球公民社會（global civil society）的力量。皮耶（Jon Pierre）與彼特斯（B. Guy Peters）的研究即指出，傳統國家的權力從政治菁英手中移轉至社會組織或機構，以及藉由非政府組織提供公共服務或執行政府政策方案的現象，稱為向外移轉（moving out）的治理。（Pierre & Peters, 2000: 83-91）重點是這些力量不只扮演著監督者的角色，它們也是行動者，可以與政府進行大規模合作，提供原本由政府負擔或政府不願提供的公共服務。（Mark & Hulmer, 2001: 226）

　　職是之故，聯合國在前秘書長蓋里（Boutros Boutros-Ghali）的支持下於 1992 年成立「全球治理委員會」（The Commission of Global Governance），該委員會並於 1995 年提出《我們的全球夥伴》（Our Global Neighborhood）研究報告中為全球治理提出以下說明：「治理是各種公私機構或個人管理其共同事務的諸多方式的總合。這種方式以持續的過程使相互衝突的，或不同的利益得以調和，而得到合作的行動。它既包括有權迫使人們服從的正式制度和建制，也包括人們或機構同意或認為符合其利益的非正式安排。」[2]

---

[2] 原文如下：“Governance is the sum of many ways individuals and institutions, public and private, manage their common affairs. It is a continuing process through which conflicting or diverse interests may be accommodated and co-operative action taken. It includes formal institutions and regimes empowered to enforce compliance, as well as informal arrangements that people and institutions either have agreed to or perceive to be in their interest.” 請 參 照 The Commission of Global Governance (1995).

第三節　全球公民社會之發展

　　在全球治理逐漸興起的時代，全球公民社會成為不可忽視的重要行為者之一。也由於當前許多全球性議題已經無法完全以傳統的國家政府為中心，而必須將其他的非國家行為者納入運作範疇之下，全球公民社會的重要性開始愈來愈受到矚目。然而，公民社會的本質究竟為何？全球公民社會發展的歷史脈絡又是如何？以及全球公民社會與全球治理之間有何關係？以下本節將就這些問題做進一步之探討。

一、公民社會的本質

　　「公民社會」（civil society）的概念起源於 18 世紀，指的一群由公民所組成的團體，透過法律體系彼此約束，做為爭端解決的機制。黑格爾（Hegel）認為公民社會是存在於家庭與國家之間的層級，而公民社會的出現是希望追求團體生活的秩序與穩定，在法規或社會運作上都希望達到法治的目標，與人類的原始生活狀態差異甚大。（Wapner, 1995: 68）而公民社會在當代的認知中可說有無數的定義。不過，一般而言，公民社會是指一個不受強制力拘束而由人民自由、自發組成各種團體的場域，所有團體成員都在自願情況下彼此結合，形成一個能發揮作用的社會基礎，更是對有實質力量支持的實體結構（例如政府或市場）的重要制衡，以確保或增進自身利益與價值；而公民社會是介於國家和家庭之間的中介性社團領域，雖然自治於政府之外，但仍受到各國法律與團體共同規範之管轄，屬於一種具有組織性的社會生活領域。

　　因此，公民社會是有別於第一部門（或稱公部門）的政治力與第二部門（或稱私部門）的經濟力，在形式上是既非政府單位、亦非一般民營企業的事業單位的第三部門（又稱志願部門，voluntary sector）。主要包含公民結社、非政府組織（自願團體、非營利組織）、非官方的公共領域，和社會運動等四項基本要素。（何增科，2003）在實踐上，公民社會經常存在於經由註冊的非政府組織，諸如慈善機關、社區團體、婦女組織、信

仰團體、職業社團、商工協會、自助團體、社會運動、遊說團體等。國內公民社會的發展，一方面象徵人民自我意識的覺醒，人民得以在國家與市場之外的場域有意見表達、訴求的機會。另一方面，公民社會發達的意義在於積極扮演制衡角色，尤其是監督國家政府的運作，透過遊說或遊行、請願等發起社會運動的方式，影響國家的政策制定，更藉由靈活的組織運作，彌補國家或市場失靈的缺失，負擔起部分的公共服務，促進社會公益與價值維護。

在西方社會運動的推動與科技進步的影響下，各種意識形態或 NGOs 跨國界交流的機會大增，讓世界各地的公民社會發展的範圍擴大，可以與其他擁有共同想法與價值的人事物連結，具有跨域性的全球公民社會（global civil society）於是逐漸興起，凝聚各自力量將其影響力發揮到極大化，提升可影響的範圍與層次。

二、全球公民社會的出現

冷戰結束，突破了意識型態的藩籬，國際關係的焦點不再侷限於戰爭與和平，更多著重在環境保護、傳染病、人道救援、人權與經濟社會發展等議題上，公民社會則在這些議題上扮演積極的角色。尤其隨著科技進步與通訊的傳播，各國社會與人民穿越了疆界的限制，在國際社會上建立起共同價值與目標的組織，逐漸形成一個跨國界的關係網絡，不僅更改變了個人的思維與環境，也促使全球公民社會的出現與發展。

然而，什麼是「全球公民社會」？有學者認為全球公民社會應當涉及一個公民社會所會參與的活動，並且同時具備以下要件：（1）關注全球性議題；（2）具有跨國界的溝通能力；（3）全球性組織或網絡；（4）跨議題的連結。（Scholte, 1999）換言之，全球公民社會應該長期關注全球性議題，並且懂得利用網路與科技，將世界各地關懷相同議題的人事物串聯起來，透過全球性組織適時地將意見傳達出來。除此之外，全球公民社會應當結合各種不同層次（地區、國家、跨國和全球）的運作模式，更為有效地面對全球性議題的挑戰。

此外，我們可以將全球公民社會視為公民社會在國際層次的延伸。從公民社會到全球公民社會，將國際視為一個社會體制，其行為者模式與國內公民社會發展類似，由於在國際公共財出現供需失衡的情況下，市場無法提供各國所需要的服務，而全球公民社會以服務大眾、不以營利為目標的特性，就正好彌補了這樣供需失衡的困境；另外，國際社會有時候會忽略非主流或邊陲地帶弱勢團體的利益，未能達到社會的公平與正義，全球公民社會可填補此不足之處。因此，全球公民社會的功能與重要性逐漸受到國際社會的重視，特別在全球化過程可能造成貧富差距擴大、社會階層極化、城鄉發展落差、經濟產業邊緣化等衝擊公平與正義的效應下，全球公民社會存在與否及其扮演之角色更是關鍵。

三、全球公民社會與治理

與國內公民社會類似，為影響政府政策的制定，全球公民社會也試圖藉由遊說、抗議、傳播或其他手段，影響全球公共議題，讓全球治理能夠邁向更公平、正義的理想境界。雖然全球公民社會的運作跳脫了國家體系，但仍必須透過一個政治媒介做為行為的代理者，通常是國際非政府組織（INGOs）。換言之，INGOs幾乎就是全球公民社會的代理人，而INGOs組織網絡的強弱、影響力大小、代表性充分與否，也就自然反映出全球公民社會發展的程度，且不同領域或議題的INGOs其實也代表全球公民社會在不同領域的發展情況。但不論如何，這些INGOs代理全球公民社會成為治理過程中的重要行為者，以各種方式影響治理過程中的討論、立場與決策。

舉例而言，綠色和平組織（Green Peace）成立初期，受到當時環保運動強調行動主義（activism）的影響，主張以直接行動（direct action）的方式動員群眾，企圖對政府施加壓力，並且與相關當局和國際組織進行談判，藉由其研究結果報告提出建言與行動，廣泛地推動環境技術及產品之發展。或者，國際特赦組織（Amnesty International, AI）的目標為釋放所有良心犯、確保所有政治犯能獲得公平與及時的審判、廢除死刑、刑求

和其他殘酷、非人道或羞辱的待遇或懲罰、終止非法處決和「失蹤」等，主要是讓侵害人權者能依照符合國際規範的方式受到法律制裁，以對抗免責。因此，國際特赦組織成立研究調查小組以關注全世界侵犯人權的情況，發表詳細報告給新聞媒體，發動公眾向各國政府以及其他有影響力者施壓，以終止侵害人權的行為。

此外，1990 年代末期反全球化運動人士在世界各地發起許多活動，其中最令人印象深刻的是，1999 年 11 月在美國西雅圖召開的 WTO 第三次部長會議，會議遭到大批反全球化人士示威抗議，癱瘓會議進行，最後該會議本身也沒有達成任何共識。上述例子說明全球公民社會透過 INGOs 實際參與全球治理的各種方式，無論是中斷會議進行、或者以媒體或輿論力量等皆期望藉此能影響國際社會中重要之決策，甚至是相關議題之 INGOs 提出其研究報告與建言給決策者做為參考，試圖以「建設性破壞」的運作模式，提升全球公民社會在國際社會的地位。

雖然國家體系有時候無法有效率地運作，使得一些國際協議形同虛設，但事實上國家體系仍然為全球治理提供良好的運作架構：第一，國家體系合法化與激勵全球公民社會的運作，因為國家體系可提供全球公民社會所需要的資源，且國家有一套法律系統來制定交易型態，保障國際互動下自身的權益；第二，國家體系推動全球市場整合，進而促進全球公民社會的發展，許多 INGOs 的發展，就是受經濟全球化的影響。（Wapner, 1995: 74-75）因此，這些無主權的行為者（sovereignty-free actor）不受到國家疆界的束縛，在國家體系的大環境下依然可以專心致力於某一全球性議題。（Wapner, 1995: 76）

理論上，國際秩序的構成取決於公、私部門，以及全球公民社會三方的互動內容與關係。但是，直到第二次世界大戰後，全球公民社會的規模與重要性才逐漸提升。更重要的是，受到全球化與全球治理環境的影響，全球公民社會開始採取建立各式的串聯機制、組成合作聯盟、與聯合國進行合作，及與國家進行合作的方式，以提升全球公民社會在國際社會與治理過程中的影響力。而全球公民社會的代理人 INGOs 的運作亦逐漸開始仿效多國公司的模式，有效管理手中資源，同時以更便捷且有效地將援助

送達需要的地方。因此，讓許多資源反而轉向流入全球公民社會，相對增加全球公民社會在全球治理上的份量與國際社會中的影響力。

第四節　國際組織與全球治理的未來

　　如前文所述，全球化的過程與動力帶來日益增加的全球性議題，全球性議題的公共性、跨域性、外部性與直接性不僅衝擊國家的能力、主權、管轄權、自主性與獨立性，更加快非國家行為者的興起與全球公民社會的形成，進而挑戰人類與國際社會中的傳統治理內涵及模式，所謂的「全球治理」開始成為全球化大環境下，國際社會面對全球性議題的重要合作概念與實踐。而做為 19 世紀以來國際社會要角的國際組織，當然也不免受到全球化與全球治理興起的影響。尤其傳統上以國家為中心的國際組織體系，諸如聯合國、聯合國專門機構、區域性國際組織、安全領域的國際組織等，已不斷受到來自非國家行為者或是以 INGOs 為主體的全球公民社會所提出的質疑、挑戰與建議。當然，這些既存國際組織也正在設法包容新的國際社會行為者、接受質疑與挑戰、改革決策程序與組織架構、提出新的治理思維與做法，以滿足人類對全球治理的期待。但是，畢竟全球治理的理想境界非一蹴可幾，特別是國際組織與全球治理的連動關係與未來發展至少涉及兩大問題：一是國際社會中行為主體與權力的結構問題；二是如何強化國際組織在治理層面的能力，以處理人類社會急需共同面對的全球性議題。

一、主體與權力的結構問題

　　全球治理最重要的特色之一，就是非國家行為者的興起。這對傳統國際關係中的主要行為者──民族國家──在國際社會權力結構上的地位無疑是一大挑戰。因此，要邁向全球治理的理想境界，國際社會就無可避免地必須在觀念上與實踐上，重新思考甚至調整「國家」在國際社會結構上的主體與權力地位問題。簡言之，全球化下的國家角色及其權力會如何改

變？全球治理概念下的國家角色及其權力又該如何調整？然而，非國家行為者或全球公民社會的角色與權力難道就因此取代國家嗎？這些問題的答案將影響國際組織在全球治理下的發展。

一般而言，有關全球化下國家的角色定位說法有三：（1）國家的主權與權力已逐漸消退。這種觀點認為國家缺乏足夠處理全球性議題的能力，並且國家難以抵抗經濟全球化的發展，國家的權力將喪失於快速整合的全球單一經濟市場。由於國家權威的正當性下降，國家無法滿足人民的需求，使得其他非國家行為者開始出現，彌補國家的不足之處；（2）國家權力消退但仍是重要的主體。全球化並未跳脫國家權力的行使，反而必須藉由國家權力來維持全球化的運作，許多全球經濟管理架構仍是以國家為主體；（3）主體與權力從國家進入到「民族國家家族」（nation-state family），包括了國家、國際組織、國際建制。（張亞中，2001：7-12）雖然國家已不再是唯一的主體，但一些非國家行為者卻也無法維護人民的安全與福祉，如 NGOs、跨國公司或全球資本市場，因此這些非國家行為者不可能取代國家的角色。他們認為國家的權力並非轉移至非國家行為者，而是交由「民族國家家族」來代為行使，由這些國際建制或國際組織來處理全球事務。

由此可見，傳統上以國家為主體的國際社會似乎仍未有共識將拋棄國家的角色；即便對國家在全球化與全球治理下的角色與權力仍有爭議，亦尚未準備將國家完全移除於國際社會或以其他行為者取而代之。實際上，國家在國際社會上的許多領域仍有其無可取代之角色與權力，包括國防、軍事、公共建設、徵稅、社會福利，甚至公共衛生的保護與市場機制的維持等。以 2008-2009 年發生的全球金融海嘯為例，如無各國政府注入資金、強救民間金融機構、實施各種景氣刺激方案，加上國家間的通力合作提振國際經濟的信心，其後果恐怕更甚 1929 年的大蕭條（Great

---

3 1929 年 10 月 29 日「黑色星期二」美國股票市場崩盤，成為美國歷史上最黑暗的一天，「經濟大蕭條」（Great Depression）也正式開始。1933 年，美國失業率攀升到最高點，有四分之一的勞工失業，許多人因此無家可歸。胡佛（Hebert Hoover）總統企圖控制危機，但是卻無能為力。1932 年羅斯福（Franklin Delano Roosevelt）當選美國總統，推動「新政」（New Deal）以解決美國的經濟危機。

Depression），[3] 更無法期待危機可以在短時間內解除。況且，以國防為例，國家仍是目前世界上唯一具有武力使用正當性的行為者。

所以，在國際社會尚未出現任何足以取代國家的政治單位之前，國家的主體角色與權力可能會應不同全球性議題的需要而有所調整、改變，但不致於消失。不過，此亦意味期待完全沒有國家的全球治理境界在現階段並不切實際，而由國家與非國家行為者或全球公民社會共同參與的全球治理或許才是最有可能的情境與趨勢。換言之，全球治理的未來在某種程度上將取決於國家與非國家行為者的互動關係與平衡關係。

二、國際組織治理能力之強化

如前文所述，全球化的浪潮其實也帶給國際組織不少挑戰，包括非國家行為者的崛起、全球性議題的興起、跨領域問題的整合與合作等。尤其是在國家與全球公民社會必須共同參與的全球治理環境下，國際組織（包括 IGOs 與 INGOs）的角色與能力就更加令人期待。其中，國際組織的能力如何強化以符合治理目標的需求，應是全球治理未來發展的關鍵。

基本上，全球治理的運作有賴三大制度支柱的相互協調、整合，分別是（見圖 10-1）：政治支柱（包括國家與 IGOs）、經濟支柱（包括市場、跨國公司等），與社會文化支柱（包括公民社會與 INGOs）。因此，除了國家的主體角色與權力須要調整外，為有效協助全球治理的運作，國際組織首先必須強化其在國際社會上連結政治、經濟與社會層面的能力，因為國際組織必須在全球層次上扮演國家、市場與公民社會之間互動的平台、協調人，甚至是仲裁者，以掌理全球化帶來的問題與矛盾、設法重新分配全球化的利益，以達到治理的目標。其次，國際組織必須設法加速、擴大此三大制度支柱間的互動關係，為達此目的，國際組織可能必須從事運作模式、組織架構的改革，以設法融入新的行為者、增加議程（agenda）的包容性與連結性、調整組織的決策程序或方式，甚至是提出新的治理思維與作法。例如，以華盛頓共識為基礎設立的國際貨幣基金（IMF）與世界銀行自 1990 年代以來，不論在議程、非國家行為者的參與，或決策過程調

整方面，都被迫往增加三大支柱間的互動與對話方面邁進，以符合治理目標之要求。

簡言之，以往國際組織的功能在降低國家之間的交易成本、增進共同利益，及克服集體行動的困境。因此，國家願意讓渡部分主權給國際組織，以最小的代價換取最大的利益。同時，國際組織也將國家間複雜的依存關係予以組織化、制度化及機關化。如今在全球化的浪潮與全球治理的理想下，國際組織的角色與功能當然就不僅止於此，而國際組織的治理能力也就必須有所強化，否則全球治理的實踐將大打折扣，甚至難以落實。相對地，如能適當地強化國際組織的治理能力，國際組織將可以在全球治理中提供將「國際秩序」轉換為「全球秩序」的制度性平台，協助管理認同與價值的競爭，以降低及解決衝突的可能性。

三、全球治理的未來

「全球治理」實際嗎？可行嗎？還是只是一種想像（illusion）？類似的問題其實自全球治理的想法出現以來即未間斷。但是，仔細觀察 20 世紀末以來的全球局勢發展，不少事實告訴我們全球治理應該不完全只是一種想像，諸如：成立「國際戰犯法庭」（International Criminal Court, ICC）

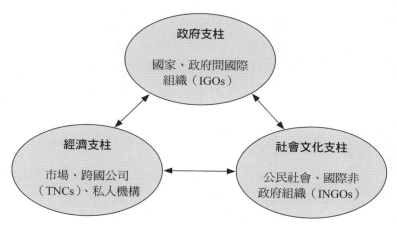

資料來源：改編自 Muldoon（2004），Figure 8-2，頁 273。

圖 10-1　全球治理運作的三大制度支柱

針對全球關於種族滅絕（Genocide）、戰犯，以及違反人權、人道的罪犯提出告訴，進行審判；成立「全球基金」（Global Fund）引進全球公民社會、私部門資源，共同協助對抗發展中國家的愛滋病、肺結核與瘧疾傳染病問題；以及召開「地球高峰會」（Earth Summit）結合國家政府、非政府組織、專家、企業等共同研討環境保護與永續發展問題等。這些機制的成立與實踐或許不見得對全球性的問題有立竿見影之效，但其組織運作與目標已不同於過去以國家為主體的國際組織，尤其從它們的機制設計與運作過程中可以隱約看到程度不同的全球治理情境。但是不是依此就能斷言全球治理的前景無虞，恐怕也未必。

畢竟，全球治理是否能夠順利發展，其一是取決於國家願意做出多少讓步，能否讓非國家行為者有發揮空間，以及國家願意提供多少公共財的問題。（袁鶴齡，2003：42）更重要的是，全球治理的未來發展取決於國家與非國家行為者或全球公民社會之間的互動與平衡關係，全球治理的未來發展也有賴於國際組織的能力強化與功能調整。

此外，全球治理存在著「政治力」、「經濟力」與「社會力」三個力量的彼此互動，「政治力」代表了國家，「經濟力」代表市場，「社會力」則代表的是公民社會，若要達到良善的全球治理則必須使這三個力量均衡發展、相互制衡。然而，這並不容易。因為縱使今日通訊科技的發達已讓多數人有機會獲得更多之資訊，國際社會中的許多「落差」（divides）仍舊存在，包括數位落差、發展落差與貧富差距等。是以，全球治理是一理想目標與國際組織努力的方向，但其未來發展仍存在許多變數。

附錄一

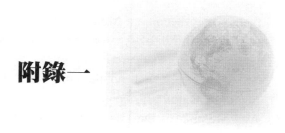

國際聯盟盟約（Covenant of the League of Nations）

(Including Amendments adopted to December, 1924)

資料來源：http://avalon.law.yale.edu/20th_century/leagcov.asp

THE HIGH CONTRACTING PARTIES,

In order to promote international co-operation and to achieve international peace and security

by the acceptance of obligations not to resort to war,

by the prescription of open, just and honourable relations between nations,

by the firm establishment of the understandings of international law as the actual rule of conduct among Governments, and

by the maintenance of justice and a scrupulous respect for all treaty obligations in the dealings of organised peoples with one another,

Agree to this Covenant of the League of Nations.

ARTICLE 1.

1. The original Members of the League of Nations shall be those of the Signatories which are named in the Annex to this Covenant and also such of those other States named in the Annex as shall accede without reservation to this Covenant. Such accession shall be effected by a Declaration deposited with the Secretariat within two months of the coming into force of the Covenant. Notice thereof shall be sent to all other Members of the League.

2. Any fully self-governing State, Dominion or Colony not named in the

Annex may become a Member of the League if its admission is agreed to by two-thirds of the Assembly, provided that it shall give effective guarantees of its sincere intention to observe its international obligations, and shall accept such regulations as may be prescribed by the League in regard to its military, naval and air forces and armaments.

3. Any Member of the League may, after two years' notice of its intention so to do, withdraw from the League, provided that all its international obligations and all its obligations under this Covenant shall have been fulfilled at the time of its withdrawal.

ARTICLE 2.

The action of the League under this Covenant shall be effected through the instrumentality of an Assembly and of a Council, with a permanent Secretariat.

ARTICLE 3.

1. The Assembly shall consist of Representatives of the Members of the League.
2. The Assembly shall meet at stated intervals and from time to time as occasion may require at the Seat of the League or at such other place as may be decided upon.
3. The Assembly may deal at its meetings with any matter within the sphere of action of the League or affecting the peace of the world.
4. At meetings of the Assembly each Member of the League shall have one vote, and may have not more than three Representatives.

ARTICLE 4.

1. The Council shall consist of Representatives of the Principal Allied and Associated Powers, together with Representatives of four other Members of the League. These four Members of the League shall be selected by the Assembly from time to time in its discretion. Until the appointment of the Representatives of the four Members of the League first selected by the Assembly, Representatives of Belgium, Brazil, Spain and Greece shall be members of the Council.
2. With the approval of the majority of the Assembly, the Council may name additional Members of the League whose Representatives shall always

be members of the Council; the Council, with like approval may increase the number of Members of the League to be selected by the Assembly for representation on the Council.

3. The Council shall meet from time to time as occasion may require, and at least once a year, at the Seat of the League, or at such other place as may be decided upon.

4. The Council may deal at its meetings with any matter within the sphere of action of the League or affecting the peace of the world.

5. Any Member of the League not represented on the Council shall be invited to send a Representative to sit as a member at any meeting of the Council during the consideration of matters specially affecting the interests of that Member of the League.

6. At meetings of the Council, each Member of the League represented on the Council shall have one vote, and may have not more than one Representative.

ARTICLE 5.

1. Except where otherwise expressly provided in this Covenant or by the terms of the present Treaty, decisions at any meeting of the Assembly or of the Council shall require the agreement of all the Members of the League represented at the meeting.

2. All matters of procedure at meetings of the Assembly or of the Council, including the appointment of Committees to investigate particular matters, shall be regulated by the Assembly or by the Council and may be decided by a majority of the Members of the League represented at the meeting.

3. The first meeting of the Assembly and the first meeting of the Council shall be summoned by the President of the United States of America.

ARTICLE 6.

1. The permanent Secretariat shall be established at the Seat of the League. The Secretariat shall comprise a Secretary General and such secretaries and staff as may be required.

2. The first Secretary General shall be the person named in the Annex; thereafter the Secretary General shall be appointed by the Council with the

approval of the majority of the Assembly.

3. The secretaries and staff of the Secretariat shall be appointed by the Secretary General with the approval of the Council.

4. The Secretary General shall act in that capacity at all meetings of the Assembly and of the Council.

5. The expenses of the League shall be borne by the Members of the League in the proportion decided by the Assembly.

ARTICLE 7.

1. The Seat of the League is established at Geneva.

2. The Council may at any time decide that the Seat of the League shall be established elsewhere.

3. All positions under or in connection with the League, including the Secretariat, shall be open equally to men and women.

4. Representatives of the Members of the League and officials of the League when engaged on the business of the League shall enjoy diplomatic privileges and immunities.

5. The buildings and other property occupied by the League or its officials or by Representatives attending its meetings shall be inviolable.

ARTICLE 8.

1. The Members of the League recognise that the maintenance of peace requires the reduction of national armaments to the lowest point consistent with national safety and the enforcement by common action of international obligations.

2. The Council, taking account of the geographical situation and circumstances of each State, shall formulate plans for such reduction for the consideration and action of the several Governments.

3. Such plans shall be subject to reconsideration and revision at least every ten years.

4. After these plans shall have been adopted by the several Governments, the limits of armaments therein fixed shall not be exceeded without the concurrence of the Council.

5. The Members of the League agree that the manufacture by private

enterprise of munitions and implements of war is open to grave objections. The Council shall advise how the evil effects attendant upon such manufacture can be prevented, due regard being had to the necessities of those Members of the League which are not able to manufacture the munitions and implements of war necessary for their safety.

6. The Members of the League undertake to interchange full and frank information as to the scale of their armaments, their military, naval and air programmes and the condition of such of their industries as are adaptable to war-like purposes.

ARTICLE 9.

A permanent Commission shall be constituted to advise the Council on the execution of the provisions of Articles 1 and 8 and on military, naval and air questions generally.

ARTICLE 10.

The Members of the League undertake to respect and preserve as against external aggression the territorial integrity and existing political independence of all Members of the League. In case of any such aggression or in case of any threat or danger of such aggression the Council shall advise upon the means by which this obligation shall be fulfilled.

ARTICLE 11.

1. Any war or threat of war, whether immediately affecting any of the Members of the League or not, is hereby declared a matter of concern to the whole League, and the League shall take any action that may be deemed wise and effectual to safeguard the peace of nations. In case any such emergency should arise the Secretary General shall on the request of any Member of the League forthwith summon a meeting of the Council.

2. It is also declared to be the friendly right of each Member of the League to bring to the attention of the Assembly or of the Council any circumstance whatever affecting international relations which threatens to disturb international peace or the good understanding between nations upon which peace depends.

ARTICLE 12.

1. The Members of the League agree that, if there should arise between them any dispute likely to lead to a rupture they will submit the matter either to arbitration or judicial settlement or to enquiry by the Council, and they agree in no case to resort to war until three months after the award by the arbitrators or the judicial decision, or the report by the Council.

2. In any case under this Article the award of the arbitrators or the judicial decision shall be made within a reasonable time, and the report of the Council shall be made within six months after the submission of the dispute.

ARTICLE 13.

1. The Members of the League agree that whenever any dispute shall arise between them which they recognise to be suitable for submission to arbitration or judicial settlement and which cannot be satisfactorily settled by diplomacy, they will submit the whole subject-matter to arbitration or judicial settlement.

2. Disputes as to the interpretation of a treaty, as to any question of international law, as to the existence of any fact which if established would constitute a breach of any international obligation, or as to the extent and nature of the reparation to be made for any such breach, are declared to be among those which are generally suitable for submission to arbitration or judicial settlement.

3. For the consideration of any such dispute, the court to which the case is referred shall be the Permanent Court of International Justice, established in accordance with Article 14, or any tribunal agreed on by the parties to the dispute or stipulated in any convention existing between them.

4. The Members of the League agree that they will carry out in full good faith any award or decision that may be rendered, and that they will not resort to war against a Member of the League which complies therewith. In the event of any failure to carry out such an award or decision, the Council shall propose what steps should be taken to give effect thereto.

ARTICLE 14.

The Council shall formulate and submit to the Members of the League for adoption plans for the establishment of a Permanent Court of International Justice. The Court shall be competent to hear and determine any dispute of an international character which the parties thereto submit to it. The Court may also give an advisory opinion upon any dispute or question referred to it by the Council or by the Assembly.

ARTICLE 15.

1. If there should arise between Members of the League any dispute likely to lead to a rupture, which is not submitted to arbitration or judicial settlement in accordance with Article 13, the Members of the League agree that they will submit the matter to the Council. Any party to the dispute may effect such submission by giving notice of the existence of the dispute to the Secretary General, who will make all necessary arrangements for a full investigation and consideration thereof.

2. For this purpose the parties to the dispute will communicate to the Secretary General, as promptly as possible, statements of their case with all the relevant facts and papers, and the Council may forthwith direct the publication thereof.

3. The Council shall endeavour to effect a settlement of the dispute, and if such efforts are successful, a statement shall be made public giving such facts and explanations regarding the dispute and the terms of settlement thereof as the Council may deem appropriate.

4. If the dispute is not thus settled, the Council either unanimously or by a majority vote shall make and publish a report containing a statement of the facts of the dispute and the recommendations which are deemed just and proper in regard thereto.

5. Any Member of the League represented on the Council may make public a statement of the facts of the dispute and of its conclusions regarding the same.

6. If a report by the Council is unanimously agreed to by the members thereof other than the Representatives of one or more of the parties to the dispute, the Members of the League agree that they will not go to war with any

party to the dispute which complies with the recommendations of the report.

7. If the Council fails to reach a report which is unanimously agreed to by the members thereof, other than the Representatives of one or more of the parties to the dispute, the Members of the League reserve to themselves the right to take such action as they shall consider necessary for the maintenance of right and justice.

8. If the dispute between the parties is claimed by one of them, and is found by the Council, to arise out of a matter which by international law is solely within the domestic jurisdiction of that party, the Council shall so report, and shall make no recommendation as to its settlement.

9. The Council may in any case under this Article refer the dispute to the Assembly. The dispute shall be so referred at the request of either party to the dispute, provided that such request be made within fourteen days after the submission of the dispute to the Council.

10. In any case referred to the Assembly, all the provisions of this Article and of Article 12 relating to the action and powers of the Council shall apply to the action and powers of the Assembly, provided that a report made by the Assembly, if concurred in by the Representatives of those Members of the League represented on the Council and of a majority of the other Members of the League, exclusive in each case of the Representatives of the parties to the dispute, shall have the same force as a report by the Council concurred in by all the members thereof other than the Representatives of one or more of the parties to the dispute.

ARTICLE 16.

1. Should any Member of the League resort to war in disregard of its covenants under Articles 12, 13 or 15, it shall ipso facto be deemed to have committed an act of war against all other Members of the League, which hereby undertake immediately to subject it to the severance of all trade or financial relations, the prohibition of all intercourse between their nationals and the nationals of the covenant-breaking State, and the prevention of all financial, commercial or personal intercourse between the nationals of the covenant-breaking State and the nationals of any other State, whether a

Member of the League or not.

2. It shall be the duty of the Council in such case to recommend to the several Governments concerned what effective military, naval or air force the Members of the League shall severally contribute to the armed forces to be used to protect the covenants of the League.

3. The Members of the League agree, further, that they will mutually support one another in the financial and economic measures which are taken under this Article, in order to minimise the loss and inconvenience resulting from the above measures, and that they will mutually support one another in resisting any special measures aimed at one of their number by the covenant-breaking State, and that they will take the necessary steps to afford passage through their territory to the forces of any of the Members of the League which are co-operating to protect the covenants of the League.

4. Any Member of the League which has violated any covenant of the League may be declared to be no longer a Member of the League by a vote of the Council concurred in by the Representatives of all the other Members of the League represented thereon.

ARTICLE 17.

1. In the event of a dispute between a Member of the League and a State which is not a Member of the League, or between States not Members of the League, the State or States not Members of the League shall be invited to accept the obligations of membership in the League for the purposes of such dispute, upon such conditions as the Council may deem just. If such invitation is accepted, the provisions of Articles 12 to 16 inclusive shall be applied with such modifications as may be deemed necessary by the Council.

2. Upon such invitation being given the Council shall immediately institute an inquiry into the circumstances of the dispute and recommend such action as may seem best and most effectual in the circumstances.

3. If a State so invited shall refuse to accept the obligations of membership in the League for the purposes of such dispute, and shall resort to war against a Member of the League, the provisions of Article 16 shall be applicable as

against the State taking such action.

4. If both parties to the dispute when so invited refuse to accept the obligations of membership in the League for the purposes of such dispute, the Council may take such measures and make such recommendations as will prevent hostilities and will result in the settlement of the dispute.

ARTICLE 18.

Every treaty or international engagement entered into hereafter by any Member of the League shall be forthwith registered with the Secretariat and shall as soon as possible be published by it. No such treaty or international engagement shall be binding until so registered.

ARTICLE 19.

The Assembly may from time to time advise the reconsideration by Members of the League of treaties which have become inapplicable and the consideration of international conditions whose continuance might endanger the peace of the world.

ARTICLE 20.

1. The Members of the League severally agree that this Covenant is accepted as abrogating all obligations or understandings inter se which are inconsistent with the terms thereof, and solemnly undertake that they will not hereafter enter into any engagements inconsistent with the terms thereof.

2. In case any Member of the League shall, before becoming a Member of the League, have undertaken any obligations inconsistent with the terms of this Covenant, it shall be the duty of such Member to take immediate steps to procure its release from such obligations.

ARTICLE 21.

Nothing in this Covenant shall be deemed to affect the validity of international engagements, such as treaties of arbitration or regional understandings like the Monroe doctrine, for securing the maintenance of peace.

ARTICLE 22.

1. To those colonies and territories which as a consequence of the late war have ceased to be under the sovereignty of the States which formerly governed them and which are inhabited by peoples not yet able to stand by themselves under the strenuous conditions of the modern world, there should be applied the principle that the well-being and development of such peoples form a sacred trust of civilisation and that securities for the performance of this trust should be embodied in this Covenant.

2. The best method of giving practical effect to this principle is that the tutelage of such peoples should be entrusted to advanced nations who by reason of their resources, their experience or their geographical position can best undertake this responsibility, and who are willing to accept it, and that this tutelage should be exercised by them as Mandatories on behalf of the League.

3. The character of the mandate must differ according to the stage of the development of the people, the geographical situation of the territory, its economic conditions and other similar circumstances.

4. Certain communities formerly belonging to the Turkish Empire have reached a stage of development where their existence as independent nations can be provisionally recognized subject to the rendering of administrative advice and assistance by a Mandatory until such time as they are able to stand alone. The wishes of these communities must be a principal consideration in the selection of the Mandatory.

5. Other peoples, especially those of Central Africa, are at such a stage that the Mandatory must be responsible for the administration of the territory under conditions which will guarantee freedom of conscience and religion, subject only to the maintenance of public order and morals, the prohibition of abuses such as the slave trade, the arms traffic and the liquor traffic, and the prevention of the establishment of fortifications or military and naval bases and of military training of the natives for other than police purposes and the defence of territory, and will also secure equal opportunities for the trade and commerce of other Members of the League.

6. There are territories, such as South-West Africa and certain of the South Pacific Islands, which, owing to the sparseness of their population, or

their small size, or their remoteness from the centres of civilisation, or their geographical contiguity to the territory of the Mandatory, and other circumstances, can be best administered under the laws of the Mandatory as integral portions of its territory, subject to the safeguards above mentioned in the interests of the indigenous population.

7. In every case of mandate, the Mandatory shall render to the Council an annual report in reference to the territory committed to its charge.

8. The degree of authority, control, or administration to be exercised by the Mandatory shall, if not previously agreed upon by the Members of the League, be explicitly defined in each case by the Council.

9. A permanent Commission shall be constituted to receive and examine the annual reports of the Mandatories and to advise the Council on all matters relating to the observance of the mandates.

ARTICLE 23.

Subject to and in accordance with the provisions of international conventions existing or hereafter to be agreed upon, the Members of the League:

(a) will endeavour to secure and maintain fair and humane conditions of labour for men, women, and children, both in their own countries and in all countries to which their commercial and industrial relations extend, and for that purpose will establish and maintain the necessary international organisations;

(b) undertake to secure just treatment of the native inhabitants of territories under their control;

(c) will entrust the League with the general supervision over the execution of agreements with regard to the traffic in women and children, and the traffic in opium and other dangerous drugs;

(d) will entrust the League with the general supervision of the trade in arms and ammunition with the countries in which the control of this traffic is necessary in the common interest;

(e) will make provision to secure and maintain freedom of communications and of transit and equitable treatment for the commerce of all Members of the League. In this connection, the special necessities of the regions devastated during the war of 1914-1918 shall be borne in mind;

(f) will endeavour to take steps in matters of international concern for the prevention and control of disease.

ARTICLE 24.

1. There shall be placed under the direction of the League all international bureaux already established by general treaties if the parties to such treaties consent. All such international bureaux and all commissions for the regulation of matters of international interest hereafter constituted shall be placed under the direction of the League.
2. In all matters of international interest which are regulated by general convention but which are not placed under the control of international bureaux or commissions, the Secretariat of the League shall, subject to the consent of the Council and if desired by the parties, collect and distribute all relevant information and shall render any other assistance which may be necessary or desirable.
3. The Council may include as part of the expenses of the Secretariat the expenses of any bureau or commission which is placed under the direction of the League.

ARTICLE 25.

The Members of the League agree to encourage and promote the establishment and co-operation of duly authorised voluntary national Red Cross organisations having as purposes the improvement of health, the prevention of disease and the mitigation of suffering throughout the world.

ARTICLE 26.

1. Amendments to this Covenant will take effect when ratified by the Members of the League whose Representatives compose the Council and by a majority of the Members of the League whose Representatives compose the Assembly.
2. No such amendments shall bind any Member of the League which signifies its dissent therefrom, but in that case it shall cease to be a Member of the League.

附錄二

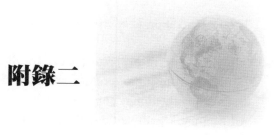

聯合國憲章（Charter of the United Nations）

Chapter I: Proposes and Principles

Article 1

The Purposes of the United Nations are:

1. To maintain international peace and security, and to that end: to take effective collective measures for the prevention and removal of threats to the peace, and for the suppression of acts of aggression or other breaches of the peace, and to bring about by peaceful means, and in conformity with the principles of justice and international law, adjustment or settlement of international disputes or situations which might lead to a breach of the peace;

2. To develop friendly relations among nations based on respect for the principle of equal rights and self-determination of peoples, and to take other appropriate measures to strengthen universal peace;

3. To achieve international co-operation in solving international problems of an economic, social, cultural, or humanitarian character, and in promoting and encouraging respect for human rights and for fundamental freedoms for all without distinction as to race, sex, language, or religion; and

4. To be a centre for harmonizing the actions of nations in the attainment of these common ends.

Article 2

The Organization and its Members, in pursuit of the Purposes stated in Article 1, shall act in accordance with the following Principles.

1. The Organization is based on the principle of the sovereign equality of all its Members.
2. All Members, in order to ensure to all of them the rights and benefits resulting from membership, shall fulfill in good faith the obligations assumed by them in accordance with the present Charter.
3. All Members shall settle their international disputes by peaceful means in such a manner that international peace and security, and justice, are not endangered.
4. All Members shall refrain in their international relations from the threat or use of force against the territorial integrity or political independence of any state, or in any other manner inconsistent with the Purposes of the United Nations.
5. All Members shall give the United Nations every assistance in any action it takes in accordance with the present Charter, and shall refrain from giving assistance to any state against which the United Nations is taking preventive or enforcement action.
6. The Organization shall ensure that states which are not Members of the United Nations act in accordance with these Principles so far as may be necessary for the maintenance of international peace and security.
7. Nothing contained in the present Charter shall authorize the United Nations to intervene in matters which are essentially within the domestic jurisdiction of any state or shall require the Members to submit such matters to settlement under the present Charter; but this principle shall not prejudice the application of enforcement measures under Chapter VII.

Chapter II: Membership
Article 3

The original Members of the United Nations shall be the states which, having participated in the United Nations Conference on International Organization at San Francisco, or having previously signed the Declaration by United Nations of 1 January 1942, sign the present Charter and ratify it in accordance with Article 110.

Article 4

1. Membership in the United Nations is open to all other peace-loving states

which accept the obligations contained in the present Charter and, in the judgment of the Organization, are able and willing to carry out these obligations.

2. The admission of any such state to membership in the United Nations will be effected by a decision of the General Assembly upon the recommendation of the Security Council.

Article 5

A Member of the United Nations against which preventive or enforcement action has been taken by the Security Council may be suspended from the exercise of the rights and privileges of membership by the General Assembly upon the recommendation of the Security Council. The exercise of these rights and privileges may be restored by the Security Council.

Article 6

A Member of the United Nations which has persistently violated the Principles contained in the present Charter may be expelled from the Organization by the General Assembly upon the recommendation of the Security Council.

Chapter III: Organs

Article 7

1. Listed below are the Principal Organs of the United Nations:
   - General Assembly
   - Security Council
   - Economic and Social Council
   - Trusteeship Council
   - International Court of Justice
   - Secretariat
2. Such subsidiary organs as may be found necessary may be established in accordance with the present Charter.

Article 8

The United Nations shall place no restrictions on the eligibility of men and women to participate in any capacity and under conditions of equality in its principal and subsidiary organs.

Chapter IV: The General Assembly
COMPOSITION
Article 9

1. The General Assembly shall consist of all the Members of the United Nations.
2. Each Member shall have not more than five representatives in the General Assembly.

FUNCTIONS and POWERS
Article 10

The General Assembly may discuss any questions or any matters within the scope of the present Charter or relating to the powers and functions of any organs provided for in the present Charter, and, except as provided in Article 12, may make recommendations to the Members of the United Nations or to the Security Council or to both on any such questions or matters.

Article 11

1. The General Assembly may consider the general principles of co-operation in the maintenance of international peace and security, including the principles governing disarmament and the regulation of armaments, and may make recommendations with regard to such principles to the Members or to the Security Council or to both.
2. The General Assembly may discuss any questions relating to the maintenance of international peace and security brought before it by any Member of the United Nations, or by the Security Council, or by a state which is not a Member of the United Nations in accordance with Article 35, paragraph 2, and, except as provided in Article 12, may make recommendations with regard to any such questions to the state or states concerned or to the Security Council or to both. Any such question on which action is necessary shall be referred to the Security Council by the General Assembly either before or after discussion.
3. The General Assembly may call the attention of the Security Council to situations which are likely to endanger international peace and security.
4. The powers of the General Assembly set forth in this Article shall not limit

the general scope of Article 10.

Article 12

1. While the Security Council is exercising in respect of any dispute or situation the functions assigned to it in the present Charter, the General Assembly shall not make any recommendation with regard to that dispute or situation unless the Security Council so requests.

2. The Secretary-General, with the consent of the Security Council, shall notify the General Assembly at each session of any matters relative to the maintenance of international peace and security which are being dealt with by the Security Council and shall similarly notify the General Assembly, or the Members of the United Nations if the General Assembly is not in session, immediately the Security Council ceases to deal with such matters.

Article 13

1. The General Assembly shall initiate studies and make recommendations for the purpose of: a. promoting international co-operation in the political field and encouraging the progressive development of international law and its codification; b. promoting international co-operation in the economic, social, cultural, educational, and health fields, and assisting in the realization of human rights and fundamental freedoms for all without distinction as to race, sex, language, or religion.

2. The further responsibilities, functions and powers of the General Assembly with respect to matters mentioned in paragraph 1 (b) above are set forth in Chapters IX and X.

Article 14

Subject to the provisions of Article 12, the General Assembly may recommend measures for the peaceful adjustment of any situation, regardless of origin, which it deems likely to impair the general welfare or friendly relations among nations, including situations resulting from a violation of the provisions of the present Charter setting forth the Purposes and Principles of the United Nations.

Article 15

1. The General Assembly shall receive and consider annual and special

reports from the Security Council; these reports shall include an account of the measures that the Security Council has decided upon or taken to maintain international peace and security.

2. The General Assembly shall receive and consider reports from the other organs of the United Nations.

Article 16

The General Assembly shall perform such functions with respect to the international trusteeship system as are assigned to it under Chapters XII and XIII, including the approval of the trusteeship agreements for areas not designated as strategic.

Article 17

1. The General Assembly shall consider and approve the budget of the Organization.
2. The expenses of the Organization shall be borne by the Members as apportioned by the General Assembly.
3. The General Assembly shall consider and approve any financial and budgetary arrangements with specialized agencies referred to in Article 57 and shall examine the administrative budgets of such specialized agencies with a view to making recommendations to the agencies concerned.

VOTING

Article 18

1. Each member of the General Assembly shall have one vote.
2. Decisions of the General Assembly on important questions shall be made by a two-thirds majority of the members present and voting. These questions shall include: recommendations with respect to the maintenance of international peace and security, the election of the non-permanent members of the Security Council, the election of the members of the Economic and Social Council, the election of members of the Trusteeship Council in accordance with paragraph 1 (c) of Article 86, the admission of new Members to the United Nations, the suspension of the rights and privileges of membership, the expulsion of Members, questions relating to the operation of the trusteeship system, and budgetary questions.

3. Decisions on other questions, including the determination of additional categories of questions to be decided by a two-thirds majority, shall be made by a majority of the members present and voting.

Article 19

A Member of the United Nations which is in arrears in the payment of its financial contributions to the Organization shall have no vote in the General Assembly if the amount of its arrears equals or exceeds the amount of the contributions due from it for the preceding two full years. The General Assembly may, nevertheless, permit such a Member to vote if it is satisfied that the failure to pay is due to conditions beyond the control of the Member.

PROCEDURE

Article 20

The General Assembly shall meet in regular annual sessions and in such special sessions as occasion may require. Special sessions shall be convoked by the Secretary-General at the request of the Security Council or of a majority of the Members of the United Nations.

Article 21

The General Assembly shall adopt its own rules of procedure. It shall elect its President for each session.

Article 22

The General Assembly may establish such subsidiary organs as it deems necessary for the performance of its functions.

Chapter V: The Security Council
COMPOSITION

Article 23

1. The Security Council shall consist of fifteen Members of the United Nations. The Republic of China, France, the Union of Soviet Socialist Republics, the United Kingdom of Great Britain and Northern Ireland, and the United States of America shall be permanent members of the Security Council. The General Assembly shall elect ten other Members of the United Nations to be non-permanent members of the Security Council,

due regard being specially paid, in the first instance to the contribution of Members of the United Nations to the maintenance of international peace and security and to the other purposes of the Organization, and also to equitable geographical distribution.

2.　The non-permanent members of the Security Council shall be elected for a term of two years. In the first election of the non-permanent members after the increase of the membership of the Security Council from eleven to fifteen, two of the four additional members shall be chosen for a term of one year. A retiring member shall not be eligible for immediate re-election.

3.　Each member of the Security Council shall have one representative.

FUNCTIONS and POWERS

Article 24

1.　In order to ensure prompt and effective action by the United Nations, its Members confer on the Security Council primary responsibility for the maintenance of international peace and security, and agree that in carrying out its duties under this responsibility the Security Council acts on their behalf.

2.　In discharging these duties the Security Council shall act in accordance with the Purposes and Principles of the United Nations. The specific powers granted to the Security Council for the discharge of these duties are laid down in Chapters VI, VII, VIII, and XII.

3.　The Security Council shall submit annual and, when necessary, special reports to the General Assembly for its consideration.

Article 25

The Members of the United Nations agree to accept and carry out the decisions of the Security Council in accordance with the present Charter.

Article 26

In order to promote the establishment and maintenance of international peace and security with the least diversion for armaments of the world's human and economic resources, the Security Council shall be responsible for formulating, with the assistance of the Military Staff Committee referred to in Article 47, plans to be submitted to the Members of the United Nations for the establishment of a system for the regulation of armaments.

VOTING
Article 27

1. Each member of the Security Council shall have one vote.
2. Decisions of the Security Council on procedural matters shall be made by an affirmative vote of nine members.
3. Decisions of the Security Council on all other matters shall be made by an affirmative vote of nine members including the concurring votes of the permanent members; provided that, in decisions under Chapter VI, and under paragraph 3 of Article 52, a party to a dispute shall abstain from voting.

PROCEDURE
Article 28

1. The Security Council shall be so organized as to be able to function continuously. Each member of the Security Council shall for this purpose be represented at all times at the seat of the Organization.
2. The Security Council shall hold periodic meetings at which each of its members may, if it so desires, be represented by a member of the government or by some other specially designated representative.
3. The Security Council may hold meetings at such places other than the seat of the Organization as in its judgment will best facilitate its work.

Article 29

The Security Council may establish such subsidiary organs as it deems necessary for the performance of its functions.

Article 30

The Security Council shall adopt its own rules of procedure, including the method of selecting its President.

Article 31

Any Member of the United Nations which is not a member of the Security Council may participate, without vote, in the discussion of any question brought before the Security Council whenever the latter considers that the interests of that Member are specially affected.

Article 32

Any Member of the United Nations which is not a member of the Security Council or any state which is not a Member of the United Nations, if it is a party to a dispute under consideration by the Security Council, shall be invited to participate, without vote, in the discussion relating to the dispute. The Security Council shall lay down such conditions as it deems just for the participation of a state which is not a Member of the United Nations.

Chapter VI: Pacific Settlement of Disputes

Article 33

1. The parties to any dispute, the continuance of which is likely to endanger the maintenance of international peace and security, shall, first of all, seek a solution by negotiation, enquiry, mediation, conciliation, arbitration, judicial settlement, resort to regional agencies or arrangements, or other peaceful means of their own choice.
2. The Security Council shall, when it deems necessary, call upon the parties to settle their dispute by such means.

Article 34

The Security Council may investigate any dispute, or any situation which might lead to international friction or give rise to a dispute, in order to determine whether the continuance of the dispute or situation is likely to endanger the maintenance of international peace and security.

Article 35

1. Any Member of the United Nations may bring any dispute, or any situation of the nature referred to in Article 34, to the attention of the Security Council or of the General Assembly.
2. A state which is not a Member of the United Nations may bring to the attention of the Security Council or of the General Assembly any dispute to which it is a party if it accepts in advance, for the purposes of the dispute, the obligations of pacific settlement provided in the present Charter.
3. The proceedings of the General Assembly in respect of matters brought to its attention under this Article will be subject to the provisions of Articles

11 and 12.

Article 36

1. The Security Council may, at any stage of a dispute of the nature referred to in Article 33 or of a situation of like nature, recommend appropriate procedures or methods of adjustment.
2. The Security Council should take into consideration any procedures for the settlement of the dispute which have already been adopted by the parties.
3. In making recommendations under this Article the Security Council should also take into consideration that legal disputes should as a general rule be referred by the parties to the International Court of Justice in accordance with the provisions of the Statute of the Court.

Article 37

1. Should the parties to a dispute of the nature referred to in Article 33 fail to settle it by the means indicated in that Article, they shall refer it to the Security Council.
2. If the Security Council deems that the continuance of the dispute is in fact likely to endanger the maintenance of international peace and security, it shall decide whether to take action under Article 36 or to recommend such terms of settlement as it may consider appropriate.

Article 38

Without prejudice to the provisions of Articles 33 to 37, the Security Council may, if all the parties to any dispute so request, make recommendations to the parties with a view to a pacific settlement of the dispute.

Chapter VII: Action with Respect to Threats to the Peace, Breaches of the Peace and Acts of Aggression

Article 39

The Security Council shall determine the existence of any threat to the peace, breach of the peace, or act of aggression and shall make recommendations, or decide what measures shall be taken in accordance with Articles 41 and 42, to maintain or restore international peace and security.

Article 40

In order to prevent an aggravation of the situation, the Security Council may, before making the recommendations or deciding upon the measures provided for in Article 39, call upon the parties concerned to comply with such provisional measures as it deems necessary or desirable. Such provisional measures shall be without prejudice to the rights, claims, or position of the parties concerned. The Security Council shall duly take account of failure to comply with such provisional measures.

Article 41

The Security Council may decide what measures not involving the use of armed force are to be employed to give effect to its decisions, and it may call upon the Members of the United Nations to apply such measures. These may include complete or partial interruption of economic relations and of rail, sea, air, postal, telegraphic, radio, and other means of communication, and the severance of diplomatic relations.

Article 42

Should the Security Council consider that measures provided for in Article 41 would be inadequate or have proved to be inadequate, it may take such action by air, sea, or land forces as may be necessary to maintain or restore international peace and security. Such action may include demonstrations, blockade, and other operations by air, sea, or land forces of Members of the United Nations.

Article 43

1. All Members of the United Nations, in order to contribute to the maintenance of international peace and security, undertake to make available to the Security Council, on its call and in accordance with a special agreement or agreements, armed forces, assistance, and facilities, including rights of passage, necessary for the purpose of maintaining international peace and security.
2. Such agreement or agreements shall govern the numbers and types of forces, their degree of readiness and general location, and the nature of the facilities and assistance to be provided.

3. The agreement or agreements shall be negotiated as soon as possible on the initiative of the Security Council. They shall be concluded between the Security Council and Members or between the Security Council and groups of Members and shall be subject to ratification by the signatory states in accordance with their respective constitutional processes.

Article 44

When the Security Council has decided to use force it shall, before calling upon a Member not represented on it to provide armed forces in fulfilment of the obligations assumed under Article 43, invite that Member, if the Member so desires, to participate in the decisions of the Security Council concerning the employment of contingents of that Member's armed forces.

Article 45

In order to enable the United Nations to take urgent military measures, Members shall hold immediately available national air-force contingents for combined international enforcement action. The strength and degree of readiness of these contingents and plans for their combined action shall be determined within the limits laid down in the special agreement or agreements referred to in Article 43, by the Security Council with the assistance of the Military Staff Committee.

Article 46

Plans for the application of armed force shall be made by the Security Council with the assistance of the Military Staff Committee.

Article 47

1. There shall be established a Military Staff Committee to advise and assist the Security Council on all questions relating to the Security Council's military requirements for the maintenance of international peace and security, the employment and command of forces placed at its disposal, the regulation of armaments, and possible disarmament.
2. The Military Staff Committee shall consist of the Chiefs of Staff of the permanent members of the Security Council or their representatives. Any Member of the United Nations not permanently represented on the Committee shall be invited by the Committee to be associated with it when

the efficient discharge of the Committee's responsibilities requires the participation of that Member in its work.

3. The Military Staff Committee shall be responsible under the Security Council for the strategic direction of any armed forces placed at the disposal of the Security Council. Questions relating to the command of such forces shall be worked out subsequently.

4. The Military Staff Committee, with the authorization of the Security Council and after consultation with appropriate regional agencies, may establish regional sub-committees.

Article 48

1. The action required to carry out the decisions of the Security Council for the maintenance of international peace and security shall be taken by all the Members of the United Nations or by some of them, as the Security Council may determine.

2. Such decisions shall be carried out by the Members of the United Nations directly and through their action in the appropriate international agencies of which they are members.

Article 49

The Members of the United Nations shall join in affording mutual assistance in carrying out the measures decided upon by the Security Council.

Article 50

If preventive or enforcement measures against any state are taken by the Security Council, any other state, whether a Member of the United Nations or not, which finds itself confronted with special economic problems arising from the carrying out of those measures shall have the right to consult the Security Council with regard to a solution of those problems.

Article 51

Nothing in the present Charter shall impair the inherent right of individual or collective self-defence if an armed attack occurs against a Member of the United Nations, until the Security Council has taken measures necessary to maintain international peace and security. Measures taken by Members in the exercise of this right of self-defence shall be immediately reported to the

Security Council and shall not in any way affect the authority and responsibility of the Security Council under the present Charter to take at any time such action as it deems necessary in order to maintain or restore international peace and security.

Chapter VIII: Regional Arrangements
Article 52

1. Nothing in the present Charter precludes the existence of regional arrangements or agencies for dealing with such matters relating to the maintenance of international peace and security as are appropriate for regional action provided that such arrangements or agencies and their activities are consistent with the Purposes and Principles of the United Nations.

2. The Members of the United Nations entering into such arrangements or constituting such agencies shall make every effort to achieve pacific settlement of local disputes through such regional arrangements or by such regional agencies before referring them to the Security Council.

3. The Security Council shall encourage the development of pacific settlement of local disputes through such regional arrangements or by such regional agencies either on the initiative of the states concerned or by reference from the Security Council.

4. This Article in no way impairs the application of Articles 34 and 35.

Article 53

1. The Security Council shall, where appropriate, utilize such regional arrangements or agencies for enforcement action under its authority. But no enforcement action shall be taken under regional arrangements or by regional agencies without the authorization of the Security Council, with the exception of measures against any enemy state, as defined in paragraph 2 of this Article, provided for pursuant to Article 107 or in regional arrangements directed against renewal of aggressive policy on the part of any such state, until such time as the Organization may, on request of the Governments concerned, be charged with the responsibility for preventing further aggression by such a state.

2. The term enemy state as used in paragraph 1 of this Article applies to

any state which during the Second World War has been an enemy of any signatory of the present Charter.

Article 54

The Security Council shall at all times be kept fully informed of activities undertaken or in contemplation under regional arrangements or by regional agencies for the maintenance of international peace and security.

Chapter IX: International Economic and Social Co-operation

Article 55

With a view to the creation of conditions of stability and well-being which are necessary for peaceful and friendly relations among nations based on respect for the principle of equal rights and self-determination of peoples, the United Nations shall promote:

- a. higher standards of living, full employment, and conditions of economic and social progress and development;
- b. solutions of international economic, social, health, and related problems; and international cultural and educational cooperation; and
- c. universal respect for, and observance of, human rights and fundamental freedoms for all without distinction as to race, sex, language, or religion.

Article 56

All Members pledge themselves to take joint and separate action in co-operation with the Organization for the achievement of the purposes set forth in Article 55.

Article 57

1. The various specialized agencies, established by intergovernmental agreement and having wide international responsibilities, as defined in their basic instruments, in economic, social, cultural, educational, health, and related fields, shall be brought into relationship with the United Nations in accordance with the provisions of Article 63.
2. Such agencies thus brought into relationship with the United Nations are hereinafter referred to as specialized agencies.

Article 58

The Organization shall make recommendations for the co-ordination of the policies and activities of the specialized agencies.

Article 59

The Organization shall, where appropriate, initiate negotiations among the states concerned for the creation of any new specialized agencies required for the accomplishment of the purposes set forth in Article 55.

Article 60

Responsibility for the discharge of the functions of the Organization set forth in this Chapter shall be vested in the General Assembly and, under the authority of the General Assembly, in the Economic and Social Council, which shall have for this purpose the powers set forth in Chapter X.

Chapter X: The Economic and Social Council
COMPOSITION
Article 61

1. The Economic and Social Council shall consist of fifty-four Members of the United Nations elected by the General Assembly.
2. Subject to the provisions of paragraph 3, eighteen members of the Economic and Social Council shall be elected each year for a term of three years. A retiring member shall be eligible for immediate re-election.
3. At the first election after the increase in the membership of the Economic and Social Council from twenty-seven to fifty-four members, in addition to the members elected in place of the nine members whose term of office expires at the end of that year, twenty-seven additional members shall be elected. Of these twenty-seven additional members, the term of office of nine members so elected shall expire at the end of one year, and of nine other members at the end of two years, in accordance with arrangements made by the General Assembly.
4. Each member of the Economic and Social Council shall have one representative.

FUNCTIONS and POWERS

Article 62

1. The Economic and Social Council may make or initiate studies and reports with respect to international economic, social, cultural, educational, health, and related matters and may make recommendations with respect to any such matters to the General Assembly to the Members of the United Nations, and to the specialized agencies concerned.
2. It may make recommendations for the purpose of promoting respect for, and observance of, human rights and fundamental freedoms for all.
3. It may prepare draft conventions for submission to the General Assembly, with respect to matters falling within its competence.
4. It may call, in accordance with the rules prescribed by the United Nations, international conferences on matters falling within its competence.

Article 63

1. The Economic and Social Council may enter into agreements with any of the agencies referred to in Article 57, defining the terms on which the agency concerned shall be brought into relationship with the United Nations. Such agreements shall be subject to approval by the General Assembly.
2. It may co-ordinate the activities of the specialized agencies through consultation with and recommendations to such agencies and through recommendations to the General Assembly and to the Members of the United Nations.

Article 64

1. The Economic and Social Council may take appropriate steps to obtain regular reports from the specialized agencies. It may make arrangements with the Members of the United Nations and with the specialized agencies to obtain reports on the steps taken to give effect to its own recommendations and to recommendations on matters falling within its competence made by the General Assembly.
2. It may communicate its observations on these reports to the General Assembly.

Article 65

The Economic and Social Council may furnish information to the Security Council and shall assist the Security Council upon its request.

Article 66

1. The Economic and Social Council shall perform such functions as fall within its competence in connection with the carrying out of the recommendations of the General Assembly.
2. It may, with the approval of the General Assembly, perform services at the request of Members of the United Nations and at the request of specialized agencies.
3. It shall perform such other functions as are specified elsewhere in the present Charter or as may be assigned to it by the General Assembly.

VOTING

Article 67

1. Each member of the Economic and Social Council shall have one vote.
2. Decisions of the Economic and Social Council shall be made by a majority of the members present and voting.

PROCEDURE

Article 68

The Economic and Social Council shall set up commissions in economic and social fields and for the promotion of human rights, and such other commissions as may be required for the performance of its functions.

Article 69

The Economic and Social Council shall invite any Member of the United Nations to participate, without vote, in its deliberations on any matter of particular concern to that Member.

Article 70

The Economic and Social Council may make arrangements for representatives of the specialized agencies to participate, without vote, in its deliberations and in those of the commissions established by it, and for its representatives to participate in the deliberations of the specialized agencies.

Article 71

The Economic and Social Council may make suitable arrangements for consultation with non-governmental organizations which are concerned with matters within its competence. Such arrangements may be made with international organizations and, where appropriate, with national organizations after consultation with the Member of the United Nations concerned.

Article 72

1. The Economic and Social Council shall adopt its own rules of procedure, including the method of selecting its President.
2. The Economic and Social Council shall meet as required in accordance with its rules, which shall include provision for the convening of meetings on the request of a majority of its members.

Chapter XI: Declaration regarding Non-Self-Governing Territories

Article 73

Members of the United Nations which have or assume responsibilities for the administration of territories whose peoples have not yet attained a full measure of self-government recognize the principle that the interests of the inhabitants of these territories are paramount, and accept as a sacred trust the obligation to promote to the utmost, within the system of international peace and security established by the present Charter, the well-being of the inhabitants of these territories, and, to this end:

a. to ensure, with due respect for the culture of the peoples concerned, their political, economic, social, and educational advancement, their just treatment, and their protection against abuses;

b. to develop self-government, to take due account of the political aspirations of the peoples, and to assist them in the progressive development of their free political institutions, according to the particular circumstances of each territory and its peoples and their varying stages of advancement;

c. to further international peace and security;

d. to promote constructive measures of development, to encourage research, and to co-operate with one another and, when and where appropriate, with specialized international bodies with a view to the practical achievement of the social, economic, and scientific purposes set forth in this Article; and

e. to transmit regularly to the Secretary-General for information purposes, subject to such limitation as security and constitutional considerations may require, statistical and other information of a technical nature relating to economic, social, and educational conditions in the territories for which they are respectively responsible other than those territories to which Chapters XII and XIII apply.

Article 74

Members of the United Nations also agree that their policy in respect of the territories to which this Chapter applies, no less than in respect of their metropolitan areas, must be based on the general principle of good-neighbourliness, due account being taken of the interests and well-being of the rest of the world, in social, economic, and commercial matters.

Chapter XII: International Trusteeship System

Article 75

The United Nations shall establish under its authority an international trusteeship system for the administration and supervision of such territories as may be placed thereunder by subsequent individual agreements. These territories are hereinafter referred to as trust territories.

Article 76

The basic objectives of the trusteeship system, in accordance with the Purposes of the United Nations laid down in Article 1 of the present Charter, shall be:

a. to further international peace and security;

b. to promote the political, economic, social, and educational advancement of the inhabitants of the trust territories, and their progressive development towards self-government or independence as may be appropriate to the particular circumstances of each territory and its peoples and the freely expressed wishes of the peoples concerned, and as may be provided by the terms of each trusteeship agreement;

c. to encourage respect for human rights and for fundamental freedoms for all without distinction as to race, sex, language, or religion, and to encourage recognition of the interdependence of the peoples of the world; and

d. to ensure equal treatment in social, economic, and commercial matters for all Members of the United Nations and their nationals, and also equal treatment for the latter in the administration of justice, without prejudice to the attainment of the foregoing objectives and subject to the provisions of Article 80.

Article 77

1. The trusteeship system shall apply to such territories in the following categories as may be placed thereunder by means of trusteeship agreements:
    a. territories now held under mandate;
    b. territories which may be detached from enemy states as a result of the Second World War; and
    c. territories voluntarily placed under the system by states responsible for their administration.
2. It will be a matter for subsequent agreement as to which territories in the foregoing categories will be brought under the trusteeship system and upon what terms.

Article 78

The trusteeship system shall not apply to territories which have become Members of the United Nations, relationship among which shall be based on respect for the principle of sovereign equality.

Article 79

The terms of trusteeship for each territory to be placed under the trusteeship system, including any alteration or amendment, shall be agreed upon by the states directly concerned, including the mandatory power in the case of territories held under mandate by a Member of the United Nations, and shall be approved as provided for in Articles 83 and 85.

Article 80

1. Except as may be agreed upon in individual trusteeship agreements, made under Articles 77, 79, and 81, placing each territory under the trusteeship system, and until such agreements have been concluded, nothing in

this Chapter shall be construed in or of itself to alter in any manner the rights whatsoever of any states or any peoples or the terms of existing international instruments to which Members of the United Nations may respectively be parties.

2. Paragraph 1 of this Article shall not be interpreted as giving grounds for delay or postponement of the negotiation and conclusion of agreements for placing mandated and other territories under the trusteeship system as provided for in Article 77.

Article 81

The trusteeship agreement shall in each case include the terms under which the trust territory will be administered and designate the authority which will exercise the administration of the trust territory. Such authority, hereinafter called the administering authority, may be one or more states or the Organization itself.

Article 82

There may be designated, in any trusteeship agreement, a strategic area or areas which may include part or all of the trust territory to which the agreement applies, without prejudice to any special agreement or agreements made under Article 43.

Article 83

1. All functions of the United Nations relating to strategic areas, including the approval of the terms of the trusteeship agreements and of their alteration or amendment shall be exercised by the Security Council.

2. The basic objectives set forth in Article 76 shall be applicable to the people of each strategic area.

3. The Security Council shall, subject to the provisions of the trusteeship agreements and without prejudice to security considerations, avail itself of the assistance of the Trusteeship Council to perform those functions of the United Nations under the trusteeship system relating to political, economic, social, and educational matters in the strategic areas.

Article 84

It shall be the duty of the administering authority to ensure that the trust territory shall play its part in the maintenance of international peace and security. To this end the administering authority may make use of volunteer forces, facilities, and assistance from the trust territory in carrying out the obligations towards the Security Council undertaken in this regard by the administering authority, as well as for local defence and the maintenance of law and order within the trust territory.

Article 85

1. The functions of the United Nations with regard to trusteeship agreements for all areas not designated as strategic, including the approval of the terms of the trusteeship agreements and of their alteration or amendment, shall be exercised by the General Assembly.

2. The Trusteeship Council, operating under the authority of the General Assembly shall assist the General Assembly in carrying out these functions.

Chapter XIII: The Trusteeship System
COMPOSITION
Article 86

1. The Trusteeship Council shall consist of the following Members of the United Nations:
   a. those Members administering trust territories;
   b. such of those Members mentioned by name in Article 23 as are not administering trust territories; and
   c. as many other Members elected for three-year terms by the General Assembly as may be necessary to ensure that the total number of members of the Trusteeship Council is equally divided between those Members of the United Nations which administer trust territories and those which do not.

2. Each member of the Trusteeship Council shall designate one specially qualified person to represent it therein.

FUNCTIONS and POWERS
Article 87

The General Assembly and, under its authority, the Trusteeship Council, in carrying out their functions, may:

a. consider reports submitted by the administering authority;
b. accept petitions and examine them in consultation with the administering authority;
c. provide for periodic visits to the respective trust territories at times agreed upon with the administering authority; and
d. take these and other actions in conformity with the terms of the trusteeship agreements.

Article 88

The Trusteeship Council shall formulate a questionnaire on the political, economic, social, and educational advancement of the inhabitants of each trust territory, and the administering authority for each trust territory within the competence of the General Assembly shall make an annual report to the General Assembly upon the basis of such questionnaire.

VOTING

Article 89

1. Each member of the Trusteeship Council shall have one vote.
2. Decisions of the Trusteeship Council shall be made by a majority of the members present and voting.

PREOCEDURE

Article 90

1. The Trusteeship Council shall adopt its own rules of procedure, including the method of selecting its President.
2. The Trusteeship Council shall meet as required in accordance with its rules, which shall include provision for the convening of meetings on the request of a majority of its members.

Article 91

The Trusteeship Council shall, when appropriate, avail itself of the assistance of the Economic and Social Council and of the specialized agencies in regard to matters with which they are respectively concerned.

Chapter XIV: The International Court of Justice

Article 92

The International Court of Justice shall be the principal judicial organ of the United Nations. It shall function in accordance with the annexed Statute, which is based upon the Statute of the Permanent Court of International Justice and forms an integral part of the present Charter.

Article 93

1. All Members of the United Nations are ipso facto parties to the Statute of the International Court of Justice.
2. A state which is not a Member of the United Nations may become a party to the Statute of the International Court of Justice on conditions to be determined in each case by the General Assembly upon the recommendation of the Security Council.

Article 94

1. Each Member of the United Nations undertakes to comply with the decision of the International Court of Justice in any case to which it is a party.
2. If any party to a case fails to perform the obligations incumbent upon it under a judgment rendered by the Court, the other party may have recourse to the Security Council, which may, if it deems necessary, make recommendations or decide upon measures to be taken to give effect to the judgment.

Article 95

Nothing in the present Charter shall prevent Members of the United Nations from entrusting the solution of their differences to other tribunals by virtue of agreements already in existence or which may be concluded in the future.

Article 96

a. The General Assembly or the Security Council may request the International Court of Justice to give an advisory opinion on any legal question.

b. Other organs of the United Nations and specialized agencies, which may at any time be so authorized by the General Assembly, may also request advisory opinions of the Court on legal questions arising within the scope of their activities.

Chapter XV: The Secretariat
Article 97

The Secretariat shall comprise a Secretary-General and such staff as the Organization may require. The Secretary-General shall be appointed by the General Assembly upon the recommendation of the Security Council. He shall be the chief administrative officer of the Organization.

Article 98

The Secretary-General shall act in that capacity in all meetings of the General Assembly, of the Security Council, of the Economic and Social Council, and of the Trusteeship Council, and shall perform such other functions as are entrusted to him by these organs. The Secretary-General shall make an annual report to the General Assembly on the work of the Organization.

Article 99

The Secretary-General may bring to the attention of the Security Council any matter which in his opinion may threaten the maintenance of international peace and security.

Article 100

1. In the performance of their duties the Secretary-General and the staff shall not seek or receive instructions from any government or from any other authority external to the Organization. They shall refrain from any action which might reflect on their position as international officials responsible only to the Organization.
2. Each Member of the United Nations undertakes to respect the exclusively international character of the responsibilities of the Secretary-General and the staff and not to seek to influence them in the discharge of their responsibilities.

Article 101

1. The staff shall be appointed by the Secretary-General under regulations established by the General Assembly.

2. Appropriate staffs shall be permanently assigned to the Economic and Social Council, the Trusteeship Council, and, as required, to other organs of the United Nations. These staffs shall form a part of the Secretariat.

3. The paramount consideration in the employment of the staff and in the determination of the conditions of service shall be the necessity of securing the highest standards of efficiency, competence, and integrity. Due regard shall be paid to the importance of recruiting the staff on as wide a geographical basis as possible.

Chapter XVI: Miscellaneous Provisions

Article 102

1. Every treaty and every international agreement entered into by any Member of the United Nations after the present Charter comes into force shall as soon as possible be registered with the Secretariat and published by it.

2. No party to any such treaty or international agreement which has not been registered in accordance with the provisions of paragraph 1 of this Article may invoke that treaty or agreement before any organ of the United Nations.

Article 103

In the event of a conflict between the obligations of the Members of the United Nations under the present Charter and their obligations under any other international agreement, their obligations under the present Charter shall prevail.

Article 104

The Organization shall enjoy in the territory of each of its Members such legal capacity as may be necessary for the exercise of its functions and the fulfilment of its purposes.

Article 105

1. The Organization shall enjoy in the territory of each of its Members such privileges and immunities as are necessary for the fulfilment of its purposes.

2. Representatives of the Members of the United Nations and officials of the Organization shall similarly enjoy such privileges and immunities as are necessary for the independent exercise of their functions in connexion with the Organization.

3. The General Assembly may make recommendations with a view to determining the details of the application of paragraphs 1 and 2 of this Article or may propose conventions to the Members of the United Nations for this purpose.

Chapter XVII: Transitional Security Arrangements
Article 106

Pending the coming into force of such special agreements referred to in Article 43 as in the opinion of the Security Council enable it to begin the exercise of its responsibilities under Article 42, the parties to the Four-Nation Declaration, signed at Moscow, 30 October 1943, and France, shall, in accordance with the provisions of paragraph 5 of that Declaration, consult with one another and as occasion requires with other Members of the United Nations with a view to such joint action on behalf of the Organization as may be necessary for the purpose of maintaining international peace and security.

Article 107

Nothing in the present Charter shall invalidate or preclude action, in relation to any state which during the Second World War has been an enemy of any signatory to the present Charter, taken or authorized as a result of that war by the Governments having responsibility for such action.

Chapter XVIII: Amendments
Article 108

Amendments to the present Charter shall come into force for all Members of the United Nations when they have been adopted by a vote of two thirds of the members of the General Assembly and ratified in accordance with their respective constitutional processes by two thirds of the Members of the United Nations, including all the permanent members of the Security Council.

Article 109

1. A General Conference of the Members of the United Nations for the purpose of reviewing the present Charter may be held at a date and place to be fixed by a two-thirds vote of the members of the General Assembly and by a vote of any nine members of the Security Council. Each Member of the United Nations shall have one vote in the conference.
2. Any alteration of the present Charter recommended by a two-thirds vote of the conference shall take effect when ratified in accordance with their respective constitutional processes by two thirds of the Members of the United Nations including all the permanent members of the Security Council.
3. If such a conference has not been held before the tenth annual session of the General Assembly following the coming into force of the present Charter, the proposal to call such a conference shall be placed on the agenda of that session of the General Assembly, and the conference shall be held if so decided by a majority vote of the members of the General Assembly and by a vote of any seven members of the Security Council.

Chapter XIX: Ratification and Signature

Article 110

1. The present Charter shall be ratified by the signatory states in accordance with their respective constitutional processes.
2. The ratifications shall be deposited with the Government of the United States of America, which shall notify all the signatory states of each deposit as well as the Secretary-General of the Organization when he has been appointed.
3. The present Charter shall come into force upon the deposit of ratifications by the Republic of China, France, the Union of Soviet Socialist Republics, the United Kingdom of Great Britain and Northern Ireland, and the United States of America, and by a majority of the other signatory states. A protocol of the ratifications deposited shall thereupon be drawn up by the Government of the United States of America which shall communicate

copies thereof to all the signatory states.

4. The states signatory to the present Charter which ratify it after it has come into force will become original Members of the United Nations on the date of the deposit of their respective ratifications.

Article 111

The present Charter, of which the Chinese, French, Russian, English, and Spanish texts are equally authentic, shall remain deposited in the archives of the Government of the United States of America. Duly certified copies thereof shall be transmitted by that Government to the Governments of the other signatory states.

IN FAITH WHEREOF the representatives of the Governments of the United Nations have signed the present Charter. DONE at the city of San Francisco the twenty-sixth day of June, one thousand nine hundred and forty-five.

參考書目

西文書目

Abbott, Kenneth W. and Duncan Snidal. 2003. "Why States Act Through International Organizations." In *The Global Politics f Global Governance: International Organizations in An Interdependent World*, ed. Paul F. Diehl. Boulder, CO: Lynne Rienner, 2001, 9-43.

Alagappa, Muthiah. 1998. *Asia Security Practice: Material and Ideational Influence*. Stanford: Stanford University Press.

APEC. 2005. *A Mid-term Stocktake of Progress Towards the Bogor Goals*. Singapore: APEC Secretariat.

Bagwell, Kyle and Robert W. Staiger. 2004. "Multilateral Trade Negotiations, Bilateral Opportunism, and the Rules of GATT/WTO." Journal of International Economics. 63, 1. http:// www.columbia.edu/~kwb8/ bilat111101.pdf

Bennett, A. Leroy and James Oliver. 2002. *International Organizations: Principles and Issues*. New Jersey: Pearson Education.

Bond, Michael. 2001. Between the Lines: A New Environment for Greenpeace. *Foreign Policy* 127: 66-67.

Borthwick, Mark. 2005. "Building Momentum: The Movement toward Pacific Economic Cooperation Prior to 1980." In *The Evolution of PECC: The First 25 Years*. Singapore: PECC International Secretariat, 1-12.

Bruhl, Tanja and Volker Rittberger. 2001. "From international to global governance: Actors, collective decision-making, and the United Nations in the world of the twenty-first century." Ed. by Volker Rittberger. *Global Governance and the United Nations System*. New York: United Nations University Press, 1-47.

Butfoy, Andrew. 1997. *Common Security and Strategic Reform: A Critical Analysis*. London: Macmillian.

Bull, Hedley. 2002. *The Anarchical Society: A Study of Order in World Politics*. 3rd ed. New York: Columbia University Press.

Buzan, Barry. 1983. *People, States, and Fear: The National Security Problem in International Relations*. Brighton, Wheatsheaf Books.

Centre for International Economics. 2005. *Open Economies Delivering to People, 2005: Regional Integration and Outcomes in the APEC Region*. Canberra: Centre for International Economics.

Diehl, Paul F. 2001. *The Politics of Global Governance*. Boulder: Rienner.

Dougherty, James and Robert Pfaltzgraff. 1997. *Contending Theories of International Relations: A Comprehensive Survey*, 4th ed. New York: Longman.

Elek, Andrew. 2005. "Overview." In *The Evolution of PECC: The First 25 Years*. Singapore: PECC International Secretariat, xv-xxvii.

Forsythe, David. 1993. "The UN Secretary-General and Human Rights: The Question of Leadership in a Changing Context." Eds. by Benjamin Rivlin & Leon Gordenker. *The Changing Role of the UN Secretary-General: Making "The Most Impossible Job in the World" Possible*. Westport: Praeger.

Frey, Bruno. 1984. *International Political Economics*. Oxford: Basil Blackwell.

Gilpin, Robert. 1987. *The Political Economy of International Relations*. Princeton, NJ: Princeton University Press.

Goldstein, Joshua. 2004. *International Relations*. New York: Longman.

Griffiths, Martin. 1999. *Fifty Key Thinkers in International Relations*. New York: Routledge.

Hardin, Garrett. 1968. "The Tragedy of the Commons." *Science* 162 (December 16): 1243-1248.

Hass, Ernst B. 1958. *The Uniting of Europe: Political Social and Economic Forces, 1950~1957*. California: Standford University Press.

Hass, Ernst B. 1964. *Beyond the Nation-State: Functionalism and International Organization*. Standford: Standford University Press.

Hobbes, Thomas. 1996. *Leviathan*. Ed. Richard Tuck. Cambridge, NY: Cambridge University Press.

Holsti K.J. 1995. *International Politics: A Framework for Analysis*. 7th edition. New Jersey: Prentice Hall Inc.

International Energy Agency (IEA). 2008. *Overview of the IEA*. Paris: International Energy Agency.

International Energy Agency (IEA). 2008. *World Energy Outlook 2007*. Paris: International Energy Agency.

Jackson, Robert and Georg Sørensen. 1999. *Introduction to International Relations*. New York: Oxford University Press.

Keohane, Robert O. 1984. *After Hegemony: Cooperation and Discord in the World Political Economy*. Princeton, NJ: Princeton University Press.

Keohane, Robert O. and Joseph S. Nye, Jr. 1989. *Power and Interdependence*. 2d ed. Harper Collins Publishers.

Krasner, Stephen D. 1983. *International Regimes*. Ithaca NY: Cornell University Press.

Krasner, Sephen D. 1999. *Sovereignty: Organized Hypocrisy*. Princeton NJ: Princeton University Press.

Kratochwil, F. and Ruggie, J. 1986. "International Organization: a state of the art on an art of the state." *International Organization* 40, 4: 753-755.

Kupchan, Charles A., and Clifford A. Kupchan. 1995. "The Promise of Collective Security." *International Security* 20, 1 (Summer): 52-61.

Luard, Evan. 1994. *The United Nations: How It Works and How It Does*. New

York: Palgrave Macmillan.

Marchiavelli, Niccolo. 1952. *The Prince*. Translated by Luigi Ricci. New York: Oxford University Press.

Maté, John. 2001. "Making A Difference: A Case Study of the Greenpeace Ozone Campaign." *Reciel* 10, 2: 190-198.

Mitrany, David. 1966. *A Working Peace System*. Chicago: University of Chicago Press.

Mearsheimer, John J. 1994. "The False Promise of International Institutions." *International Security* 19, 3: 5-49.

Moller, Bjorn. 1992. *Common Security and Nonoffensive Defense: A Neorealist Perspective*. Colorado: Lynne Rienner Publishers.

Moseley, Alexander and Richard Norman eds. 2004. *Human Rights and Military Intervention*. Burlington: Ashgate Publishing Company.

Muldoon, James P., Jr. 2004. *The Architecture of Global Governance: An Introduction to the Study of International Organizations*. Boulder, CO: Westview Press.

Müllerson, Rein. 1997. *Human Rights Diplomacy*. London: Routledge.

Napoli, Daniela. 1995. "The European Union's Common Foreign Policy and Human Rights." Eds. Nanette Neuwahl & Allan Ross. *The European Union and Human Rights*. Hague: Martinus Nijhoff.

O'Sullivan, Christopher D. 2005. *The United Nations: A Concise History*. Malabar: Krieger Publish.

PAFTAD. 2006. "What Does PAFTAD Do?" PAFTAD Secretariat. http://www.eaber.org/intranet/publish/paftad/about.php

Patrick, Hugh. 2005. "PECC, APEC, and East Asian Economic Cooperation; Prime Minister Ohira's Legacy and Issues in the 21 Century." In *The Evolution of PECC: The First 25 Years*. Singapore: PECC International Secretariat, 139-62.

Pease, Kelly-Kate S. 2002. *International Organizations: Perspectives on*

Governance in the Twenty-First Century. Upper Saddle River NJ: Prentice Hall.

Pierre, Jon and B. Guy Peters. 2000. *Governance, Politics and the State*. New York: Palgrave Macmillan.

Rosenau, James. 1990. *Turbulence in World Politics: A Theory of Change and Continuity*. New Jersey: Princeton University Press.

Rosenau, James. 1992. "Governance, Order, and Change in World Politics." Ed. by Rosenau, James and Ernst-Otto Czempeil. *Governance without Government: Order and Change in World Politics*. Cambridge: Cambridge University Press, 1-29.

Sachs, Jeffery. 2005. *The End of Poverty Economic Possibilities for Our Time*. New York: Penguin Press.

Spero, Joan Edelman and Jeffery A. Hart. 1997. The *Politics of International Economics Relations*. New York: Routledge.

Tharp, Paul ed. 1971. *International Regional Organizations: Structures and Functions*. London: St Martin's Press.

The Commission on Global Governance. 1995. *Our Global Neighbourhood*. Oxford: Oxford University Press.

United Nations Development Programme (UNDP). 1994. *Human Development Report*. New York：United Nations.

United Nations Framework Convention on Climate Change (UNFCCC). 1997. *Kyoto Protocol to the United Nations Framework Convention on Climate Change*. UN: UNFCCC.

Viotti, Paul and Mark Kauppi. 1999. *International Relations Theory: Realism, Pluralism, Globalism, and Beyond*. 3d ed. Boston, MA: Ally and Bacon.

Wapner, Paul. 1997. "Governance in Global Civil Society." Ed. by Oran Young. *Global Governance: Drawing Insights from the Environmental Experience*. Cambridge: The MIT Press, 65-83.

Weiss, Thomas G., David P. Forsythe and Roger A. Coate. 1997. *The United*

Nations and Changing World Politics. Boulder: Westview Press.

World Health Organization (WHO). 2007. *The World Health Report 2007 - A safer future: global public health security in the 21st century*. Geneva: World Health Organization.

Young, Oran R. 1999. *Governance in World Affairs*. Ithaca NY: Cornell University Press.

日文書目

中澤和男、上村信幸。2004。《國際組織と國際政治》。東京：北樹出版。

內田孟男、川原彰。2004。《グローバル・ガバナスの理論と政策》。東京：中央大學出版部。

北岡伸一。2007。《國連の政治力學》。東京：中公新書。

石井貫太郎。2002。《現代國際政治理論》（增補改訂版）。京都：ミネルヴァ書房。

田所昌幸。2003。〈序章〉。《國際關係の制度化》。東京：日本國際政治學會。

田所昌幸、城山英明 編。2004。《國際機構と日本－活動分析と評價》。東京：日本經濟評論社。

庄司克宏。2006。《國際機構》。東京：岩波出版。

安藤仁介、中村道、位田隆一編。2004。《21 世紀の國際機構：課題と展望》。東京：東信堂。

柳原正治編。1996。《國際社會の組織化と法》。東京：信山社。

渡邊茂己。1997。《國際機構の機能と組織》。東京：國際書院。

最上敏樹。2006。《國際機構論》。東京：東京大學出版社。

碓井敏正。2004。《グローバル・ガバナンの時代へ》。東京：大月書店。

遠藤乾。2008。《グローバル・ガバナンの最前線－現在と過去のあいだ》。東京：東信堂。

橫田洋三。2005。《新國際機構》。東京：國際書院。

中文書目

王正泉。2002。〈上海合作組織的重大意義〉。《思想理論教育導刊》5：38-40。

王柏鴻 譯。2007。《石油衝擊》(The Coming Economic Collapse: How You Can Thrive When Oil Costs $200 a Barrel)。台北：時報出版。

王振軒。2003。《人道救援的理論與實務》。台北：鼎茂圖書。

王振軒。2007。《非政府組織的議題發展與能力建構》。台北：鼎茂圖書。

王鐵崖。1997。《國際法》。台北：五南書局。

中國人權發展基金會編。2002。《人權與主權》。北京：新世界出版。

丘宏達。2008。《現代國際法》（修訂二版）。台北：三民書局。

甘逸驊。1993。〈冷戰結束後的北約與國際關係理論〉。《問題與研究》42，5：1-24。

江啟臣。2001。〈全球化與國家在政治經濟上之角色：舊劇本與新爭論〉。《國際關係學報》1：1-26。

江啟臣。2003。〈全球化〉。張亞中 編。《國際關係總論》。台北：揚智文化。頁271-298。

江啟臣。2007。〈亞太區域經濟整合的演變與發展〉。江啟臣 編。《區域整合浪潮下的亞太自由貿易區》。台北：中華台北APEC研究中心・台灣經濟研究院出版。頁3-30。

何增科。2003。〈人類發展與治理引論〉。李惠斌 編。《全球化與公民社會》。桂林：廣西師範大學出版社。

宋燕輝。2004。〈從國際法觀點析論台灣參與WHO〉。《問題與研究》43，5：157-186。

李文志。2004。〈全球化對亞太安全理念的衝擊與重建：理論的初探〉。《政治科學論叢》22：31-64。

李學保。2006。《當代國際安全合作的探索與爭鳴》。北京：世界知識出版社。

李少軍。2002。〈干涉與干涉主義〉。《人權與外交》。北京：時事出版

余寬賜。2005。《國際法新論》。臺北：國立編譯館。

吳萬寶。2002。〈後冷戰時代歐洲安全暨合作組織的調適與變遷〉。《研究與動態》7：31-57。

吳萬寶。2006。〈維持和平：歐安組織與北約的競爭抑或分工〉。《研究與動態》14：59-88。

林立樹。2006。《美國通史》。台北市：五南書局。

林正義。1996。〈亞太安全保障的新體系〉。《問題與研究》35，12：1-18。

邱亞文。2008。《世界衛生組織—體制、功能與發展》。台北：台灣新世紀文教基金會。

邱亞文、李明亮。2006。〈我國參與全球衛生體系策略之探討：以世界衛生組織及亞太經濟合作會議為例〉。《台灣衛誌》25，6：405-418。

周琪。2002。《人權與外交》。北京：時事出版。

周忠海、范建得、林宜男與彭心儀。2002。《國際經濟法》。台北市：神舟圖書。

紀駿輝。2004。〈國際衛生發展的全球性挑戰〉。《台灣衛誌》23，1：18-31。

洪德欽 編。2006。《歐洲聯盟人權保障》。台北：中研院歐美所。

胡祖慶 譯。1993。《國際關係理論導讀》。台北：五南。

高德源 譯。2002。《現實主義與國際關係》(Realism and International Relations)。台北：弘智文化。

高德源 譯。2002a。《人權與國際關係》(Human Rights in International Relations)。台北：弘智文化。

徐子婷、司馬學文、楊雅婷 譯。2008。《國際人權的進展》(The Evolution of International Human Rights)。台北：韋伯出版。

孫哲。1995。《新人權論》。臺北：五南圖書。

孫國祥。2003。〈國際環境政治學〉。張亞中 編。《國際關係總論》。台北：揚智文化。頁 407-436。

孫國祥、黃奎博。2007。〈國際法與國際組織〉。張亞中 編。《國際關係總論》第二版。台北：揚智文化。頁 243-264。

倪達仁、席代麟、王怡仁等 譯。2001。《政府再造與發展行政》。台北：
　　韋柏文化。

陳欣之。2003a。〈國際關係學的發展〉。張亞中 編。《國際關係總論》。台
　　北：揚智文化。頁 1-38。

陳欣之。2003b。〈國際安全研究之理論變遷及挑戰〉。《遠景基金會季刊》
　　4，3：1-40。

陳欣之。2004。〈歐洲協調 (Concert of Europe)：國際安全合作的孕育、持
　　續與改變〉。《政治學報》37：111-158。

袁鶴齡。2003。〈全球治理與國際合作：論其策略與困境〉。《全球政治評
　　論》4：24-45。

郭恆祺 譯。2007。《沒有石油的明天：能源枯竭的全球化衝擊》(The Long
　　Emergency)。台北：商周出版。

張子揚。2006。《非政府組織與人權：挑戰與回應》。台中：必中出版。

張亞中。1998。《歐洲統合：整府間主義與超國家主義的互動》，台北：揚
　　智。

張亞中。2001。〈全球治理：主體與權力的解析〉。《問題與研究》40，4：
　　1-24。

張亞中 編。2003。《國際關係總論》。台北：揚智文化。

張亞中、苗繼德。2003。〈國際政治經濟學理論〉。張亞中 編。《國際關係
　　總論》。台北：揚智文化。頁 143-171。

張家棟。2004。〈全球化〉。張貴洪 編。《國際組織與國際關係》。杭州：
　　浙江大學出版社。

張貴洪 編。2004。《國際組織與國際關係》。杭州：浙江大學出版社。

張云箏。2006。〈論公共健康問題的國際合作〉。《北京機械工業學院學
　　報》21，2：78-82。

張光平。1999。《國際貨幣基金組織與亞洲金融危機》。台北：八方文化企
　　業公司。

曾怡仁、張惠玲。2000。〈區域整合理論的發展〉。《問題與研究》。39，
　　8：53-71。

黃秉鈞。2005。〈人類未來的能源問題〉。《科學發展》386：57-61。

楊永明、唐欣偉。1999。〈信心建立措施與亞太安全〉。《問題與研究》
　　38，6：1-22。

劉崎。1977。《西洋全史17：國際聯盟時代》。台北市：燕京文化。

劉復國。1999。〈綜合性安全與國家安全：亞太安全概念適用性之檢討〉。
　　《問題與研究》38，2：21-37。

劉傑。2004。《人權與國家主權》。上海：人民出版社。

潘志奇。1983。《國際貨幣基金之功能與組織》。台北市：行政院經建會。

蔡東杰。2003。〈軍備競賽、嚇阻與武器管制〉。張亞中 編。《國際關係總
　　論》。台北：揚智文化。頁225-246。

蔡東杰。2003。〈現實主義〉。張亞中 編《國際關係總論》。台北：揚智文
　　化。頁61-80。

蔡東杰。2006。《西洋外交史》。台北市：風雲論壇。

廖福特。1999。〈歐洲人權公約〉。《新世紀智庫論壇》8：58-72。

輔仁大學社會文化研究中心 編。2005。《人權鏈環：經濟、社會及文化
　　權》。臺北：輔仁大學社會文化研究中心出版。

橫田洋三。1996。楊正綸 譯。《國際組織論》。臺北：國立編譯館。

錢文榮。2002。〈人道主義干預與國家主權〉。《人權與外交》。北京：時事
　　出版。

鍾京佑。2003。〈全球治理與公民社會：台灣非政府組織參與國際社會的
　　觀點〉。《政治學科學論叢》18：23-52。

蘇芳誼。2006。〈聯合國成立人權理事會〉。《新世紀智庫論壇》33：
　　117-118。

羅昌發。1999。《國際經貿法》。台北：元照出版。

顏慶章。2005。《WTO論述文集》。顏慶章出版。

顏慶章。1989。《揭開GATT的面紗－全球貿易的秩序與趨勢》。台北：時
　　報文化出版。

網路資料

WTO入口網 http://cwto.trade.gov.tw

人權觀察組織 http://hrw.org/

上海合作組織 http://www.sectsco.org/

中華台北 APEC 研究中心 http://www.ctasc.org.tw

北大西洋公約組織 http://www.nato.int/

台灣因應氣候變化綱要公約資訊網 http://www.tri.org.tw/unfccc/index.htm

台灣環境資訊協會 http://teia.e-info.org.tw/

石油輸出國組織 http://www.opec.org

世界衛生組織 http://www.who.int/en/

世界能源理事會 http://www.worldenergy.org/

世界銀行 http://www.worldbank.org

世界貿易組織 http://www.wto.org

行政院衛生署世界衛生組織研究中心 http://www.twwho.org/

亞太安全合作理事會 http://www.cscap.org/

亞太經濟合作 http://www.apec.org

東協區域論壇 http://www.aseanregionalforum.org/

紅十字國際委員會 http://www.icrc.org/

美洲國家組織 http://www.oas.org/

國際特赦組織 http://www.amnesty.org/

國際能源總署 http://www.iea.org/

國際貨幣基金 http://www.imf.org

慈濟功德會 http://www.tzuchi.org.tw/

歐洲安全暨合作組織 http://www.osce.org/

歐洲理事會 http://www.coe.int/

歐洲聯盟 http://europa.eu/index_en.htm

聯合國 http://www.un.org/

聯合國氣候變化綱要公約 http://unfccc.int/2860.php

聯合國環境規劃署 http://www.unep.org/

聯合國開發計畫署 http://www.undp.org/

國家圖書館出版品預行編目資料

國際組織與全球治理概論／江啟臣著. -- 二
版. -- 臺北市：五南圖書出版股份有限公
司, 2011.10
　　面；　公分
　　ISBN 978-957-11-6360-4（平裝）

1.國際組織　2.國際政治

578.12　　　　　　　　　　　100014283

1PU7

國際組織與全球治理概論

作　　　者 ― 江啟臣（45.4）

發 行 人 ― 楊榮川

總 經 理 ― 楊士清

總 編 輯 ― 楊秀麗

副總編輯 ― 劉靜芬

責任編輯 ― 李奇蓁

封面設計 ― P.Design視覺企劃

出 版 者 ― 五南圖書出版股份有限公司

地　　　址：106台北市大安區和平東路二段339號4樓

電　　　話：(02)2705-5066　　傳　真：(02)2706-6100

網　　　址：https://www.wunan.com.tw

電子郵件：wunan@wunan.com.tw

劃撥帳號：01068953

戶　　　名：五南圖書出版股份有限公司

法律顧問　林勝安律師

出版日期　2009年10月初版一刷
　　　　　2011年10月二版一刷
　　　　　2023年 9 月二版六刷

定　　　價　新臺幣380元

經典永恆・名著常在

五十週年的獻禮——經典名著文庫

五南，五十年了，半個世紀，人生旅程的一大半，走過來了。

思索著，邁向百年的未來歷程，能為知識界、文化學術界作些什麼？

在速食文化的生態下，有什麼值得讓人雋永品味的？

歷代經典・當今名著，經過時間的洗禮，千錘百鍊，流傳至今，光芒耀人；

不僅使我們能領悟前人的智慧，同時也增深加廣我們思考的深度與視野。

我們決心投入巨資，有計畫的系統梳選，成立「經典名著文庫」，

希望收入古今中外思想性的、充滿睿智與獨見的經典、名著。

這是一項理想性的、永續性的巨大出版工程。

不在意讀者的眾寡，只考慮它的學術價值，力求完整展現先哲思想的軌跡；

為知識界開啟一片智慧之窗，營造一座百花綻放的世界文明公園，

任君遨遊、取菁吸蜜、嘉惠學子！